THINK TANK
智库论策

基于创新平台的
科技创新效能提升机制研究

Research on the Mechanism for Improving the Efficiency of Scientific and Technological Innovation Based on the Innovation Platform

孙美佳 著

序

全球性的科技竞争是左右当今国际形势的关键因素之一，它深刻地影响着世界格局以及各国的政治、经济和社会发展。为此，科技创新成为推动可持续发展、提升国家综合实力的核心力量。在这场没有硝烟的战斗中，与科技创新相关的多因素、多领域、多视角成为学界普遍关注的焦点。本书对创新平台构建与科技创新模式及其效能之间的关系，进行了理论与实践、历史与现实、宏观与微观相结合的研究，开辟了新的视角，提供了诸多有价值的研究成果。

科技创新是一个古老而永不过时的命题。作者通过梳理全球科技革命的演进轨迹，概括出某些带有普遍性的特征，其中一个显著的特征可以概括为各国的科技发展均遵循着一种链式的演进逻辑，并呈现出带有规律的阶段特征。回顾历次科技革命不难发现，重大颠覆式创新大多遵循着这样的发展轨迹：从革命性的理论突破，到新技术的创新应用，再到产业革命的广泛扩散，每一个环节紧密相连，由小及大、由里及表、由点及面地推动着科技发展和人类社会的前行。在这一进程中，一些科技天才或者说战略人才是科技革命的火花，他们凭借卓越的智慧和创新精神，引领着发展的潮流。然而当代科技创新与以往所不同的是，瞬息万变的创新环境和日趋白热化的竞争态势，凸显出创新环境与创新生态的重要性和必要性，它们与科技人才资源共同成为科技创新的重要源泉，是科技创新活力永不衰竭的保障条件。这一特征在我们国家的科技创新中尤为显著。国家和各级政府的全方位推动为科技革命提供了坚实的后盾，从政策支持，到资源投入，从全方位保障科技研发的顺利推进，到成果化和产业化应用，都可为我们理解当下科技创新的脉络提供理论与实践佐证。

在 AI 时代，创新平台的建构在科技发展中的地位更加关键。何谓创新平台，可以有诸多内涵界定和模式归纳，纵向可认为它是连接科学理论创新、创新应用和成果实现的桥梁；横向考察，它可以被界定为信息共享、资源整合、人才培养和科技力量合作协调的跨越时间和空间的无边界舞台。本质上讲，它就是一个汇聚各类资源和协调各方力量，促进创新要素高效流动与有效融合的运作架构与运行机制。

创新平台的建构与科技创新治理密不可分。本书系统阐述了市场、政府和平台三种机制的各自特点及其在我国当代科技创新中的作用：市场机制在资源配置中起基础性作用，能够充分激发创新主体的积极性和创造性，为科技创新带来活力和效率。然而，市场并非万能，市场失灵现象时有发生，存在对具有公共物品属性的基础研究投资不足等问题。政府机制可从宏观层面进行调控，通过制定政策、引导资源投入、规制恶性竞争等方式，弥补市场的缺陷，保障科技创新的战略方向和公共利益。但政府在治理过程中，也可能因信息不对称、监管力量有限等问题，出现政府失灵。而创新平台作为介于市场和政府之间的独特组织形态，具有显著优势。它能够有效协调市场与政府的关系，整合各方资源，克服市场失灵和政府失灵的双重困境，成为激发科技创新活力的关键引擎。党的十八大以来，我国科技创新战略历经从创新驱动发展战略，到高质量发展与科技自立自强，再到教育科技人才一体化推进等阶段的不断深化与完善。在这一过程中，创新平台始终作为方向引导和关键支撑机制，发挥着汇聚资源、促进协同创新的重要作用，有力地推动了我国科技创新事业的蓬勃发展。

创新，本质上是基于知识管理的组织动态能力获取过程，是组织可持续竞争优势的重要来源。创新在特定过程中形成和展开了创新的价值链条，价值链条上的不同环节对应了不同的创新模式和价值实现逻辑，基于实践需要的异质性和独特管理策略是创新平台发挥作用的基础。即创新平台作为整合创新资源、提供创新服务、促进创新成果转化的制度性安排，在创新过程不同阶段应体现不同的功能倾向，方能最大化释放科技创新的效能与活力。这一思路，为创新平台的建设与发展构建了系统清晰的框架，有助于我们深入理解创新平台的运作机制，为创新实践提供有力的理论指导。

理论与实践相结合是本书的突出亮点，作者选择了上海创新平台作为典型案例，详细介绍了该平台发展的总体情况、优势特色与瓶颈制约等问题。上海，作为具有全球影响力的科技创新中心和高水平人才高地，在我国科技创新“雁阵格局”中一直发挥着头雁效应，其创新平台实践具有重要的示范意义。在国家科技发展战略的引领下，上海的创新平台展现出种类齐全、制度优势明显、政策与市场双轮驱动等显著特征，但也面临着力量分散、功能趋同、盈利能力弱等挑战。这些基于实践的深入分析，为其他地区创新平台的发展提供了借鉴,也为后续制定有针对性的对策提供了参考。通过对上海案例的研究,我们更加清晰地认识到创新平台的搭建与治理,最终需要通过科技创新效能予以体现。

本书是孙美佳副教授多年研究的结晶,相信她的创新平台机理研究将对促进我国科技创新领域的理论和实践探索,起到很好的借鉴和启迪作用。也希望从事该领域的工作者,更多关注具有中国和时代特色的研究,为实现科技强国的宏伟目标做出贡献。

李新建

南开大学商学院　教授

目　录

第一章　绪论

第一节　研究背景与研究意义

一、研究背景与问题提出

美国经济学家、诺贝尔经济学奖得主菲尔普斯于其著作《大繁荣》中对“经济如何才能有活力”这一重要命题展开了深入探讨。菲尔普斯认为，推动经济繁荣的关键因素并非仅有研发投入，更需要活跃的创新创业。就我国来说，为避免落入“中等收入陷阱”，经济发展模式正从“要素驱动”向“创新驱动”转变。身为世界第二大经济体，我国创新能力的未来发展潜力源于创新质量和创新效率的提升(中国科学技术发展战略研究院，2021)。在过去几年中，我国研发投入不断增加，高新技术企业数量快速增长，专利申请量也大幅提升。然而，要实现高质量发展与高水平科技自立自强，特别是在以国内大循环为主体、国内国际双循环相互促进的新发展格局之下，仅依靠企业和科研院所等传统创新引擎的单一力量是不够的，还需要充分整合多元主体的协同创新合力，释放更广泛的创新动力与活力。

习近平总书记在党的二十大报告中深刻指出，“必须坚持科技是第一生产力、人才是第一资源、创新是第一动力，深入实施科教兴国战略、人才强国战略、创新驱动发展战略，开辟发展新领域新赛道，不断塑造发展新动能新优势”①，推动以科技创新为核心的全面创新。我国的创新优势在于规模巨大的创新要素和超大规模市场，当前初步确立了北京、上海、深圳、合肥等具有全球影响力的科技创新中心，作为特大中心城市的代表，这些城市集聚了大量的海

---

① 《党的二十大报告辅导读本》编写组，2022.党的二十大报告辅导读本[M].北京：人民出版社：30.

内外人才，通过市场和政策的双重机制，实现了个体人才在群体和企业层面上的协作与整合，为建设世界重要人才中心和创新高地提供了人才集聚(regional human capital agglomeration)的比较优势。

但研究表明，人才集聚的积极溢出效应不会自然产生(Liu, 2014)，因为创新活动涉及多元要素的相互作用，具有秩序性的群体间合作往往比群体内合作更不易实现。如何整合创新资源，提升创新质量与创新效率，是我国创新能力未来发展的重要源泉(中国科学技术战略研究院，2021)。作为一种重要的创新资源整合机制，创新平台集聚了众多创新要素，吸引了大量创新人才，汇集了创新促进政策，促进创新创业合作机制的生成，是现实利益相关者协同创新的有效载体，是激发创新活力的重要引擎，是发挥创新资源集聚优势与溢出效应的关键杠杆支点。实践中，平台赋能为企业跨界资源整合和应对环境不确定性提供了重要基础与契机(解晓晴 等，2023)。初创企业进驻创新平台已然成为破除资源约束与能力陷阱的关键手段，也是克服创新过程中邻近悖论、变革阻力与系统失灵的有效工具(Lamers 等，2017)，尤其是中小微企业突破创新瓶颈的重要外部力量(Chen, 2014)。以新型举国体制为特征的国家创新平台也同样遵循“主体交互—资源整合—协同创新—价值共创”的平台运行规律，在提升国家创新体系整体效能中发挥了重要作用。以创新平台为关键杠杆支点，形成多元主体参与的协同创新网络和演化生成的创新生态系统，构成了科技创新策源场域。创新平台可以作为激发科技创新活力的重要引擎，以及政府推动科技创新的重要抓手。

然而，创新平台在运行中暴露出诸多问题，在一定程度上制约了其效能发挥。例如，沟通渠道不畅，服务质量不高，过于重视硬件投入，缺乏创新交流合作机制的培育等。韩凤芹等(2023)研究发现，当前我国国家创新平台存在功能定位重复交叉、缺乏系统布局、脱离市场和资源共享程度低等发展困境。唐承丽等(2020)对长三角城市群中创新平台的研究发现，当前区域创新平台存在盲目追求数量、基础设施配套不健全、初期规划不系统、定位不精确，以及平台间有效协调发展机制未成型等问题。一些科研创新平台也面临着创新层次较低、驱动力度不足、适配治理欠缺和顶层设计滞后等新问题(周治 等，2021)。为此，本书将创新平台作为科技治理的关键环节，探讨以创新平台为基础提升科技创新效能的原理与机制。

二、选题依据与理论缘起

美国竞争力委员会(Council on Competitiveness, 1999)提出了“创新平台”(Innovation Platform)的概念,是指“整合创新资源、提供创新服务、促进创新成果转化的一种制度性安排”。① 由于实践的发展先于理论,国内外相关研究仍处于起步与探索阶段。

1. 国外研究现状

当下,国外研究聚焦于科技创新平台对创新模式的变革及其对创新绩效的影响。相关研究大体可归为三个层次:

立足于国家创新系统层次,国家创新系统(National Innovation Systems, NISs)领域的研究涵盖了创新平台的六种主要功能:政策形成、研发运营、研发融资、人才开发推进、科技中介、技术创业倡导(Lundvall, 2007),学者们深入分析了创新系统的形成与演进,论证并检验了创新系统对经济发展的关键价值(Fagerberg, 2000; Chung, 2013)。德沃拉克等(Dworak 等,2022)在对欧盟成员国的研究中指出,在关注国家创新系统带来各种机遇的同时,也不能忽略创新本身带来的各种风险对本地市场功能的限制。

立足于中观孵化器层次,认为孵化器是联结宏观创新系统和微观创新企业的重要界面,依托于要素间的多向耦合形成规模效益和集成优势,推动了创新主体与创新环境间的协同演化(Fernandes 等,2022)。该领域的研究探讨了多元主体间关系对动态创新的影响,出现了基于知识价值链的“大学—行业—政府”三螺旋分析框架(Etzkowitz 等,2000; Etzkowitz, 2003; Leydesdoeff 等,2006)以及主体间合作机制(Maura 等,2008)。伯斯托姆等(Burstrom 等,2022)通过案例研究发现,多品牌创新平台的发展具有显著的多样性与并发性特征,即便是存在同质竞争关系的组织之间,也可能发展成为以项目为基础的异质合作关系。

立足于微观组织视角,探讨了创新平台在激发企业创新理念和降低创新成本与风险中的作用(Nicolas 等,2007),以及对促进组织外部合作与内部学习能力的重要价值(Johnson 等,2003),范德杜因等(Duin 等,2013)还以创新

① PORTER M E, STEMS S, 1999. The new challenge to America's prosperity: findings from the innovation index [R]. Washington, D.C.: Council on Competitiveness.

过程平台为关注点,识别了创新的情境因素和过程变量。最新的研究突破了主体的来源与层次,将跨越组织边界的众包(crowdsourcing)、虚拟创新团队、价值网络(value net-works)等作为创新的重要挑战和创新平台的重要形式(Montelisciani 等,2014),关注其对开放式创新的重要意义。更有研究者开始转换视角,不再局限于传统实体化运营的创新平台,而将新兴技术作为平台的载体,探究其对市场塑造和创新的重要价值(Kaartemo 等,2021)。一些学者也开始探讨数字经济中的平台企业对于创新集聚的重要价值,平台企业借助自身数据垄断的优势,将多元利益相关者聚合在一起,通过开放数据、组织数字创新竞赛,进一步推动产品和服务的创新(Kamariotou 等,2022)。

2. 国内研究现状

国内相关研究大致也可分为三个层次。

韩凤芹等(2023)以政府监督下运行的国家创新平台为研究对象,指出国家创新平台由资源体系、设施体系、信息保障体系和以共享机制为核心的相关制度体系共同构成,其目标是围绕高质量发展、安全与发展和经济体系建设开展创新活动,呈现设立方式多元化、功能定位多样化、多种类化发展、部门化建设(主要以科技部、教育部和国家发展改革委为主)等特征,形成了全国统管、省级主导、地方主建的三级联动管理体系。近年来,作为国家创新系统的重要组成部分,新型科研举国体制在我国科技强国与创新驱动发展中扮演着愈发重要的角色,是一种具有中国制度特色的创新平台表现形式。这种集中、安排、动员全国力量和资源开展关键核心领域技术攻关的制度安排,将社会主义制度的优越性运用到科技创新事业中,受到政府逻辑、市场逻辑、社会逻辑等多重制度逻辑的相互作用(朱春奎,2023),在推动我国科技体制机制改革、提升科技治理能力、进行科技战略决策与统筹部署方面发挥了独特作用(王聪等,2023)。

以区域为视角的研究,主要探讨了创新平台如何为区域内企业提供技术研发、成果转化、技术服务、创业投融资、人才培养等各类服务(马涛 等,2011;姚良 等,2010;江军民 等,2011;薛捷,2008),刘新民等(2019)研究发现在众多区域创业吸引力因素中创新平台建设的影响作用最大,王雪原等(2011)设计了区域科技创新平台的绩效评价指标体系,曹学等(2011)指明了区域创新平台的资源配置机制与策略,陆立军等(2008)分析了区域创新平台中的企业参与机制,王雪原等(2013)检验了区域创新平台网络特征对平台服务效果的正向影响,陈洪玮等(2020)分析发现创新平台发展与区域创新能力之间存在显著的正相关关系和空间溢出效应，荆玲玲等（2024）聚焦数字创新平台识别了区域创新能力的影响因子与联动机制。

以行业为视角的研究，主要探讨了产业创新平台的战略定位、功能结构与运行机制（许正中 等，2010；汪秀婷 等，2009；黄学 等，2013）。还有一些学者从具体行业出发，例如生物医药行业（陈波，2018；王飞，2011；许强 等，2009）、汽车行业（武建龙 等，2021；郝瀚 等，2016）、文化创意产业（黄学 等，2013）、无人机产业（谭清美 等，2018）、新材料产业（王涛 等，2018）等，探讨了特定行业情境中创新平台的构建思路。也有学者从共性技术平台的角度，讨论了政府在创新平台构建中的角色和作用（薛捷 等，2006；张振刚 等，2008）。

组织层面创新平台研究，以企业或科研院所为依托，讨论了组织创新平台建设及绩效评价体系构建（王立剑 等，2010；孟成民，2011），徐剑波等（2009）以高校创新平台为例研究了组织创新平台的工作机制，侯仁勇等（2003）分析了企业产品创新平台的识别与转化，余东华等（2024）探讨并认为数字经济与实体经济融合背景下平台化变革是企业增强自身创新能力的重要途径。此外，国内学者们还探讨了科技创新平台的虚拟组织运行模式（许强 等，2009；王淼 等，2008）及其与实体运行模式的特征对比与适用范围（李啸 等，2007）。近年来，开放式创新平台（open innovation platform）不断涌现。以平台型企业为核心，开放式创新平台借助开放共享的优势，能够获取大众异质化的智力资本以实现多样化创新需求，利用用户之间的网络效应进行知识获取与整合，有效提升了创新开发效率，持续产出颠覆性成果。有学者对开放式创新平台中的交互网络结构进行了深度挖掘，认为隐性社区反映了开放式创新平台隐含的真实网络结构，揭示了其在影响力分析、信息传播、网络营销、舆情预警中的重要作用，尤其是“评论”对隐性社区形成及创新参与尤为重要（吉海颖 等，2022）。但有学者对这种开放式创新平台的潜在风险提出了担忧，指出其中存在目标分歧、利益冲突、机会主义等合作隐患，尤其会导致企业面临内部隐性知识溢出的价值损失（汪涛 等，2022）。

3. 已有研究评述

纵观国内外相关研究成果，可发现：

首先，目前多数研究对创新模式与性质未予以区分，一些研究侧重于科技创新，另一些则倾向于产品开发与知识创造。不同创新模式的机理存在本质差异，与之相匹配的创新平台也会存在系统差别，意味着创新平台需要与创新模式相适配。借鉴权变视角对创新平台的适配特征进行研究，可提升创新平台建设的针对性和有效性。

其次，一些研究已经开始关注知识价值链对创新平台的阶段性影响，但对创新阶段性本质未加以厘清。换言之，知识价值链上的不同阶段是与特定创新模式相对应的动态发展过程，需要以适配特征为基础，对创新平台动态适配机制进行探索与总结，以揭示创新平台的发展规律与运行机理。

再次，多数研究以产业集群（industry cluster）为背景，忽视了人才集聚背景下开放式自发式创新过程（例如，以众创空间为载体的创新过程）。在我国加快建设世界重要人才中心和创新高地的现实背景下，人才集聚的特征超越了传统产业集聚框架，呈现出人才能力素质多元化的特点。人才集聚可能成为创新平台效率实现的关键性机制。

三、理论价值与实践意义

1. 理论价值与学术意义

从科技治理视角出发，以创新平台作为科技治理关键节点，以及协调市场机制与政府机制的中间机制，致力于挖掘创新平台的杠杆效应，为提升科技创新效能提供理论依据。

采用权变的视角，将创新平台的功能与创新模式相结合，将创新平台的发展与创新价值链相衔接，强调依据创新模式的差异化属性与阶段性特征，来设计创新平台的功能模式，有助于厘清创新平台的生成基础和运行机制。

从创新过程到创新资源，对创新价值链的全过程展开特征适配研究，围绕创新人才这一核心资源进行管理机制适配研究，致力于挖掘创新平台在建设世界重要人才中心和创新高地上的价值空间，为发挥创新平台杠杆效应、促进创新平台体系性优化奠定基础。

2. 应用价值与实践意义

重点关注创新资源的整合机制——创新平台，以创新平台的效能提升和科学化运营为目标，契合了创新驱动发展、高质量发展的战略发展方向。立足于创新价值链一般原理，挖掘当前我国创新平台发展的优势与瓶颈，探索创新平台功能优化与价值实现的改进空间，用前沿理论回应重大现实问题，可促进政策资源的精准配置，为创新平台管理升级提供政策抓手。

第二节　研究思路与总体框架

一、研究对象

本书以创新平台的类型、功能与实践优化为研究对象，具体研究涵盖几个层次。

第一，关注创新平台类型多样性，涉及国家创新系统、研发与转化功能型平台、综合性产业技术平台、孵化器、传统科研机构、新型众创空间、平台型企业等多种表现形式。

第二，关注创新平台需求匹配性，从创新本质属性到创新阶段性特征，着眼于创新价值链的完整过程。强调创新平台需要遵循创新价值链的一般规律，进行功能适配。

第三，关注创新平台功能延伸性，挖掘基于创新平台的创新资源管理机制，尤其关注创新人力资源的集聚与匹配，从人力资源有效配置的角度，探索创新平台的机制适配，以促进创新平台功能优化，提升创新平台整体效能。

第四，关注创新平台现实驱动性，以上海科技创新中心建设为例，挖掘创新平台经验优势与实践瓶颈，以实现问题为驱动，探寻创新平台系统优化空间。

第五，关注创新平台立体层次性，从宏观层面，到产业层面，再到市场层面，构建创新平台的纵向结构；从基础研究环节、技术研发环节、应用转化环节、市场推广环节规划创新平台的横向功能结构；从政府行为角度，谋划促进创新平台发展的政策结构。

二、研究思路

本书研究思路与逻辑框架参见图1-1。

第一，从历史的维度，梳理全球科技革命的历史进程，总结各国科技创新发展的普遍特征，把握科技创新发展的关键环节与未来趋势，以明确创新平台在促进科技创新历史进程中的重要价值和作用空间。

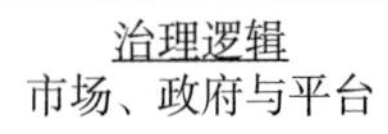

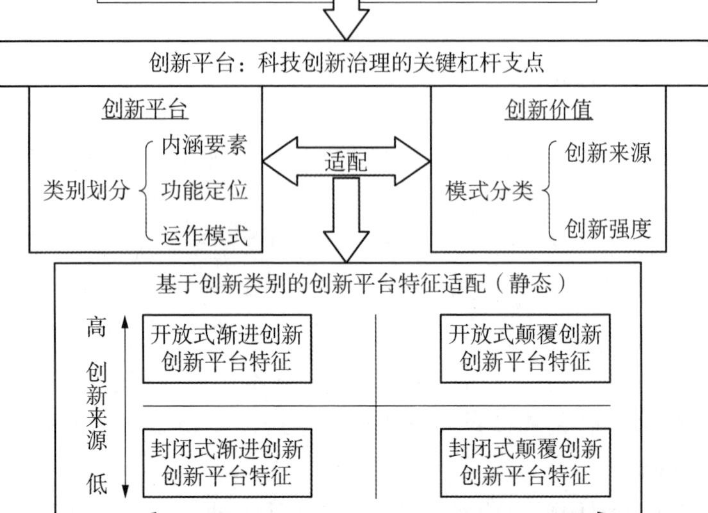

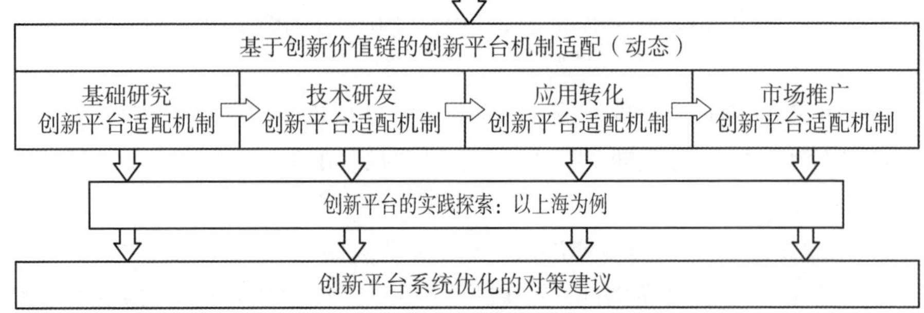

图 1-1　本书的研究思路与逻辑框架

资料来源：根据研究思路绘制。

第二，从治理视角出发，探索科技创新治理的底层逻辑，厘清市场机制、政府机制的运行基础，以及创新平台作为第三种机制，相对于市场机制和政府机制的优势，明确创新平台在科技创新治理中的关键杠杆支点定位。

第三，对国际国内有关创新平台研究的前沿理论进行梳理，重点阐述创新平台的基础理论，包括理论界对创新平台的界定及其分类、功能设计以及运作模式。

第四，在前述理论分析基础上，探索创新价值实现机制。以创新价值链为分析框架，在对创新价值链系统解析的基础上，探讨创新平台与模式的静态特征适配、创新平台与创新资源（创新人才）的动态管理机制适配。

第五，以上海创新平台的总体实践为例证，阐述创新平台的实践概况，重点对国家层面的张江综合性国家科学中心、产业层面的综合性产业技术平台、全民创新层面的众创空间进行了分析。旨在揭示当前创新平台存在的优势特色以及面临的瓶颈问题。

第六，结合创新效能发挥的一般原理，针对瓶颈问题，对系统提升创新平台实践效能，优化创新平台发展，提出若干对策建议。

三、研究方法

围绕着核心议题，本书主要采用了以下研究方法：

一是文献梳理和理论归纳。通过 Elsevier、EBSCO、JSTOR、Emerald、Wiley 和 NKI 等数据库进行文献检索，及时跟踪科技创新、人才集聚、创新平台等领域国内外的学术前沿、行业研究报告，为探索科技创新的基本规律和创新平台运营的一般机理奠定理论基础。

二是内容分析和文本分析。借助政策文件、政府公开数据、新闻报道，梳理科技创新、创新平台、创新人才等方面的相关政策，以此作为分析我国科技创新问题的制度场域。

三是实地访谈调研。对创新平台及创新主体进行深度访谈与实地调研，主要集中在上海，访谈政府部门科技、人才条线的工作人员，创业者、创业团队核心成员，创新平台负责人、工作人员，创新型企业中人力资源管理人员、创新型员工，科技创新研发人员等，了解创新平台发展与运营情况，以对基础优势与短板瓶颈进行分析研判。

四是典型案例研究。锁定创新平台的具体实践，系统梳理总结上海调研资料，将其作为典型案例，探讨创新平台在实际运行中的现状、优势和瓶颈。

五是专家咨询。针对创新平台的瓶颈问题及其破解思路征求专家意见，通过研讨等形式，激发相关思考，为对策建议的形成提供参考。

第三节 核心观点与研究总结

一、章节设置与内容安排

根据研究设计,全书共包括九章内容。

第一章"绪论",主要介绍研究背景、研究意义、研究对象、思路和方法、核心观点以及贡献与不足。

第二章"科技创新的历史进程与普遍特征",梳理科技创新的历史脉络、大国兴衰、普遍特征与未来趋势,以明确创新驱动发展的关键环节与主要着力点,尤其是创新平台在其中发挥的关键作用。

第三章"科技创新治理:政府、市场与平台",厘清不同主体作用发挥的制度基础与底层逻辑,明确政府与市场的边界,而创新平台作为衔接政府与市场的中间机制,能够在科技治理中发挥重要作用。同时,梳理了我国科技创新的制度场域,作为我国科技创新发展的独特基础。进而,聚焦政府在科技创新事业中的角色定位、基本原则与重点领域,明确政府在科技创新事业中的"有所为"和"有所不为"。

第四章"创新平台研究的理论前沿",包括目前理论界对创新平台的内涵界定及分类,重点介绍基于知识价值链的创新平台,分析了创新平台的生成基础,包括理论基础、功能设计以及运营模式。同时介绍了国家创新系统、孵化器、众创空间等几种常见的创新平台载体形式及其功能。

第五章"创新价值实现的一般原理",包括创新的本质含义、核心环节以及价值实现的路径,指出创新价值实现的两难困境,以及创新竞争优势获取策略等。

第六章"创新平台与创新价值链的特征适配",以创新价值链为分析工具,解读创新价值链的系统构成、阶段特征以及各环节的组织形式,得到创新平台与创新价值链适配的六个方面启示。

第七章"创新平台与人才管理的机制适配",重点剖析了创新平台与人才竞争机制、人才多元雇佣机制、人才评价激励机制之间的动态适配。

第八章"创新平台的实践探索:以上海为例",梳理了目前上海创新平台建设的总体情况,介绍了国家层面的张江综合性国家科学中心、产业层面的综合性产业技术平台、全民创新层面的众创空间，总结了上海创新平台的优势特色，指出创新平台建设面临的瓶颈。

第九章“促进创新平台优化发展的对策建议”，分析了创新平台促进科技创新应遵循的基本原则，指出创新平台促进科技创新的四个方面功能适配，并提出应当重视创新平台整体布局，以促进创新平台的科学发展。

二、核心观点

经过系统研究，形成了本书的核心观点：

第一，纵观全球科技革命史，能够发现科技创新具有以下普遍特征：科技创新遵循较为清晰的链式发展逻辑理路，战略人才是推动科技革命与产业革命的关键要素，创新平台及其生成的创新生态系统是科技创新重要来源，国家是科技革命的隐秘基础，科技革命常伴随大国兴衰和国际格局调整。

第二，全球科技变革未来趋势逐渐显现，体现为：数据密集型科研范式逐步成为主流；场景驱动加速科技应用和迭代升级；集成式创新将成为科技创新常用形式；举国体制将被越来越多的国家采纳；企业在科技创新中的作用将更加凸显。

第三，科技治理存在市场、政府和平台三种机制。其中，创新平台机制是介于市场和政府之间的一种组织形态，能有效克服市场失灵和政府失灵的弊病，是协调市场机制和政府机制的关键杠杆支点，可作为激发科技创新活力的重要引擎。

第四，党的十八大以来，我国科技创新战略从创新驱动发展战略开始，到高质量发展与科技自立自强，再到教育、科技、人才一体化推进，以及因地制宜发展新质生产力，内涵不断丰富，目标日渐明确，逐渐形成了市场、政府、平台协同发力的运行基础与实践路径。

第五，在科技创新事业中，政府以更加科学的方式发挥作用，包括：国家科技战略与体制机制的顶层设计、为促进公共利益进行底线监管、建立科技秩序与科技体制机制改革、在制度尚未覆盖的领域行使剩余监管权，创新平台可以作为政府推动科技创新的重要抓手。

第六，创新平台特征适配的一般性启示包括：创新环节相距越远，创新模式差异性越大，越需要创新平台发挥中间缓冲机制；跨越“死亡之谷”是创新价值实现的关键，需要创新平台发挥跨界融合机制；开放性越强，合作难度越大，越需要创新平台发挥创新中介机制；颠覆性越强，潜在风险越大，越需要创新平台发挥风险保障机制；创新公共性越强，创新平台越适合公益化运营；创新营利性越强，创新平台越适合市场化运营。

第七，创新平台应与创新价值链上各类创新人才的管理机制进行有效衔接，为差异化多元化人才引育提供相应的管理机制适配。在人才竞争与流动过程中，创新平台可以发挥以下积极作用：以创新平台的优质资源集聚人才；以创新平台的跨界机制培育人才；以创新平台的灵活机制激励人才。在人才雇佣过程中，创新平台为人才多元化雇佣提供了更多可能性，创新机构可以根据自身需要，选择分割式雇佣策略、组合式雇佣策略、配合式雇佣策略、渗透式雇佣策略、联合式雇佣策略以及相应的创新平台专业化服务。在人才评价激励上，创新平台作为客观第三方，可以提供新型研发机构组建与运营服务、科技成果市场化评价服务、科研经费专业化管理服务、“以赛代评”人才评价服务、分层分类的行业人才评价服务。

第八，在实践探索中，当前上海创新平台发展的优势特色主要表现为：立足于国家战略，具有全局高度；种类齐全，创新价值链全覆盖；制度优势推动科技创新健康发展；政策引导与市场机制双轮驱动；空间嵌套，优势互补，产业协同。当前创新平台发展的瓶颈主要体现为：多元创新平台力量分散、各自为政，缺乏系统合力；功能趋同，同质化发展不利于个性化需求的满足；过度依赖政府补贴，缺乏可持续发展的盈利模式；专业化人才相对稀缺，服务软实力有待提高；孵化范围有限，国际影响力较弱。突破瓶颈的关键在于，将创新平台与创新模式、创新阶段特征进行有效适配。

第九，在推进科技创新过程中，创新平台应当发挥恰当的功能优势，主要包括：重大科研基础设施的承建与维护、搭建数据平台及相关统计服务、解放科研人员行政事务的专业化服务、创新主体的需求对接与合作中介、促进创新资源的链接与有效配置、提供办公场地及高质量物业服务、提供管理专业化服务与培训、提供创新政策专业化承接服务。

第十，创新平台的功能设计与未来发展，需要遵循三大基本原则：创新系统性原则、创新价值链原则、创新环境营造原则。需要对创新平台进行整体布局优化，主要包括国家层面、产业层面、市场层面三个层次的纵向布局，遵循创新价值链阶段性特点的功能布局（横向布局）以及政府层面的政策布局。

第十一，政府层面的政策布局主要体现为：创新价值链起始阶段，政府需要加大投入力度，提高科技支出用于基础研究的比例；技术研发阶段，政府适合采取引领性政策,加强对交叉前沿领域、未来产业前瞻性布局;科技成果转化阶段,政府适合采取信用杠杆政策,以政府资金带动市场化主体的共同参与;创新价值链市场化环节,政府需要进行营商环境建设,进行底线监管。

三、研究特色与不足

1. 研究特色

本书的研究具有以下六个方面的特色:

一是历史与现实古今贯通。本书从科技创新史的角度,梳理总结科技创新的普遍特征与未来趋势,从现实视角,分析科技创新市场、政府、平台三种基础逻辑,论证了以创新平台为关键抓手治理思路的历史必然性、理论必然性与发展必然性。

二是市场机制与政府行为双重视角。本研究将创新平台作为第三方机制,连接了市场视角和政府视角,既遵循市场机制对资源配置的基础性作用,又兼顾政府推动科技创新中心建设的顶层设计和政策支撑。

三是需求与供给双向匹配。本书坚持以创新需求为出发点,系统梳理了创新价值实现的一般原理,以及不同创新模式对创新平台的差异化要求。从供给端出发,探索创新平台驱动科技创新的功能适配空间,促进需求与供给的双向匹配。

四是特征适配与机制适配双向耦合。本研究借鉴权变的思想,从静态的特征适配到动态的机制适配,探索基于创新模式的创新平台适配特征,以及基于知识价值链的动态适配机理,为创新平台理论提供分析框架,并有助于提高创新平台实践的针对性与有效性。

五是机理研究与对策研究双管齐下。本研究以创新价值实现的一般机理为起始点,分析创新平台效能发挥的一般逻辑,结合创新平台的实践情况及问题,从而提出科学可行的对策建议。

六是理论与实践双向驱动。本书以创新平台的国内外前沿研究为理论背景,以创新平台的运营困境与挑战为实践背景,理论与现实双轮驱动,既兼顾创新平台发展的理论渊源,又结合创新平台的基础特色与现实需求,以促进理论对实践的指导与反馈。

2. 研究不足与未来展望

一是本书主要以文献资料,调研、访谈、座谈资料,政府公开数据等为分析基础，注重质性研究，定量研究开展不足，未能通过抽样调查、大数据分析等方式进行结构性检验，更为科学的实证研究有待后续进一步展开。

二是创新资源有众多形式，例如核心技术资源、资金资源、产业资源、市场资源、信息资源等。人才资源是创新资源之一，也是创新过程中最重要的资源形式。限于篇幅，本书仅以人才资源为视角，探讨了创新平台与创新人才管理的机制适配，创新平台与其他类型创新资源之间可能存在更多适配机制，有待未来研究进一步挖掘。

三是本书主要聚焦创新平台促进科技创新的效能提升机制，以上海为例进行了分析与研判，提出的对策建议可能会存在一定的地域局限性，对北京、深圳、合肥等其他科技创新中心的适用性还有待进一步检验。美国、德国、英国等国外政府案例也有待进一步补充。

四是新型举国体制是国家级创新平台建设的题中应有之义，蕴含着发挥市场机制与政府机制协同作用的战略要求。如何以创新平台为载体来实现新型举国体制的科技治理要求，仍需进一步深入研究破解。

未来可在更多方面加强研究：第一，可以追踪具有代表性的个案，深入分析创新平台内部运营的一般机理。第二，可以追踪创新平台的国外典型实践，探究创新平台在科技创新过程中发挥杠杆作用的国际经验和基本原理。第三，聚焦科技创新平台治理模式，进一步深入探究科技治理主体、合作模式、结构设计等关键问题。第四，以实证研究的方式，进一步评估检验创新平台在激发科技创新活力动力方面的杠杆效能。未来研究还可结合具体政策文件，对相关政策在执行过程中遇到的痛点、难点、堵点问题，以及科技创新体制机制局限问题，进行针对性优化研究。

第二章　科技创新的历史进程与普遍特征

当今社会，科技创新越来越成为推动人类未来发展的主导力量。梳理科技创新的历史脉络、现实逻辑与未来趋势，有助于把握创新的本质、趋势和关键环节，从而更好地释放科技创新的潜能。本章对科技创新的历史进程、未来趋势进行梳理，以明确创新驱动发展的关键环节与普遍特征。

第一节　全球科技革命和产业革命的历史进程

科学技术的发展是有迹可循的，了解科学技术史是理解科学和技术的有效途径。纵观世界科技发展史，全球先后掀起了五次科技革命。科技革命是科学革命和技术革命的统称，指科技范式、人类思想观念、生活方式和生产方式的革命性转变与科技变迁。其中，科学革命是科学思想的变革，源于现有理论与科学观察、科学实验的本质冲突，表现为新理论体系的构建。技术革命是人类生存发展手段的变革，表现为集群式发明和科学创造性应用，并且总是与工业革命相伴发生。①

一、第一次科学革命

第一次科学革命发生在16世纪至17世纪，意大利文艺复兴运动席卷了整个欧洲，极大地促进了自然科学的形成与发展，标志性成就是日心说、经典力学和微积分，代表人物有哥白尼、伽利略、牛顿等。以经典力学为代表的近

① 中国科学院，2009.科技革命与中国的现代化：关于中国面向2050年科技发展战略的思考[M].北京：科学出版社：7-26.

代科学在阐释自然现象与规律方面取得了巨大成就。

两千多年前,有一批古希腊学者不带任何功利目的,完全出于好奇心和兴趣研究自然现象。比较具有代表性的有古希腊哲学家泰勒斯、毕达哥拉斯、赫拉克利特、德谟克利特、阿基米德、欧几里德、苏格拉底、柏拉图和亚里士多德等。受研究方法的限制,当时学者们主要依靠观察和思辨两种方法研究探索自然现象,因此其研究成果也被称为"自然哲学",是自然科学的前身。

尼古拉·哥白尼(Mikołaj Kopernik, 1473—1543)受欧洲文艺复兴的影响,通过长年的观察和计算,提出了"日心说"观点,改变了人类对"地球是宇宙中心,所有天体都围绕地球旋转"的固有错误认知,更正了人们的宇宙观,被认为是现代天文学开创者。哥白尼完成的伟大著作《天球运行论》[①],也被誉为科学革命的开山之作。

意大利科学家伽利略·伽利雷(Galileo di Vincenzo Bonaulti de Galilei, 1564—1642)对自然科学形成具有不可磨灭的贡献。伽利略是第一个用望远镜观察到土星光环、太阳黑子、月球山岭、金星和水星盈亏现象、木星的卫星等现象的科学家,他还以实验的方式总结出自由落体定律、惯性定律和伽利略相对性等原理,从而推翻了亚里士多德物理学的许多臆断,奠定了经典力学的基础,有力地支持了哥白尼的日心学说。除了他在学术观点上的贡献,他对研究方法的贡献也奠定了近代自然科学的基础。伽利略认为,自然科学研究要同时运用四个方法:观察法、思辨法、实验法、数学法,这四个方法是自然科学的标配,不然就不是真正的自然科学。伽利略十分重视观察和实验的作用,善于在观测结果的基础上提出假设,运用数学工具进行演绎推理,检验其是否符合实验或观察结果。实验和观测要精确,就离不开测量仪器。伽利略设计制造了很多仪器,例如,望远镜、流体静力秤、比例规、温度计、摆式脉搏计等。正是伽利略在研究方法论和实验仪器上的重要贡献,使人类的自然科学有了统一的研究范式,"自然哲学"才得以真正地进化为"自然科学"。爱因斯坦曾这样评价:"伽利略的发现,以及他所运用的科学推理方法,是人类思想史上最伟大的成就之一,标志着物理学的真正开端!"因此,伽利略被称颂为"近代科学之父"。

---

① 该书曾被译为《天体运行论》,但 2006 年在纪念该书出版 460 周年之际,北大哲学系教授吴国盛提出哥白尼的巨著 *De Revolutionibus Orbium Coelestium* 应该译成《天球运行论》而不是《天体运行论》。"天球"是希腊数理天文学的基本概念,哥白尼正是这一数理天文传统的正宗传人。强调是"天球"而非"天体",是为了恢复科学史的实情。

结束了信仰独断的16世纪，迎来了更为理性的17世纪，弗兰西斯·培根(Francis Bacon，1561—1626)作为经验论的创始人，通过怀疑精神来破除过去的知识体系的局限，通过一套新的逻辑创造出一套认识世界、研究世界的科学方法，形成了“知识就是力量”的著名论断。培根批判了亚里士多德的形式逻辑，建立了科学归纳法，通过比较、类比以及理性的论证总结出一套方法。他在专著《新工具》中将这种方法称之为“三表法”：第一个表即本质或具有表，寻找本质及与之相关的各种现象之间的关联性；第二个表是差异表，也叫否定表，举出本质相关现象的反例；第三个表叫程度表或者比较表，将本质表与差异表放在一起比较，研究现象与本质之间的共变关系。培根的科学归纳法正是以个别的事实陈述为据，通过探寻和判明客观事物的因果必然联系，作出关于事物现象运动变化的一般结论，从而提供关于事物形式(即规律)的认识，[①]从感性的观察和实验出发，经过理性归纳而上升到真理的知识，对科学发展具有方法论的指导意义，加速了近代科学发展进程。

英国著名物理学家、数学家艾萨克·牛顿(Isaac Newton，1643—1727)以其万有引力、三大运动定律、微积分等科学成就，被认为直接推动了第一次科学革命。牛顿在伽利略、笛卡儿、雷恩、沃利斯、惠更斯等科学家的研究基础上，总结出物体运动的三大基本定律，也即惯性定律、加速度定律、作用力与反作用力定律，直接影响了其后三个世纪物理世界的科学观点，为现代工程学打下了理论基础。牛顿通过研究发现，开普勒行星运动规律与他早前提出的引力理论是一致的，意味着地面物体与天体运行遵循着相同的自然规律。在数学领域，牛顿是发展微积分的代表人物之一，他提出了广义二项式定理，发现了牛顿恒等式、牛顿法，分类了立方面曲线(两变量的三次多项式)，并首次使用了分式指数和坐标几何学得到丢番图方程(又称不定方程、整系数多项式方程)的解。牛顿在科学方法论领域也做出了巨大贡献，形成了一套研究事物的方法论体系和方法论原理，最具代表性的有实验—理论—应用的方法、分析—综合方法、归纳—演绎方法、物理—数学方法。他的巨作《自然哲学的数学原理》，开辟了大科学时代。牛顿被认为是最有影响的科学家，被誉为“物理学之父”。

第一次科学革命使人类从唯心主义逐步觉醒至唯物主义，正确塑造了人类认识世界、改造世界的科学理念。尤为重要的是，科学家们借助数学基础，

---

① 张峰，2008. 培根归纳法的内核及发展[J]. 重庆工学院学报(社会科学版)(2)：21-24.

将科学理论以数理方式加以呈现，并探索总结了一整套“大胆假设，小心求证”的研究方法，形成了科学严谨的方法论体系。第一次科学革命虽未直接引发第一次技术革命，但也是第一次技术革命的先导，为后续多次科学技术革命奠定了坚实的理论积累、价值观和方法论基础。

二、第一次技术革命

第一次技术革命发生于18世纪中期到19世纪中期，以蒸汽机的发明和应用以及机器作业代替手工劳动为主要标志。最著名的代表人物是詹姆斯·瓦特(James Watt，1736—1819)。1776年，瓦特制造出第一台有实用价值的蒸汽机，后经过一系列重大改进，使之成为“万能的原动机”，在工业领域得到广泛应用。[①] 蒸汽机的发明开辟了人类利用能源的新时代，使人类进入“蒸汽时代”。为了纪念这位伟大的发明家，后人把功率的单位定为“瓦特”(简称“瓦”，符号W)。

值得一提的是，第一次技术革命中，能工巧匠扮演了重要的角色，许多发明成果都是能工巧匠实践经验的结晶。例如，蒸汽机的发明者瓦特当过钟表匠和大学仪器修理工，轮船的发明者罗伯特·富尔顿(Robert Fulton，1765—1815)自小热爱发明和绘画，焦炭炼铁法的发明者亚伯拉罕·达比(Abraham Darby，1676—1717)是一家铁厂的企业主并曾经在一家麦芽糖厂做学徒，珍妮纺纱机的发明者詹姆斯·哈格里夫斯(James Hargreaves，1721—1778)是一名纺织工。[②] 能工巧匠成为第一次技术革命中新技术的带头人，他们的革新主要依靠多年来的实践经验，源自解决生产问题和盈利的欲望，但是对于科学理论的研究并没有多少。此时，科学与技术还没有真正地结合起来。[③]

第一次技术革命的实质是动力技术革命，其主要内涵是通过机械力代替人类的体力，用机械强壮了人的四肢和肌肉，把人类从改造自然的力量困境中解放出来，使人类能够克服体力不足的缺陷，实现了对自然资源的大量开采、运输和加工利用。[④] 蒸汽机的出现也推动了汽车、火车、轮船、钢铁等行业的巨

---

① 展博投资，2016. 从历史看未来 浅析康波周期与技术革命浪潮[N]. 证券时报，2016-12-31(A7).

② 张淑钏，1999. 近代世界两次产业革命比较[J]. 生产力研究(6)：98-100.

③ 王扬，1998. 第二次科技革命的内容、特点及意义[J]. 学习月刊(3)：16-17+15.

④ 上海北斗导航创新研究院，2019. 科技革命与产业革命的划分及发展趋势[EB/OL]. [2019-07-25]. https://www.sohu.com/a/329396575_99924008.

大发展。这不仅是一场技术革命，还是一场工业革命，大机器开始逐渐取代手工作业，生产力得到了突飞猛进的发展。这更是一场深刻的社会革命，产生了一种新的生产组织方式——工厂，代替了传统的手工作坊，成为工业化生产最重要的组织方式。[①] 英国因为是第一次技术革命的发源地，率先进入了工业化和工业社会。这次技术革命也最终确立了资产阶级对世界的统治地位。[②]

三、第二次技术革命

19 世纪末 20 世纪初，世界迎来了第二次技术革命，以电力电能的突破应用、电机、内燃机、炼钢等技术的出现为显著标志。第二次技术革命中兴起的许多工业部门都植根于第一次技术革命，如钢铁、煤炭、机械加工等，这些老行业的新发展又促进了石油、电气、化工、汽车、航空等新兴工业部门的出现，从而使整个世界工业的面貌焕然一新。欧美国家借助这场技术革命，将工业化推进到新阶段。

第二次技术革命最具代表性的成就莫过于法拉第在电力电能领域取得的重要突破。英国物理学家、化学家迈克尔・法拉第(Michael Faraday, 1791—1867)于 1831 年首次通过实验发现，闭合电路的一部分导体在磁场中做切割磁感线运动时，导体中就会产生电流，电磁感应现象帮助人类得到了产生交流电的方法，成为打开电能宝库的钥匙。随后，法拉第又发明了圆盘发电机，这是人类创造出来的第一个发电机。为了证实用各种不同办法产生的电在本质上都是一样的，法拉第还总结出“法拉第电解定律”，揭示了通入的电量与电极反应物重量之间的定量关系。这条定律成为联系物理学和化学的桥梁，也是通向发现电子道路的桥梁。[③] 因为这些伟大贡献，法拉第也被称为“电学之父”和“交流电之父”。其后，英国科学家詹姆斯・克拉克・麦克斯韦(James Clerk Maxwell, 1831—1879)进一步将电学、磁学、光学统一起来，建立了系统的电磁学理论，为人类将电力作为新能源奠定了坚实基础。

德国发明家、企业家、物理学家维尔纳・冯・西门子(Werner von Siemens, 1816—1892)提出利用电机剩磁进行自励的原理，研发出了自励直

---

① 人民教育出版社历史室，2000. 世界近代现代史[M]. 北京：人民教育出版社：68.

② 人民教育出版社历史室，2000. 世界近代现代史[M]. 北京：人民教育出版社：66.

③ 罗肇鸿，王怀宁，刘庆芳，等，1995. 资本主义大辞典[M]. 北京：人民出版社.

流发电机。该项技术最初运用于军事目的，在功率和负荷能力得到进一步改进之后，被广泛应用于电车和电动发动机领域。西门子发明了指南针式电报机，并创建了西门子-哈尔斯克电报机制造公司，这也是西门子公司的前身。西门子还发明了电梯、有轨电车、无轨电车，并借助公司优势将这些发明快速投入市场。此外，西门子还在铺设改进海底、地底电缆、电线，修建电气化铁路等领域取得了非凡的成就。他提出平炉炼钢法，利用高温回热炉把铁砂直接冶炼成钢，革新了炼钢工艺。西门子也被誉为德国"电子电气之父"，后世以他的名字命名了物理电路学中电导、电纳、导纳三种导抗的单位。

同时，在化学领域，俄国科学家德米特里·伊万诺维奇·门捷列夫(1834—1907)发现并归纳出元素周期律。元素周期表把构成万物的基本元素组成了一个相互联系的完整体系，简单、清晰却非常深刻地揭示出复杂物质世界的内在规律，使化学研究实现从现象到本质的根本性飞跃，是化学作为一门科学的重要理论基石。①

第二次技术革命也带来了大规模的产业革命。电力作为代替蒸汽动力的新能源得到了广泛应用，人类全面开启"电气时代"。非常具有代表性的是美国发明家、物理学家、企业家爱迪生发明的留声机、电影摄影机和钨丝灯泡，他利用大生产方式将电气带来的技术福利惠及更多人。随后，电动机、电钻、电焊等生产设备以及电熨斗、吸尘器、电话、洗衣机、电冰箱、空调等家用电器产品纷纷问世，给人们的生产生活带来了极大便利。此外，电机、电灯等新发明构成了以电力为核心的新技术体系和工业体系。电报、电话等新创造构建了全球信息高效传递系统。内燃机逐步取代蒸汽机，带来汽车、拖拉机等制造业的兴起，石油和天然气逐步成为世界主要能源。钢铁、合金、高分子材料为制造业提供了大量新材料。钢筋混凝土在19世纪末开始广泛应用，开启了土木工程和建筑的新时代。②

第二次技术革命的本质是能源技术革命，其核心内涵是通过电力技术的发明和应用、内燃机技术的发明和应用、化学能与人工合成技术的发明与应用等，使人类的力量进一步增大，速度进一步提高，生产效率大幅度提升，生产走向规模化和高速化。但这一次的技术革命并没有对人类的自然属性需求产生

---

① 白春礼，2019. 元素周期表：探究物质世界奥秘的一把金钥匙[N]中国科学报，2019-12-30(1).

② 张柏春，2022. 科技革命与"革命者"[J]. 科学，74(2)：7-13.

颠覆性影响。[①] 只是通过自然力的运用使人类改造自然的力量更大、速度更快。[②] 值得一提的是，在第二次工业革命中，几乎所有的工业部门都受到科学发明的影响。科学理论的发展推动了技术的发展，技术的发展又推动了生产的发展，因此在这一时期，科学、技术、生产形成了依次推进的发展关系。科学与技术更好的结合使得技术成果应用到生产实践的时间大大缩短。没有物理学、生物学、热学、化学等方面理论的发现，第二次工业革命就不会有如此巨大的成就。

四、第二次科学革命

第二次科学革命发生在 20 世纪前叶，最具标志性的成就是相对论和量子力学。

爱因斯坦于 1905 年创立了狭义相对论（Special Relativity），用于讨论惯性参考系中的物理学现象。狭义相对论有两个基本公设。第一，狭义相对性原理（也叫狭义协变性原理）：所有惯性参考系都是等价的，只要观察者处于惯性系中，所看到的规律都是相同的。惯性系中，任何物体的运动都是相对的，只有在与其他物体相比较时，才能判定一个物体的运动状态。第二，光速不变原理：在任何惯性系中真空中光的速度是恒定的（$c=299\,792\,458\ \text{m/s}$），且光的速度不受物体运动状态和观察者所处位置的影响。同时，爱因斯坦还给出了质能方程 $E=mc^2$，能量与质量之间可以相互转换，这也是核聚变产生的基本原理。1915 年，爱因斯坦把他的引力理论建立在等效原理和相对性原理的基础上，提出引力是由空间—时间弯曲的几何效应畸变引起的，因而引力场影响时间和距离的测量，把引力场等效成时空的弯曲。[③] 爱因斯坦把这一理论看作是狭义相对论的推广，因而称它为广义相对论（General Relativity）。广义相对论在天体物理中有着非常重要的应用，直接推导出某些大质量恒星会终结为一个黑洞——时空中某些区域发生极度扭曲以至于光都无法逸出。光线在引力场中的偏折会形成引力透镜现象，这使得人们能够观察到处于遥远位置的

---

① 齐建国，2013. 循环经济与绿色发展：人类呼唤提升生命力的第四次技术革命[J]. 经济纵横（1）：43 - 53.

② 上海北斗导航创新研究院，2019. 科技革命与产业革命的划分及发展趋势[EB/OL]. [2019 - 07 - 25]. https://www.sohu.com/a/329396575_99924008.

③ 《中国大百科全书》总编委会，2009. 中国大百科全书[M]. 2 版. 北京：中国大百科全书出版社.

同一个天体的多个成像。广义相对论还预测了引力波的存在，已被精密实验所证实。[①] 此外，广义相对论还是宇宙大爆炸模型的理论基础。相对论揭示了物质、运动和时间、空间之间的内在联系，改变了人类的时空观。

量子力学（Quantum Mechanics）也被认为是第二次科学革命最具代表性的成果，它是研究原子及亚原子尺度下微观粒子运动规律的物理学分支，主要研究原子、分子、凝聚态物质，以及原子核和基本粒子结构、性质的基础理论。[②] 在微观世界里，粒子不只存在一个位置，也不会从一点通过一条单一路径到达另一点，粒子的行为具有不确定性，为了描述粒子可能的特性，例如在某一时刻的位置和速度，常常借助"波函数"来预测粒子可能出现的特征。[③] 1900 年，普朗克提出辐射量子假说，假定电磁场和物质交换能量是以一份一份间断的形式实现的，这个最小能量单位即为"能量子"，能量子的大小同辐射频率成正比。[④] 1905 年，爱因斯坦引进"光量子"的概念，并给出了光子能量、动量与辐射频率和波长的关系，成功地解释了光电效应。1913 年，玻尔在卢瑟福原有核原子模型的基础上建立起原子的量子理论，原子中的电子只能在分立的轨道上运动，在轨道上运动时电子既不吸收能量，也不放出能量。原子具有确定的能量，它所处的这种状态叫"定态"，而且原子只有从一个定态到另一个定态，才能吸收或辐射能量。[⑤] 1926 年，奥地利科学家提出了描述物质波连续时空演化的偏微分方程——薛定谔方程，给出了量子论的另一个数学描述——波动力学。1948 年，费曼创立了量子力学的路径积分公式（Path Integral Formulation）。[⑥] 由于微观粒子具有波粒二象性，微观粒子所遵循的运动规律不同于宏观物体的运动规律，描述微观粒子运动规律的量子力学也就不同于

---

① 李后强，2017. 宽窄相对论与模糊论[N]. 四川经济日报，2017-05-12(6).

② 银振强，2010. 量子密码与量子中继研究[D]. 合肥：中国科学技术大学.

③ 环球物理，2018. 盘点现代物理学七大经典问题：薛定谔的猫[EB/OL]. [2018-08-10]. https://mp.weixin.qq.com/s?__biz=MzA5ODMwOTExNA==&mid=2661908345&idx=4&sn=be2f02c1fae5a47eb1c3b1ec4860c6d5&chksm=8bce59ecbcb9d0faa4b144cc6a7c9665dfb4d87a61caef77e5ad26668c77c209cabeee4d54ea&scene=27.

④ 银振强，2010. 量子密码与量子中继研究[D]. 合肥：中国科学技术大学.

⑤ 缑俊培，2009. 太赫兹波技术及成像应用探讨[D]. 郑州：郑州大学.

⑥ 中国科技论文在线，2018. 关于第二次科学革命[EB/OL]. [2018-04-24]. https://mp.weixin.qq.com/s?__biz=MzA5OTI1NDUyMw==&mid=2649739162&idx=1&sn=7f827e42fd447a67x41186889f405ee9b&chksm=889e460ebfe9cf18df9e385c9e4d0693784f216b58bd3edbbd75960b2d5fe1d312e09c407ff5&scene=27.

描述宏观物体运动规律的经典力学。[①] 量子力学从根本上改变了人类对物质结构及其相互作用的理解。

第二次科学革命中，遗传学、DNA 双螺旋模型、板块构造理论等领域也取得了极大的进展。1953 年，沃森、克里克提出 DNA 分子的双螺旋结构模型，标志着分子生物学(Molecular Biology)的诞生，这门学科从分子水平研究生物大分子结构与功能，尤其是蛋白质、核酸、脂质体系以及部分多糖及其复合体系的结构和功能。分子遗传学的中心法则和遗传密码，除个别例外，在绝大多数情况下都是通用的。这一科学进展在分子水平上揭示了生命世界的基本结构和生命活动根本规律的高度一致，揭示了生命现象的本质。分子生物学的概念和观点也已经渗入基础和应用生物学的每一个分支领域，带动了整个生物学的发展，使之提高到一个崭新的水平。

第二次科学革命还在持续中，这次科学革命对人类认识世界、改造世界带来了很多颠覆性影响，使人类认识自然界宏观广度和微观深度的能力有了极大提升。对探索与创新的不断追求是第二次科学革命的动力源泉。

五、第三次技术革命

第三次技术革命发生于 20 世纪三四十年代，电子计算机技术、原子能技术、空间技术、生物工程等一批新技术兴起，促进了新兴“知识工业”部门的产生，引起了产业结构新变化。[②] 它本质上是一场信息技术控制革命，是人类文明史上继蒸汽机技术革命和电力技术革命之后科技领域的又一次重大飞跃，把人类推进到信息时代。

原子能的开发利用是人类能源领域的一次探索性尝试。其理论基础是爱因斯坦提出的质能方程 $E=mc^2$，通过转化质量以使原子核释放能量。1938 年，德国科学家奥托・哈恩用中子轰击铀原子核，发现了核裂变现象。1942 年，美国芝加哥大学成功启动了世界上第一座核反应堆。对于核能的利用引起各界巨大争议，一方面这项技术用于核发电，带来了低成本且源源不断的能量来源；但不幸的是这项技术也被用在了以原子弹为武器的战争中。当爱因斯坦越来越清楚地看到控制核武器的努力已经失败时，有人问他下一次世界

① 银振强，2010. 量子密码与量子中继研究[D]. 合肥：中国科学技术大学.
② 人民教育出版社历史室，2006. 世界近代现代史[M]. 2 版. 北京：人民教育出版社：106.

大战会是什么样子，他回答："我不知道第三次世界大战会用什么武器，但我知道第四次世界大战肯定用石头"[①]，透露着对滥用核武器将给人类带来灾难性影响的极度担忧。此外，1979 年美国三里岛核事故、1986 年苏联切尔诺贝利核电站事故、2011 年日本福岛第一核电站因地震导致的核泄漏事故，以及此后日本政府不负责任地将核污水排入大海，可能造成核辐射污染扩散，引发了社会各界对核电站安全性、环境污染性、生态破坏性的高度关切。

空间技术，亦称太空技术或航天技术，是探索、开发和利用太空以及地球以外天体的综合性工程技术。空间技术是一个大系统工程，由特定的航天器（卫星、空间站、探测器）、运载工具（火箭、航天飞机）、航天发射场、地面测控网、地面应用站网以及相关系统组成，是集喷气技术、电子信息技术、自动化技术、遥感技术、材料科学、计算科学、数学、物理、化学等多学科、多领域技术集成的现代科学。[②] 1957 年 10 月 4 日，苏联成功发射了世界上第一颗人造地球卫星，随后美国、法国、日本、中国等国家相继发射了人造地球卫星，标志着人类跨入航天时代。1961 年 4 月 12 日，苏联发射了全球首个载人飞船，把宇航员加加林送入地球轨道，运行 108 分钟后安全返回地面，开辟了人类航天的新纪元。1969 年 7 月 16 日，美国成功利用"土星 5 号"运载火箭发射"阿波罗 11 号"飞船。近年来，中国在航天领域捷报频传，取得了载人航天、月球探测、北斗导航等为代表的一系列辉煌成就，技术水平位居国际前列。

冯·诺伊曼对电子计算机的设计提出建议，并在共同讨论的基础上于 1945 年 3 月起草了一个全新的"存储程序通用电子计算机方案"（EDVAC，Electronic Discrete Variable Automatic Computer）。[③] 1946 年，"电子数字积分计算机"（ENIAC，Electronic Numerical And Calculator）在美国宾夕法尼亚大学诞生。ENIAC 由美国军方定制，为了满足美国奥伯丁武器试验场计算弹道的需要。第一代电子计算机以当时的雷达脉冲技术、核物理电子计数技术、通信技术等为基础。硬件方面，逻辑元件采用的是真空电子管，主存储器采用汞延迟线、阴极射线示波管静电存储器、磁鼓、磁芯；外存储器采用的是磁带。软件方面采用了机器语言、汇编语言。[④] 这一代计算机体积大、能耗高、速度慢、价格昂贵。第二代计算机是晶体管计算机，操作系统与应用程序均有所升

---

① 艾萨克森，2012. 爱因斯坦传[M]. 张卜天，译. 长沙：湖南科技出版社.

② 闵桂荣，1999. 空间技术的发展及其对社会的影响[J]. 航天器工程(1)：1－9.

③ 王振东，2023. 冯·诺依曼，计算机和力学[J]. 力学与实践，45(4)：944－947.

④ 李思远，2013. 浅析计算机科学技术的发展[J]. 电子技术与软件工程(16)：211.

级，主要用途为科学计算和事务处理，能耗、可靠性、计算速度等性能也有大幅提升。第三代计算机在硬件上使用了集成电路技术（MSI 和 SSI），软件上采用了分时操作系统和结构化模块化程序设计，使计算机更加通用化、系列化和标准化，同时成本进一步下降，性能进一步提升。第四代计算机逻辑元件采用了大规模和超大规模集成电路（LSI 和 VLSI）和集成度更高的半导体芯片，每块芯片可容纳数万个乃至数百万个晶体管，并且可以把运算器和控制器都集中在一个芯片上。[①] 软件上则出现了数据库管理系统、网络管理系统和面向对象语言。1971 年，世界上第一台微处理器在美国硅谷诞生，开创了微型计算机的新时代，计算机逐步走入家庭。计算机技术作为一种通用性技术，对人们的生产生活方式产生了颠覆性影响，它与众多行业形成融合发展的趋势，很多新行业、新领域、新业态应运而生。这场技术革命也使工业化更加成熟，并且向信息化方向发展。

第三次技术革命最具代表性的是信息技术革命，其核心内涵是通过信息采集、存储、传输、加工处理技术，以信息技术的逻辑计算力代替人类的脑力，把人类从处理海量信息的逻辑分析和计算能力的困境中解放了出来，实现了脑力的扩张，智能的飞跃。[②] 在力量更大、速度更快的基础上使人类变得更加“聪明”，工作更加精准化、自动化、智能化和远程控制化。[③] 信息技术作为一门通用技术，与各领域、各行业、各学科形成融合发展之势。同时，在第三次技术革命中，科学技术在推动生产力发展上发挥了越来越重要的作用，科学技术转化为生产力的速度不断加快。科学和技术之间的联系也在不断加强，不同学科之间的相互渗透也越来越深，科技朝着更具综合性的方向发展。[④]

六、第四次技术革命

第四次技术革命是由 2013 年德国在汉诺威工业博览会上提出“工业 4.0”概念而引发的。为了抓住第四次技术革命的历史机遇，各国纷纷推出了相应

---

① 周小鹏，2017. 计算机技术的发展及未来趋势[J]. 数码世界(10)：189 - 190.

② 齐建国，2013. 循环经济与绿色发展：人类呼唤提升生命力的第四次技术革命[J]. 经济纵横(1)：43 - 53.

③ 上海北斗导航创新研究院，2019. 科技革命与产业革命的划分及发展趋势[EB/OL]. [2019 - 07 - 25]. https://www.sohu.com/a/329396575_99924008.

④ 人民教育出版社历史室，2006. 世界近代现代史[M]. 2 版. 北京：人民教育出版社：107.

的国家战略举措，除德国发布“工业 4.0”外，美国实施《先进制造业伙伴计划》、中国出台《中国制造 2025》、日本先后制定《日本再生计划》《机器人新战略》《第五期科学技术基本计划》等。第四次技术革命以 5G 智能制造为代表，使物体与物体之间实现互联互通。也有人认为第四次技术革命是网络化、信息化和人工智能的深度结合，以生成式人工智能应用为代表。

5G 即第五代移动通信技术（5th Generation Mobile Communication Technology），是一种具有高速率、低时延和大连接特点的新一代宽带移动通信技术，5G 设施是实现人—机—物互联的网络基础设施。① 国际电信联盟定义了 5G 的三大类应用场景，即增强移动宽带（eMBB）、超高可靠低时延通信（uRLLC）和机器类通信（mMTC），分别满足了移动互联网爆发式增长、远程控制、智能城市等现实需求，并进一步与工业经济深度融合，涵盖研发设计、生产制造、运营管理及产品服务等工业环节，为产业数字化、网络化、智能化发展提供了新的实现途径。同时，在信息技术领域，形成了若干更大的技术集群，例如，自动化、云计算、大数据、互联网、物联网、综合集成技术等。纳米技术、量子计算机、生物技术、分布式共识、3D 打印技术等也向普遍应用的阶段发展。② 此外，5G 技术在物联网与无人驾驶、电力煤矿等能源领域、智慧课堂等教育领域、远程诊疗急救手术等医疗领域、智慧文旅、智慧城市、信息产品与服务、金融领域等均有广泛的融合应用，极大地改变了传统行业的生产运营发展模式。可以说，新一代移动通信技术更好地促进了“两网两化”高度融合，也即利用互联网和物联网将信息化和工业化紧密融合在一起，开启“万物互联”的时代。

随着聊天生成预训练转换器（chat generative pre-tvained transformer，ChatGPT）的出现，生成式人工智能被认为是一种可以逐步解放人类大脑的智能型生产工具。ChatGPT 是以深度学习和人类反馈强化学习等技术为基础，经过针对性的海量数据的预训练，该技术能够根据用户指令，生成内容丰富、风格类人的自然语言文本的大型生成式人工智能语言模型。③ 生成式人工智能不仅拥有对自然语言的理解、解释能力，还能够根据已经学习的内容创造性

---

① 包力泰，2022. 5G 通信技术背景下物联网应用发展[J]. 中国传媒科技(8)：92－94.

② 江苏韦七哥，2020. 第四次技术革命已经来了！[EB/OL]. [2020－03－27]. https://baijiahao.baidu.com/s?id=1662304677466757808&wfr=spider&for=pc.

③ 蒲清平，向往，2023. 生成式人工智能——ChatGPT 的变革影响、风险挑战和应对策略[J]. 重庆大学学报(社会科学版)(3)：102－114.

地生成新内容，[①]在预训练语言模型、上下文学习和基于人类反馈的强化学习三个关键技术的加持下，生成式人工智能的能力甚至可以远远超过人类。[②] 很多学者认为，生成式人工智能有助于人类从过去繁重的体力劳动和重复性的脑力劳动中解放出来，成为推动社会发展的新引擎，[③]从而引发人类社会深层次的变革。体现为，开辟信息智能化处理，推动产业转型升级和生产方式变革，推动科研范式变革，推动教育模式变革，推动生产、消费、生活方式变革等。然而，生成式人工智能所展现出的"自反性"，即自我反思和自我调节的能力，很可能走向人类意图的反面，从而给人类社会带来诸多负面和无法预料的影响。例如，传统意义上认为需要想象力和创造力的绘画、设计和写作，新一代人工智能已达到了一定水平。而跨学科、跨领域的通用能力，更是人工智能相较于人类的更大优势。生成式人工智能对人类各种能力的超越和替代，可能导致教育的消解、教育的失控和教育的失德。[④] 一方面，ChatGPT 的"底料"中存在大量错误信息，鉴别难度大；另一方面，为了迎合答案需要 ChatGPT 甚至会生成虚假信息。学生们借助 ChatGPT 生成论文和报告会导致他们放弃独立自主思考、人云亦云，甚至可能涉及抄袭。为此，美国、法国等国家的一些大学已经宣布禁止使用 ChatGPT。最重要的是，一些生成式人工智能虽然标榜中立，事实上却表现出了明显的政治立场，不仅对政治敏感问题采取回避态度，甚至会对提问者封号禁言，刻意美化一些国家的同时也恶意曲解、诋毁、丑化一些国家，存在严峻的意识形态风险。

此外，石墨烯、量子信息技术、虚拟现实、可控核聚变、清洁能源、生物技术也异军突起，成为第四次技术革命的突破口。2018 年，习近平总书记在全国两院院士大会上鲜明指出，"进入 21 世纪以来，全球科技创新进入空前密集活跃的时期，新一轮科技革命和产业变革正在重构全球创新版图、重塑全球经济结构。以人工智能、量子信息、移动通信、物联网、区块链为代表的新一代信息技

---

① 张熙，杨小汕，徐常胜，2023. ChatGPT 及生成式人工智能现状及未来发展方向[J]. 中国科学基金，37(5)：743-750.

② DWIVEDI Y K, KSHETRI N, HUGHES L, et al, 2023. "So what if ChatGPT wrote it?" Multidisciplinary perspectives on opportunities, challenges and implications of generative conversational AI for research, practice and policy [J]. International Journal of Information Management, 71.

③ 涂群，张茜茜，2023. 筑牢人工智能三大基础环节　迎接全球第四次科技革命浪潮[N]. 人民邮电报，2023-03-16(7).

④ 唐汉卫，2023. 生成式人工智能的自反性及其教育影响[J]. 教育发展研究，43(20)：1-9.

术加速突破应用，以合成生物学、基因编辑、脑科学、再生医学等为代表的生命科学领域孕育新的变革，融合机器人、数字化、新材料的先进制造技术正在加速推进制造业向智能化、服务化、绿色化转型，以清洁高效可持续为目标的能源技术加速发展将引发全球能源变革，空间和海洋技术正在拓展人类生存发展新疆域。总之，信息、生命、制造、能源、空间、海洋等的原创突破为前沿技术、颠覆性技术提供了更多创新源泉，……科学技术从来没有像今天这样深刻影响着国家前途命运，从来没有像今天这样深刻影响着人民生活福祉。”①

第二节 科技革命常伴随大国兴衰和国际格局调整

纵观全球科技创新史，哪个国家主导了科技革命，它的科技、军事、经济实力就会迅速崛起，进而引发世界政治经济格局的变化。抓住科技革命机遇的国家，其政治经济实力也会随之大大增强，进而在新国际格局中发挥重要作用。科技革命不仅影响国家兴衰、经济发展、人民幸福，更与国际政治格局密切关联。一个国家在科技革命中扮演的角色直接影响其国际政治地位和话语权。表 2 - 1 展示了近代以来历次科学革命与技术革命发生的时间、主要标志、主要影响，以及与之相应的世界强国崛起。

一、第一次科技革命与英国崛起

英国是第一次科学革命和技术革命的发生地，这与其成为世界强国的时间恰好吻合，为其成为“大英帝国”奠定了基础。《人类简史》的作者赫拉利将之形象地总结为“科学与帝国的联姻”②。1768 年，英国皇家学会提供了绝大部分经费，资助一支队伍出海远征。远征队中有天文学家、植物学家、地理学家、人种学家，以及专门负责绘制途中遇到的新土地、植物、动物和人类的画家。英国皇家海军为远征队配备了出海的船舶，同时配备了当时最先进的科学仪器，还调派了 85 位装备精良的水手和士兵同行，配备了船用大炮、步枪、

① 习近平，2018. 在中国科学院第十九次院士大会、中国工程院第十四次院士大会上的讲话[N]. 人民日报，2018 - 05 - 29(2).

② 赫拉利，2016. 人类简史：从动物到上帝[M]. 林俊宏，译. 北京：中信出版社：267 - 296.

火药和其他武器。这趟远征不仅使英国在科技领域获得了长足发展，还实现了在军事上的极度扩张。

表 2-1　　科技革命的历史进程、主要影响与国家崛起

科技革命	时间	主要标志	主要影响	发生地
第一次科学革命	16 至 17 世纪	日心说、经典力学和微积分	近代物理学诞生，科学成为独立的社会建制	意大利、英国、法国
第一次技术革命	18 世纪中期到 19 世纪中期	蒸汽机的发明应用，机器作业代替手工劳动	机械化大生产，从农业社会进入工业社会	英国
第二次技术革命	19 世纪末 20 世纪初	电力电能的突破应用	工业社会进入电气时代，电力和运输革命	英国、德国、美国
第二次科学革命	20 世纪前叶	相对论和量子力学	新的世界观，科研组织“大科学”模式日益凸显	德国
第三次技术革命	20 世纪三四十年代	电子计算机技术、原子能技术、空间技术、生物工程等新兴技术兴起	电子和信息革命，人类进入全球化、信息化、网络化时代	美国、西欧
第四次技术革命	21 世纪初叶	5G、生成式人工智能	数字化生活方式、知识生产的自主化	待时间揭晓

资料来源：根据科技发展史梳理。

这趟远征带回了数量惊人的天文学、地理学、气象学、植物学、动物学和人类学资料，成为后来很多学科得以发展的重要基础。同时远征队“发现了”众多岛屿，直接奠定了英国征服澳大利亚大陆、塔斯马尼亚岛和新西兰，占领西南太平洋的基础。[①] 远征队众多学科领域的奇特组合，孵化出一种复合组织的雏形，这种模式与蒸汽机和内燃机等产业技术相结合，形成了遍地开花结果的“军-工-学”复合组织，使英国继续引领技术革命与产业革命，崛起为世界头号强国，在 19 世纪初达到鼎盛。这两次科技革命造就了大英帝国的全球霸主地位。

法国紧随英国之后开展产业革命，也逐步成长为世界上具有影响力的国家和世界科学中心。赫拉利将欧洲在 19 世纪成为全球权力中心的原因归结

① 赫拉利，2016. 人类简史：从动物到上帝[M]. 林俊宏，译. 北京：中信出版社：267 - 270.

为现代科学、资本主义和征服的野心。[①]

二、第二次科技革命与德国的发展

以电力、铁路为代表的科技革命及其引发的产业革命，造就了德、美等国的世界强国地位。19世纪末，德国统一为德意志帝国。为促进经济发展和技术进步，德国政府实施了很多积极政策，在制度上为科学研究提供了重要支撑。例如，将大量的职业技术学校升级为学术导向的技术学院（technical colleges），允许技术学院授予博士学位，[②]允许大学独立发展，建立覆盖科学技术与商业企业的复杂教育系统，[③]形成了研究水准高、覆盖范围广的科技研究基础。在发展过程中，德国创造了很多有效的科研组织方式，诸如实验室、研究生指导制度、研究生院、高校研究所以及创办专业科技刊物等都是德国首创。[④] 随后西门子、拜耳、博世、德国通用电气等大公司规模性发展，德国形成了世界上最早的企业研发体系，在工业领域后来者居上，迅速赶超英、法等国，成为当时世界上经济最繁荣的国家。这也为德国的军事实力奠定了坚实的经济与科技基础。第一次世界大战期间，德国化学家弗里茨·哈伯发明了用空气制备氨的技术，解决了德国被封锁期间爆炸物制作原料不足的问题。在20世纪初，德国拥有众多优秀的科学研究机构和科学家，许多重要的科学理论在德国诞生，最负盛名的是爱因斯坦的相对论理论、普朗克的量子理论，他们直接推动了第二次科学革命。

三、美国科技的追赶与超越

第一次科技革命时期，美国的科技实力远落后于英、法、德等国家，位居世界第四位。彼时的英国为了防止技术外流，制定了一系列封锁政策。例如，禁止具有核心技术的机器设备出口；禁止图纸、模具、零部件外流；禁止工匠、技术人员移民他国等。面临英国的技术封锁，美国主要采取了三个应对措施：一

---

① 赫拉利，2016. 人类简史：从动物到上帝[M]. 林俊宏，译. 北京：中信出版社：274－282.

② KÖNIG W, 2022. The history of technology in the Federal Republic of Germany [J]. NIERENBERG J. tran. 王安轶，译. 自然辩证法通讯，44(4)：44－55.

③ 张明妍，2017. 德国科技发展轨迹及创新战略[J]. 今日科苑(12)：1－14.

④ 张明妍，2017. 德国科技发展轨迹及创新战略[J]. 今日科苑(12)：1－14.

是提供政策支持，鼓励本国国民在改良的基础上发明新专利；二是鼓励海外技术人员移民本国，为其提供优厚待遇；三是建立一系列配套保障制度，为拥有专利权的技术人员提供土地、租金、税收等方面的大幅减免优惠政策。[①] 以此为基础，美国抓住了第二次技术革命的历史机遇，大力发展以电力技术为核心的重工业，与内燃机、冶金、石油化工等组成全新的技术体系。1896 年，福特制造出第一辆四轮汽车并设计 T 型生产线，开启了标准化大规模生产的经济扩张与技术进步模式。美国的经济与科技实力在 19 世纪末 20 世纪初全面超越英国。此时，美国不仅没有停下脚步，反而更加重视对知识移民的支持，明确将知识移民列入非限额移民范畴，科学家等知识精英不受移民数额限制。[②]

同时，两次世界大战不仅没有使美国遭受损失，反而刺激了科学技术的重大发展，催生了大量科技创新成果的出现。例如，香农建立了基于通信工程的数学模型，为信息论的建立提供了理论支柱；维纳提出了应用于通信和控制系统的控制论；奈奎斯特发现了应用于确定动态系统稳定性的判断准则；以奥本海默为首的科学家负责实施研发原子弹的曼哈顿计划等。这些成果带动大批新兴工业领域的发展和科学技术的进步。在第三次科技革命及其后续的产业革命中，美国依然独领风骚，尤其在信息技术、空间技术、生物工程等领域处于持续领先地位，其地位至今难以撼动。以信息网络和人工智能为主要标志的第四次科技革命及相关的产业革命，仍由美国所主导。在近代以来的数次科技革命和产业革命中，美国始终发挥着引领作用，使其在经济、军事、金融和政治等领域的国际实力急剧膨胀，成为当今世界上的超级大国。当然，科技革命也是双刃剑，苏联没有把握好分寸，被美国拖入“星球大战”的泥潭，成为其解体的诱因之一。

四、新一轮科技革命与各国力量角逐

目前，第四次科技革命已经拉开序幕，围绕科技制高点和高端人才的竞争空前激烈，世界各国之间正在进行全方位、立体式的较量，尤其是关键前沿核心技术领域的竞争成为科技大国间博弈的焦点。国家竞争的本质是经济实力

---

① 胡少华，刘思佳，谢建斌，2022. 科技的力量：从引入到创新、到引领全球——科技创新历史复盘：美国篇[R]. 常州：东海证券.

② 胡小芬，郭飞根，2008. 罗斯福时代的美国欧洲犹太知识移民政策（1933—1945）[J]. 理论月刊（7）：140-142.

的较量，经济实力的背后是科技实力的较量，科技实力的背后是人才发展的竞争，而人才发展的质量取决于国家科技政策和制度的赋能。世界各国都在充分发挥科技政策的导向功能，对科技战略进行前瞻布局，紧跟科技发展前沿，及时修订或升级科技发展战略与计划。[①] 伴随着各国实力的起伏变化，国际格局也在不断进行调整。

感受到曾经的“创新落后者”正在逐步成为“创新竞争者”，美国和西方一些国家将之视作一种“威胁”，大行孤立主义和保护主义，妄图通过“脱钩”“断链”来阻断中国经济和科技领域的追赶步伐，[②]将科技问题政治化，表现出极端狭隘的科技民族主义情绪。以美国为首的西方国家以国家安全、知识产权保护等名义，对中国科技发展的关键领域及相关人才进行封锁和围剿，限制中国在科学研究、技术研发、人员交流、市场应用等方面的国际合作，企图采用釜底抽薪的办法切断从美国到中国的人力资本与技术传递、流动，限制中国的科技进步和产业发展，已经成为美国遏制中国发展的核心战略。[③] 一向宣称“科学无国界”的美国将这个神话亲手打破，制裁引起的科技封闭趋势持续酝酿和传播，未来科学研究受政治胁迫可能成为一种新的世界现象。

2018 年 11 月，特朗普执政时期美国司法部启动了“中国行动计划”(China Initiative)，以应对所谓来自外国的“安全和技术威胁”。很多在美国大学工作和学习的中国学者和研究人员成为该计划的目标，受到联邦指控甚至遭到刑事指控和逮捕。美国所谓的“中国行动计划”实质上就是美国反华势力滥用国家安全概念，对中国进行遏制打压的工具。虽然这一计划因饱受争议在 2022 年 2 月 23 日被宣布暂停，但其所引发的“寒蝉效应”仍在持续，很多中国科学家甚至美籍华裔饱受困扰。2024 年 11 月，特朗普再次当选美国总统，不难想见其国家安全保护、科技封锁和围剿、反移民等政治主张势必再度上演，美国对华强硬的政策基调和与中国“脱钩”“断链”的战略安排很难发生根本改变。温军等(2021)认为，美国持续打压中国、背离多边主义和破坏国际秩序等一系列行为的本身是对国际科技合作的严重阻碍，其所产生的不良示范作用与溢出效应更会严重冲击国际科技合作格局。具体来看，美国针对中国的科技围剿采取了“四不让”措施。

---

① 曹玲静，张志强，2023. 适应新科技变革趋势的科技政策学发展与前瞻[J]. 情报学报，42(7)：857－869.

② 张晓晶，2020.“十四五”时期我国经济社会发展的战略重点[J]. 经济学动态，2(5)：15－27.

③ 任采文，2018. 更加积极主动地应对中美“人才战”[J]. 中国人才(10)：2－3.

第一，不让买，全面禁止具有高科技附加值的产品和原材料出口中国。以中国“卡脖子”技术芯片为例，美国是全球芯片领域的绝对领导者，享有绝对霸主地位，控制了全球近50%的市场，尤其在高端芯片领域更是占领了80%以上的市场。根据2020年美国的制裁法案，中国企业不得进口使用美国技术的半导体和生产设备。这一法案适用于全球主要半导体公司，如不遵守将面临美国的制裁。后来这种限制逐渐蔓延到中国芯片制造产业，禁止尖端半导体设备、半导体技术等出口中国，比如EUV光刻机、14纳米及以下的先进制程设备等。2022年，美国芯片禁令再度升级，全面禁止美国人（尤其是持有美国护照的华人高管）为中国半导体产业工作。2023年9月，为了进一步围堵中国从第三国获取芯片，美国又开始对中东和西亚国家实施芯片出口限制。

第二，不让进，禁止中国留学生在美学习敏感专业。长期以来，大量中国优秀青年人才赴美留学，中国一度成为美国留学生第一大来源国。但这一趋势在2018年发生了根本性颠覆。美国政府在专业、留学签证等方面的限制政策，以及相关高校在政策影响下的不友好态度，使中国赴美留学生呈现急剧下降趋势。2019年秋季学期，美国麻省理工学院更是史无前例没有录取任何一名来自中国大陆的学生。针对攻读机器人、航空航天和高科技制造等科技创新热门专业的中国留学生签证有效期被限制为1年。[①] 切断中国高科技领域的国际化人才培养，是美国限制中国科技创新发展的又一“暗箭”。

第三，不让碰，限制迫害华裔科学家的科研事业。2018年8月20日，美国卫生部所属国立卫生研究院（NIH）院长柯林斯，致信全美一万多家机构，声称国外实体机构开始了系统计划影响NIH资助的研究者，建议各机构与当地美国联邦调查局（FBI）谈话。此后，NIH对在美工作的科学家们展开调查，在NIH要求协助调查的246人中，81%的科学家是亚裔；被审查的合作中，91%的合作是与中国开展的合作。美国政府不仅把矛头直指中国，而且摧毁了大量华裔科学家的职业生涯。在被调查的246人中，103名科学家失去工作，大多数为终身教职，还有超过1/5的人被禁止在4年内申请新的NIH资助。[②] 2023年8月，美国政府更是对华裔科学家下达了逐客令，限制华裔科学家的签证，并要求他们离开美国，前后4 000多名华裔科学家受到美国政策的影响。

---

① 任采文，2018. 更加积极主动地应对中美“人才战”[J]. 中国人才(10)：2－3.

② 王茜，李珊珊，2023.《科学》：美国NIH的“中国行动计划”摧毁了众多科学家的职业生涯[EB/OL]. [2023－03－24]. https://new.qq.com/rain/a/20230324A03NNC00.

第四，不让投，限制在关键领域的对华投资。美国以国家安全为借口限制中国发展由来已久，经济胁迫和科技霸凌手段花样百出，主要有加征关税、限制技术和产品出口、限制投资、阻碍人才往来、制裁企业、长臂管辖等。[①] 从2018年开始，美国在短短5年间已将600多家中国企业列入美国商务部的“实体清单”，这是专门针对特定的中国企业，特别是军工和高科技企业设置的投资黑名单。2023年8月，美国总统拜登签署行政令设立对外投资审查机制，限制美国主体投资中国半导体和微电子、量子信息技术和人工智能领域。[②] 这一行为以“去风险”为借口，实质上是强推对华“脱钩断链”，其目的是以经济胁迫和科技霸凌手段妄图剥夺中国发展权利，防止中国实现关键核心技术领域的赶超，拖延中国经济增长，以维护美国霸主地位。

在美国的搅局之下，全球供应链秩序被打乱，国际科技与产业合作水平明显降低。加之在疫情冲击下，世界主要国家经济增长陷入停滞，全球步入“存量博弈”，大国竞争更加激烈。各国都寻求“科技突围”，把科技放在更加重要的地位上，频繁制定科技发展政策和行动计划，加大科技研发投入，试图寻求下一个增长点。例如，英国2022年5月推出高潜力人才签证计划，大力吸引全球QS(Quacquareli Symonds)排名前50院校的毕业生。从长期来看，科技上的专业分工和协同合作系统受到威胁，会促使各国加大科技独立研发进度，从而促进高科技产品和系统服务加速诞生，这在未来若干年会成为一种新趋势。

第三节　从科技革命史看科技创新的普遍特征

纵观世界历次科技革命和产业革命的发展历程，其中蕴含着科技发展的无穷奥秘，可以归纳出一些共性特征以及科技创新所遵循的普遍规律。总结来看，体现在以下几个方面。

一、科技创新遵循较为清晰的链式发展逻辑理路

纵观世界科技发展史，虽然第一次科学革命与第一次技术革命之间并无

---

① 柴雅欣，2023.“脱钩断链”失道寡助[N].中国纪检监察报，2023-09-05(4).

② 柴雅欣，2023.“脱钩断链”失道寡助[N].中国纪检监察报，2023-09-05(4).

耦合关系，但从随后的历次科技革命来看，展现出了较为清晰的链式发展逻辑理路。科学革命引发了技术革命，技术革命又引发了产业革命，形成了科学革命—技术革命—产业革命的链式发展循环，绘就了世界科技创新发展的历史轨迹。

其中，科学革命是技术进步和产业变革的先导和源泉。科学革命是技术革命的理论基础，科学革命中诞生的新发现、新思想、新理念等为技术革命中的新技术、新发明提供了科学基础；技术革命中产生的新技术、新工艺和新方法等，为未来的产业革命提供了客观条件。科学领域的新发现、技术上的新突破，引发各学科领域的群发性、系统性突破，并在强大的经济社会需求牵引下，驱动传统产业不断升级换代、新兴产业兴起和发展，从而使社会生产力实现周期性跨越式发展。①

技术革命是科技创新链条上的关卡环节，是链接基础研究和产业发展的关键一环。18 世纪以来，每一次技术革命都带来一次产业革命，每次产业革命都是由科技革命所推动。② 且仅就技术创新本身而言，也具有演化的阶段性和连续性链式发展特征，并以此驱动产业阶段性、连续性、渐进性发展升级。具体而言，技术创新会先后经历新技术导入、架构创新、标准化、融合创新、范式转换等阶段，③逐步实现产业渐进式升级或颠覆式重组。归根结底，产业革命是科学革命和技术革命的结果。在很大程度上，技术革命和产业革命是一个过程的两个方面，产业革命是基于技术范式转变的产业模式变化。

科学与技术的关系日趋紧密。第一次技术革命，蒸汽机、纺纱机等早期重大技术突破，很大程度上来自工程师对实践经验的总结，当时基础研究和技术发展在两条几乎并行的轨道上前进。第二次科学革命以来，科学和技术关系日益紧密，互动日益频繁。电子信息、生物医药、人工智能、量子科技等重大技术的进步都以科学研究的重大突破为基础。创新价值链上“科学发现—技术发明—应用转化—商业推广”各环节之间日益紧密，创新价值链从开端到末端演变周期逐渐缩短，创新价值链诸多环节有融合发展的趋势。反过来，基础研究发展也直接受益于技术与工程水平进步。科技创新逐渐从单方向的链式传导，转变为创新价值链上多点发力、循环迭代、双向促进。传统线性科学技术

---

① 白春礼，2021. 科技革命与产业变革：趋势与启示[J]. 科技导报，39(2)：11－14.

② 何传启，2013. 16 世纪以来的科技革命与产业革命——没有科技革命就没有产业革命[J]. 科学与现代化(1)：30－35.

③ 邹坦永，2021. 新科技革命与产业转型升级：技术创新的演化视角[J]. 企业经济(5)：22－32.

发展范式开始向复杂交互迭代的网络型技术创新范式转变。

创新活动不断向创新价值链下游延伸。传统创新集中在创新价值链前端的“科学发现”与“技术发明”环节。随着科学技术不断发展和深度应用，创新价值链后端环节也开始多点发力。“生产环节”成为继“基础研究”“技术开发”后第三个创新增长极。高技能人才既是科技与产业衔接、实施、落地的重要载体，也是推动科技创新的基础力量。技能人才借助“知其然，也知其所以然”的双元能力成为科技创新的广泛来源，对技术背后基本原理和科学规律等源头性知识的掌握、运用和再创新，使很多技能人才不再沦为新技术的被动执行者，而将转型升级为新技术的参与者、创新者与推动者，使生产环节成为创新价值链深化、拓展、持续创新的基础。“市场需求—技术需求—科学突破”反向互动更加明显。科技创新不再单纯遵循线性模式发展，更多向多点、多向、多维发力，科技创新社会属性日益凸显，科技向善成为研发应用越来越重要的导向。①

二、战略人才是推动科技革命与产业革命的关键要素

纵观全球科技创新发展历史，人才第一资源的特征异常明显。创新驱动归根结底是人才驱动。从两千多年前以观察与思辨创立“自然哲学”的古希腊先贤，到“大胆假设，小心求证”开创实证主义研究范式的早期科学家，再到依靠实践经验推动第一次技术革命的能工巧匠，以及彻底改变人类时空认知的科学巨匠，科技创新发展始终离不开做出关键贡献的代表性人物及其代表性贡献。正如哈佛大学前校长康南特(J. B. Conant)所言，“几乎所有科学领域的决定性因素都是人，科学事业进步的快慢取决于第一流人才的数目。据我的经验，十个二流人才抵不上一个一流人才”②。人才引领发展是贯穿整个世界科学革命、技术革命和产业革命发展历史的关键要素。

谁拥有一流人才，谁就能掌握科技竞争主动权。二战期间，欧洲处于战火中心，美国本土不仅未受战争影响，还积极为各类人才创新事业提供稳定有利的条件，吸引了全球大批科学家，包括爱因斯坦、费米、冯·诺依曼等对世界科技领域具有极高影响力的欧洲科学家们纷纷移民美国，为美国科技发展做出了极其重要的贡献。20 世纪的美国，集聚了一大批顶尖科学家和顶尖发明家，

---

① 曹静，李海丽，2024. 当前科技创新形势面临的多重格局分析[J]. 科技中国(6)：30－33.

② 周寄中，1991. 美国科技大趋势[M]. 北京：科学出版社：11.

帮助美国获得了近70%的诺贝尔奖，产出占同期世界总数60%以上的科学成果，集聚了全球近50%的高被引科学家，促使世界科学中心从欧洲转移到了美国。实际上，科技革命和产业革命有其内在推动力，科技强盛对应人才强盛，科技和人才助力经济、军事，进而提升一国政治影响力，最终提升其综合国力和国际地位。①

三、创新平台及其生态优势是科技创新的重要来源

纵观全球科技发展史，创新平台在人才集聚、创新发展、成果转化等方面发挥了协同跨界的生态优势，是科技创新的枢纽环节与关键节点。实践中，创新平台形式多样。世界一流大学是创新成果和新思想策源地。美国哈佛大学、斯坦福大学、麻省理工学院、普林斯顿大学，英国剑桥大学、牛津大学等世界顶尖大学都是国之重器，引领着全球学术前沿和思想潮流。一流国家实验室是国家综合科技实力的重要标志，是促进各类创新资源系统集成、开放共享的平台，是保持国家战略优势的领军者。② 卡文迪许实验室(Cavendish Laboratory)是第二次科学革命的前沿，电子、中子、正电子、脉冲星、DNA双螺旋结构、非晶体半导体和有机聚合物半导体材料等科技成果都是在该实验室被发现的。此外，云室、质谱仪、加速器、X射线摄谱仪和射电望远镜等科学仪器也是在该实验室发明的。一流创新型企业也是科技创新的基础支撑。尤其在第四次工业革命兴起后，越来越多的国家更加重视科技对产业的辐射作用，加强科技创新对国家经济社会发展的反哺、支撑与融合。例如，美国在领军企业中设立了一大批研究中心和实验室，进一步加强了科技和产业联动，如美国贝尔实验室。

与此同时，以创新平台为枢纽，多元主体间围绕共同的价值主张，会演化生成创新生态系统，形成促进科技创新的动态场域，是驱动科技创新不断发展的新力量来源。创新平台因开放式创新特征，能够吸引集聚众多利益相关主体(例如，大学、研究机构、企业、科技中介服务组织等)产生交互链接，由此形成的主体集聚、网络关系、创新拓展和关联环境共同构成了一种动态生态，形

---

① 隋玉龙，2013.科技革命、产业革命及其影响[J].国际研究参考(6):24-27.

② 潘教峰，刘益东，陈光华，等，2019.世界科技中心转移的钻石模型——基于经济繁荣、思想解放、教育兴盛、政府支持、科技革命的历史分析与前瞻[J].中国科学院院刊，34(1):10-21.

成一种系统化网络组织结构。创新生态系统具有协调性、合作性、竞争性、[①]自组织性和开放性等特征[②]。其中，协调机制帮助衔接各方信息、链接各方资源，形成风险共担、利润共享的合作基础。合作机制发挥不同生态位主体的差异化功能定位，形成从研究探索到技术开发再到商业转化的系统合力，实现比任何单一主体更大的创新效能。竞争机制是在模块化多方供需参与者间引入适度竞争，增强创新生态系统的效率与活力。自组织机制是指创新生态系统的自我演化功能，也是创新生态系统典型特征，在没有等级命令和外界协调情况下，多元主体间相互作用、相互制约，实现整个生态系统自学习、自适应、自组织、自调节、自生长，最终达到新状态。而模块化是创新生态系统生成的前提，允许相互依赖的多方主体在完全没有等级命令的情况下，仅依靠共同价值追求便可开展相互协调[③]，在互联网平台模式下体现为具有特定功能的"操作性资源"[④]。开放性体现了创新生态系统与外部环境之间的物质能量交换，不断从外部吸纳新成员、新资源，增长生态力量，从而促进自身高阶演化。

创新平台是科技创新的关键支点，由其演化生成的创新生态系统是科技创新的策源场域，两者相结合，共同促进了各类创新主体跨越组织边界开展互动合作，各类创新资源在创新节点上相互衔接，各类知识和数据资源在创新场域中得以溢出和共享，使从基础研究、应用研究到商业价值转化的创新价值链得以全链条贯通，使科技创新从源头到终端的价值传递和拓展得以更高效率地实现。

四、国家推动是科技革命的隐秘基础

尽管全球范围内的创新平台实践复杂且多样，但各国科技创新战略平台均存在三个普遍特征。第一，围绕国家使命，即体现国家意志、代表国家水平、服务国家战略需求。第二，强调学科交叉，注重在多学科交叉融合碰撞中催生前沿方向和创新领域。第三，聚力协同创新，围绕解决制约国家发展和安全的

---

① 焦豪，张睿，马高雅，2022. 国外创新生态系统研究评述与展望[J]. 北京交通大学学报(社会科学版)，21(4)：100－112.

② 杨博旭，柳卸林，吉晓慧，2023. 区域创新生态系统：知识基础与理论框架[J]. 科技进步与对策，40(13)：152－160.

③ 杨博旭，柳卸林，吉晓慧，2023. 区域创新生态系统：知识基础与理论框架[J]. 科技进步与对策，40(13)：152－160.

④ 万兴，杨晶，2017. 互联网平台选择、纵向一体化与企业绩效[J]. 中国工业经济，34(7)：156.

重大问题，汇聚各领域优质创新资源，持续开展高密度科研攻关。[①] 这三个普遍特征，即便是在以美国为代表的自由资本主义国家亦是如此。纵观全球科技创新历史发展，国家在推动科技创新上发挥着关键且不可替代的作用，是历次科技革命的隐秘基础。国家及政府在科技创新中的作用主要体现在以下几个方面。

第一，以科技政策奠定科技创新运行的制度基础与发展方向。在创新驱动发展的全球趋势之下，各国政府均在不同程度上发挥了宏观规划、战略预判和政策制定等顶层设计功能。以美国为例，美国政府在不同历史时期，出台了一系列科技创新法案，《史蒂文森-韦德勒技术创新法》(1980)、《国家技术转移促进法》(1995)、《联邦技术转让商业化法》(1997)、《技术转移商业化法》(2000)等，以法律为基础明确科技创新主体的权利和义务，尤其是以创新平台为基础的多方协调机制中联邦政府及其实验室、专利权人、合作方等利益相关主体在技术转移转化中的权利义务，促进了科研成果商业化开发。美国政府不仅直接通过法律的形式调控科技创新发展走向，近年来出台的《2022年美国竞争法案》《2022年芯片与科学法案》还为高科技企业提供大量的资金支持、研发经费支持、投资税抵免，鼓励企业在美国研发和制造芯片，重点支持人工智能、机器人技术、量子计算等前沿科技，培育本国科技创新主体力量。

第二，以科技为手段，制定科技外交政策，实现本国外交战略意图。潘迎春等(2021)以1957—1958年国际地球物理年活动为典型案例，还原了美国依靠科技领先地位，利用国际科技合作来实现发射人造地球卫星、促成对南极国际共管等有利于本国的外交目的。郑华等(2021)系统梳理了欧盟的科技外交发展战略，发现欧盟对国际科技合作尤其是科技外交具有较为清晰的战略定位，服务三个层次的目标：增强欧盟研究与创新实力，应对全球社会挑战，支持欧盟外部政策。同时，欧盟将科技外交划分了三个圈层，内层是欧洲自由贸易联盟(EFTA)国家、欧盟扩大候选国和欧洲睦邻政策覆盖国家，将这些国家融入“欧洲研究区”，打造“知识与创新共同空间”(Common Knowledge and Innovation Space)；中层是工业化国家及新兴经济体，包括加拿大、韩国、美国、日本以及金砖国家，以获取新知识增强科技实力，应对全球挑战，获得商业机会和进入新市场。外层是发展中国家，践行欧盟国际义务。近年来，美国更是打着科技外交旗号，将科技创新泛政治化，借由所谓“芯片外交”打造小圈子，

---

① 吴朝晖，2021. 关于国家科技创新战略性平台建设的若干思考[J]. 民主与科学(4)：5－7.

试图把中国大陆排除在全球芯片产业链之外。① 科技本身是学术性和非政治性的，但也容易被别有用心的主体利用来实现自身政治外交目的。

第三，主动发起大科学计划、搭建科技创新大平台。纵观全球科技创新史可以发现，很多影响科技走向的重大工程、科学计划均是由国家发起的，例如，美国的“曼哈顿计划”“阿波罗计划”。大量研究表明，美国政府在组织研发活动、引导技术创新方面比世界上任何其他政府都更为成功。② 悉尼大学教授琳达·维斯（Linda Weiss）也在《美国公司：国家安全体制中的创新与企业》一书中指出，事实上美国政府一直推行着强力且隐蔽的创新政策，以国家安全体制为杠杆撬动美国经济和技术发展。美国联邦政府会设定关键技术和经济目标，以公共部门发起的创新平台为关键节点，带动私人部门共同投入，调动资金、人才、资源、基础设施协同创新，开展研究、开发、转化，构成了当前美国技术创新体系中政府与社会合作的主要形式，其创新政策体现出任务导向、跨界网络、资源引导等主要特征。③ 由美国政府发起的“制造业拓展伙伴计划”“国家制造业创新网络”“美国国家纳米计划”“美国国家半导体技术中心”等重要国家项目，均拥有非常明确的政治使命，这些创新平台均以政府机构或其下属的研究机构直接领导和直接牵头，以网络化的政策创新工具孵化区域性或全国性的协同合作创新网络，形成了多元管理而不是由单一行政机构主导的体系。这种多元主体间网络化协作模式，使得政府干预得以隐藏在由中小企业、大学和研究机构所组成的创新网络之中。

第四，政府资金引导研发经费投入。科技创新需要研发资金支持，而很多国家的政府资金在研发经费投入上发挥着种子资本、耐心资本、引导基金的功能，以政府资金引导多元主体共同投入和市场化力量的共同参与。以美国政府为例，美国 2022 年出台《芯片与科学法案》，计划投资 2 800 亿美元恢复美国半导体产业的全球领先地位，计划用 520 亿美元直接投资补贴美国本土芯片制造，其余资金用于科学研究和技术创新领域。④ 由此成立的美国国家半导体

---

① 贾平凡，2022. 美国“芯片法案”扰乱全球供应链[J]. 人民日报海外版，2022-08-09(10).

② 封凯栋，李君然，付震宇，2017. 隐藏的发展型国家藏在哪里？——对二战后美国创新政策演进及特征的评述[J]. 公共行政评论，10(6)：65-85.

③ 李寅，虞温和，2023. 新型举国体制建设中如何借鉴发达国家经验——美国创新网络政策案例研究[J]. 学术研究(12)：98-106.

④ 李寅，虞温和，2023. 新型举国体制建设中如何借鉴发达国家经验——美国创新网络政策案例研究[J]. 学术研究(12)：98-106.

中心，获得了企业、大学、投资者和各政府机构的实质性财政支持与项目支持，多方联合成立了一个投资基金，吸引了大量私人资本加入，催化私营部门投资，最大限度地发挥公共资金的社会影响。这种以长期战略性资源配置为目的的政府投入，在创新生态网络的传导催化下，带动了民间资本的深度参与，形成了科技创新多元投入机制，有效克服了科技创新风险高和不确定性强对市场主体形成的约束。

总之，出于对政治意图、经济发展、扩大管辖权、执政合法性等原因的考虑，国家会对科技创新活动进行引导和参与，通过科技创新顶层设计、法律法规制定、研发经费投入、科研基础设施建设、发起大科学计划、搭建科技创新平台、税收优惠政策、财政补贴政策、知识产权保护、中小企业扶持、教育人才支撑、创新文化宣传、建立创新生态等方式对科技创新施加影响，是科技创新的重要参与者，也是推动历次科技革命的隐秘基础。

第四节　全球科技创新的发展趋势

当前，科技创新的节奏越来越快，新技术更新迭代的周期不断缩短，科技革命与技术革命加速演进。展望未来全球科技创新发展，逐渐展现出以下发展趋势。

一、数据密集型科研范式逐步成为主流

人类正在步入新的科研范式变革周期，数据密集型科研范式变得越来越重要。通常来讲，科学研究有四类研究范式：第一范式为经验范式，是以观察与实验为基础的研究，描述自然现象；第二范式为理论范式，是利用归纳法和数学模型进行理论科学研究的分析范式；第三范式为利用计算机对复杂现象进行仿真模拟的范式；第四范式为数据密集型研究范式，是以数据为基础，联合理论、实验、模拟为一体的科学大数据研究范式。[①] 数据密集型研究范式主要借助大数据和数据挖掘算法，从海量数据中自动提取模式、关联、异常和趋势，从而发现有价值的信息和知识。随着数据科学的发展，数据变为一种关键

① 李志芳，邓仲华，2014.科学研究范式演变视角下的情报学[J].情报理论与实践(1):4-7.

的生产要素，对于复杂数据的收集、存储、分析与利用将成为推动科技创新的又一关键方式。数据赋能创新，可以帮助人类发现更为复杂的逻辑关联，缩短研究周期，对于发现问题、分析问题、解决问题具有独特价值。以数字化为标志的前沿技术快速发展，是全球经济增长的重要驱动力之一。

二、场景驱动为科技创新提供新方向

场景驱动(context-driven)是数字经济时代涌现出的全新创新范式，应用导向、场景驱动为科学发现和技术创新提供新方向。根据尹西明等(2022)的观点，场景驱动是指“以场景为载体，以使命或战略为引领，驱动技术、市场等创新要素有机协同整合与多元化应用”。这种创新范式通常具有引领性、战略性、多样性、精准性、整合性、强韧性等显著特征。与传统从技术到市场的线性模式不同，场景驱动的创新动力来自很多方向，不仅是科学家们的好奇心驱动，还包括重大场景的使命牵引和需求倒逼。联合国贸易和发展会议(UNCTAD)预测，到2025年，由物联网、无人机、大数据、机器人、5G、人工智能等领域组成的前沿技术市场规模将达到3.2万亿美元，场景驱动的趋势更为明显。① 近年来兴起的“元宇宙”属于典型的场景驱动，在虚实融合和时空重构的场景构建中，区块链加密、数字孪生、空间计算、全息投影等技术得到加速应用和迭代升级。“星链”技术②、AI识别、无人机技术等应用，本质上也是一种场景驱动。③

三、集成式创新将成为科技创新常用形式

未来，除了颠覆式创新以外，通常对现有技术的重新排列组合，可以解决很多新问题、带来新价值，使得集成式创新拥有更加广阔的价值前景。尤其在场景驱动创新模式下，技术集成式创新得到了更加广泛的应用。例如，业界普遍认为，搭建元宇宙必须依靠多种新兴信息通信技术的集成式创新。越来越多的科技问题通过对现有技术进行重新排列组合就可以得到解决。结合现实

---

① 曹磊，2022. 2021全球科技创新趋势[J]. 竞争情报，18(2)：2－8.

② 马斯克宣布SpaceX计划将约1.2万颗通信卫星发射到轨道，其中1584颗将部署在地球上空550千米处的近地轨道。这一项目被命名为“星链”(Starlink)。

③ 曹静，李海丽，2024. 当前科技创新形势面临的多重格局分析[J]. 科技中国(6)：30－33.

需求对于现有技术的挖掘、系统整合、重新利用，将成为可供科技创新持续挖掘的富矿。因此，集成式创新也具有跨界合作的特征，创新活动地域、组织与技术边界不断延伸、融合，多主体协同创新趋势更加明显，研发活动向网络化、生态化方向发展，开源开放、知识共享成为新趋势。

四、举国体制将被越来越多的国家采纳

在科研组织方式上，举国体制正在被越来越多的国家采纳。由国家借助自身政治优势、组织优势、制度优势、资源优势组织开展科技创新活动，越来越成为世界的主流。例如，2020 年 7 月 1 日，英国政府通过并发布《英国科研白皮书》（“UK Research and Development Roadmap”）。该计划的一项重要举措就是在唐宁街 10 号首相府设立人才办公室，以简化全球顶尖科学家、研究人员和企业家进入英国的流程，完善人才吸引体制机制。英国人才办公室属于跨部门的独特单位，归首相直接管理，确保包括内政部和商业部（BEIS）等在内的各部门有力配合。对于科技创新项目，由国家主导大科学研究和技术攻关的趋势将更为明显。

五、企业在科技创新中的作用将更加凸显

国家战略科技力量中的企业作用将更加凸显。传统举国体制中，国家在资源组织方式上发挥主要作用。但在新型举国体制之下，还要把握政府与市场的边界，综合发挥政府和市场两种优势力量，才能最大限度地促进科技创新的发展。企业，尤其是科技领军企业，将成为两种力量相结合的重要形式。很多创新基础扎实的大企业集团，借助自身的人才、资金、资源、创新基础设施优势，可以有效规避创新死亡之谷的艰难，加速跨越从基础研究到产品服务产业化的过程。如何发挥市场机制在资源配置中的基础作用，如何加速科技创新进程与市场需求有效对接，如何实现教育、科技、人才三位一体发展，由科技领军企业主导产学研合作将成为解决一系列核心问题的主要路径，科技领军企业在保障国家安全中的作用将更为凸显。

第三章　科技创新治理：政府、市场与平台

2024年7月18日，党的二十届三中全会通过的《中共中央关于进一步全面深化改革　推进中国式现代化的决定》指出，“聚焦构建高水平社会主义市场经济体制，充分发挥市场在资源配置中的决定性作用，更好发挥政府作用”。[①] 在科技创新治理中，需要厘清不同主体作用发挥的制度基础与底层逻辑，从而明确政府与市场的边界，发挥各自优势，协同发力。而创新平台作为衔接政府与市场的中间机制，可以在科技创新治理中发挥重要作用。

第一节　科技创新治理的三种机制

科技创新在复杂的创新网络中展开，多元主体协同发力的趋势已然成为常态，多元主体利益机制纵横交错，形成了科技创新协同治理的基本格局，需要遵循市场、政府和平台三种底层逻辑，即科技创新治理的三种机制。

一、市场机制

市场机制是价值规律的实现形式，也是科技创新各类资源的重要组织方式，是调节科技创新活动的微观机制。经济学家亚当·斯密指出，市场自由运行可以达到资源的有效配置。市场主体受到一只看不见的手的指引，会为自己所能支配的资本寻觅最有力的用途，自利动机会自然引导市场主体选定最

① 佚名，2024. 中共中央关于进一步全面深化改革　推进中国式现代化的决定[N]. 人民日报，2024-07-22(1).

有利于社会的用途。[①] 因此，亚当·斯密认为市场自发运行、自由竞争、自动调节就可以实现社会的整体利益，而无需政府干预。科技创新型企业、企业家、金融机构、投资人等作为市场主体，因其逐利性、自治性、竞争性等特点，体现了市场主体活力，在科技创新中具有开拓创新、价值创造、降本增效的内在驱动力。无论是技术创新、模式创新、产品创新，均属于市场主体的创新行为，为科技创新价值实现带来效率优势、规模优势和活力优势。创新要素畅通流动、创新资源高效配置、创新活力充分释放的市场制度和规则是推动科技创新最基础、最关键的力量。

然而，实践证明市场机制不可避免地存在功能缺陷，突出体现为自发性、盲目性、滞后性等特点，尤其是对具有公共物品属性的基础研究类科技创新项目来说，市场机制存在明显的"市场失灵"。由于投资周期长、投资回报率低、投入资金大、投资风险高，使得市场主体不具有投资公共物品的主观动力。这些公共物品在科技创新领域通常是涉及国计民生的关键核心技术、涉及国家安全的技术领域、局部价值低但总体价值高的技术环节等。因此，经济学家凯恩斯指出，自由放任经济存在有效需求不足的内在缺陷，有效需求不足又是由边际消费倾向递减、资本边际效率递减和流动偏好三种心理规律决定的，而单纯依靠市场自发调节，不可能解决这些问题。[②]

此外，由于逐利动机的存在，市场主体间可能会形成危害社会公共利益的垄断性联盟，又由于信息不对称等问题的存在，市场自身缺乏自我纠正机制，存在市场失灵的风险，需要政府权力的介入，代表公共权力对其进行严格强制性监管，预防并纠正市场失灵问题对公共安全与大多数人利益可能造成的侵害。这也是从政府视角对科技创新进行监管和干预的基础。

二、政府机制

抓创新就是抓发展，谋创新就是谋未来。促进科技创新、增强国家实力、维护市场秩序、促进公共利益，既是政府的职责，也是政府行使公权力的重要方面。作为国家权力的执行机关，为了纠正市场因功能缺陷引发的"市场失

---

① 郭薇，2010. 政府监管与行业自律——论行业协会在市场监管中的功能与实现条件[D]. 天津：南开大学.

② 郭薇，2010. 政府监管与行业自律——论行业协会在市场监管中的功能与实现条件[D]. 天津：南开大学.

灵”问题，政府会对微观经济主体开展的科技创新活动进行调控、整合、引导、激励、规范、监督和约束，形成帕累托改进，以实现更广泛的公共利益和社会福利。

政府是科技创新较为理想的治理主体，原因在于：第一，政府可以在一定程度上代表更为普遍的公共利益，能够从国家整体发展出发，观大势、谋全局、抓根本，把握科技创新趋势与规律，保证科技事业发展沿着正确方向前进。第二，政府掌握一定程度的资源配置权力，可以形成集中力量办大事的统筹协调优势，加强全链条部署、全领域布局，为科技创新正确方向凝聚强大合力。第三，政府拥有规则制定权力，可以通过政策调节、机制调节和制度调节，培育创新文化和创新环境，破除科技创新思想观念和体制机制障碍，激活全社会的创新动力与活力。第四，政府是统筹协调各类科技创新主体的关键节点，能够帮助创新主体、资源、人才、项目集聚链接，促进科技创新的网络与生态形成。第五，政府是科技创新经费投入的重要来源，以公共财政资金投入撬动科技创新的多元投入机制，邀请市场化资源共同加入，形成科技创新倍增效应。第六，政府可以通过补贴、税收、倾斜政策的方式，扶持关键核心技术领域或未来行业中科技创新中小企业发展，培育科技价值实现的市场化力量。第七，政府是国家形象的代表，可以通过对外开放战略，加强本国与他国在科技创新领域的交流与合作，在应对全球性挑战、人类发展进步等关键问题上提供观点、立场、方法。第八，政府掌握了国家机器，可以行使强制性公共权力，监督市场主体因为逐利动机而异化出的损害公众利益的不法行为，统筹发展与安全。

虽然政府作为科技创新治理主体的必要性毋庸置疑，但政府能力的有限性常常制约了效率和效能的发挥。尤其是在市场环境更加复杂多变、机会主义行为更加隐蔽、交易形态更加多元的情况下，政府在科技创新专业化领域的治理能力常常受到挑战和质疑。因为缺乏科技创新的专业性、对市场主体真实情况缺乏必要的了解、科层制带来的组织失灵等问题的存在，政府在应对时代变化、科技变革产生的科技创新治理新要求时，也可能会出现“政府失灵”。

三、平台机制

以行政命令为特征的政府治理并非解决科技创新中市场失灵的唯一方式，还存在很多非行政性的问题解决方式，以创新平台为支点的自组织机制也是可能途径之一。有研究认为，创新平台可以利用规则对参与者进行约束和激励，从而解决市场失灵并实现利益群体互动。[①]

有别于传统的科层组织、网络组织，创新平台以松散的网络关系联结着跨领域的参与主体，通过一定的治理规则，鼓励更多参与者接入平台，在不使用权威管理的情况下，也能有效激励异质化参与者的知识共享与价值共创。以创新平台为基础的治理机制有助于解决科技创新过程中适度控制与释放活力之间的平衡挑战，是介于市场机制与政府机制的第三条路径。

平台可以作为科技创新的治理主体，原因在于：第一，以创新平台为关键节点形成的创新网络，呈现出一种非契约、非权威的合作关系，是自治与合作的混合。[②] 而作为关键节点的创新平台，是彼此利益关系的链接，相对于创新网络中的其他参与主体更具有号召力和动员力。第二，创新平台是市场机制与政府机制的混合，能够适度平衡控制与活力之间的矛盾。仅依靠市场机制并不能完全充分地整合科技创新相关资源与能力，而依靠政府机制的整合又因创造了资源利用的不可逆而降低柔性、削弱市场激励。创新平台作为一种中间形态，可以促进平台上组织间协同与价值活力的互补性。第三，创新平台以特定利益协调机制为基础，产生多元主体间的协同效应。由创新平台生成的创新生态系统，其相关活动建立在一组非正式关系契约基础上，居于核心地位的创新平台跨越组织边界将部分决策权、创造权分配给参与者，而参与者则可能将某些分配权交还给创新平台，[③]由此形成的协同效应既是一种知识外溢的过程，也是一种价值生成的过程。第四，创新平台具有跨界效应，可以促进创新价值链上下游各主体间的知识合作与资源整合，从而为原始创新、技术创新、集成创新、产品创新的生成奠定更有利的条件。第五，平台的重要特征就是网络效应，[④]创新平台亦是如此。创新平台可以大范围链接各类合作伙伴，使其能够借助利益相关者的指数增长而快速扩大规模，带来科技创新的放大效应、倍增效应、加速效应，可以快速实现科技创新的范围拓展和规模扩张。

---

① ZHANG Y, LI J, TONG T W, 2022. Platform governance matters: How platform gatekeeping affects knowledge sharing among complementors [J]. Strategic Management Journal, 43(3):599-626.

② 韩炜，唐洁，2023. 平台治理的机制设计：一个理论研究框架[J]. 研究与发展管理，35(1)：105-117.

③ TIWANA A, 2010. Systems development ambidexterity: explaining the complementary and substitutive roles of formal and informal controls [J]. Journal of Management Information Systems, 27(2):87-126.

④ 周楠，蔡梦雨，许昕，等，2023. 平台治理的研究视角、方法与展望[J]. 管理案例研究与评论，16(6)：692-708.

政府与市场按照各自的功能和特性，在各自的领域发挥着积极作用，但是还有一些领域是仅凭政府或市场的力量无法触及的，需要有一个中间机制来协调政府与市场的双向诉求，通过一定的运行规范承担起政府机制或市场机制无法实现的治理作用，这个中间机制就可以由居于创新网络中心节点位置的创新平台来承担。显然，随着科技创新市场机制的日渐成熟以及有限政府的培育，迫切需要以创新平台为抓手的治理机制出现，构建起“政府-平台-市场”三者相互协调的科技创新治理形态。

第二节　党的十八大以来我国科技创新战略演进

科技创新并非简单的基础研究或技术研发问题，一些国家的经验也是以该国的政治、经济、文化传统为基础构建起来的制度安排。简单的拿来主义脱离了创新赖以存在的制度场域，并不能解决中国的现实问题。科技创新需要结合我国的制度文化基础，寻求在中国体制机制环境中的自洽性。纵观我国科技创新的政策演进，经历了以下几个阶段。

一、创新驱动发展战略

党的十八大，中共中央提出实施“创新驱动发展战略”，把科技创新摆在国家发展全局的核心位置，“坚持走中国特色自主创新道路，以全球视野谋划和推动创新，提高原始创新、集成创新和引进消化吸收再创新能力，更加注重协同创新”。[①] “创新驱动发展战略”将科技创新提到决定中华民族前途命运的历史高度，将其确定为一段时期国家发展的首要战略。[②]

改革开放前30年，我国更多以资源、资本、劳动力等要素投入支撑经济快速增长和规模扩张。经济社会发展到一定阶段，要素条件发生了很大的变化，再像过去那样以要素投入为主来发展，既没有当初那样的条件，也是资源环境

① 胡锦涛，2012.坚定不移沿着中国特色社会主义道路前进　为全面建成小康社会而奋斗——在中国共产党第十八次全国代表大会上的报告[J].求是(22)：3－25.

② 孙锐，吴江，2020.创新驱动背景下新时代人才发展治理体系构建问题研究[J].中国行政管理(7)：35－40.

难以承受的。[①] 以我国的人口红利为例，2015 年开始，每年退出劳动力人口开始大于新增劳动力人口，我国劳动力供给出现了负增长，中国进入了经济学意义上的路易斯拐点，劳动力资源从供给过剩开始转向供给短缺。从资源能源角度看，我国资源储备量虽然具有一定优势，但对资源的使用效率却不尽理想。考察资源使用效率经常会用到一个指标叫“资源产出率”，即用一个地区的生产总值除以这个地区主要物质资源的消费量。通俗理解，就是每一吨资源能够支撑多少生产总值。我国资源能源产出率仅相当于世界平均水平的 1/2。世界平均水平是一吨资源能够支撑 7 000 美元左右的生产总值，而中国的这一指标仅仅有 3 500 美元左右。横向比较，英国、德国等老牌资本主义国家的资源产出率约是中国的 3 至 5 倍；而邻国日本，资源产出率非常惊人，每一吨资源能够支撑大约 3 万美元的国内生产总值，其效率是中国的 8 倍。

2013 年 9 月，习近平总书记在十八届中央政治局第九次集体学习时鲜明指出，“我国发展中不平衡、不协调、不可持续问题依然突出，人口、资源、环境压力越来越大。我国现代化涉及十几亿人，走全靠要素驱动的老路难以为继。物质资源必然越用越少，而科技和人才却会越用越多，因此我们必须及早转入创新驱动发展轨道，把科技创新潜力更好释放出来”[②]。

二、高质量发展与科技自立自强

随着实践的发展，我国对科技创新越来越重视，战略方向与着力点也有所调整。2015 年 10 月 29 日，习近平总书记在党的十八届五中全会第二次全体会议上的讲话鲜明提出了“创新、协调、绿色、开放、共享”的新发展理念。新发展理念，不仅强调创新，而且强调以环境生态保护为特征的绿色发展方式，以创新发展解决发展动力问题。我国创新能力不强，科技发展水平总体不高，科技对经济社会发展的支撑能力不足，科技对经济增长的贡献率远低于发达国家水平，这是我国这个经济大个头的“阿喀琉斯之踵”。[③]

阿喀琉斯是荷马史诗中的英雄人物，他是凡人英雄珀琉斯和海洋女神忒

① 中共科学技术部党组，中共中央文献研究室，2016. 创新引领发展　科技赢得未来——学习《习近平关于科技创新论述摘编》[J]. 中国科技奖励(4)：14－18.

② 习近平，2023. 论科技自立自强[M]. 北京：中央文献出版社：33.

③ 中共科学技术部党组，中共中央文献研究室，2016. 创新引领发展　科技赢得未来——学习《习近平关于科技创新论述摘编》[J]. 中国科技奖励(4)：14－18.

提斯的儿子。忒提斯为了让儿子炼成“金钟罩”，在他刚出生时就将其倒提着浸进冥河。遗憾的是，阿喀琉斯被母亲捏住的脚后跟却不慎露在水外，在全身留下了唯一一处“软肋”。“阿喀琉斯之踵”譬喻这样一个道理：即使是再强大的英雄，也有致命软肋。习近平总书记借用这个神话故事，形象地说明科技创新就是中国这个经济大块头的软肋，也是中国必须补齐的短板。

2017 年，习近平总书记在党的十九大报告中指出，“我国经济已由高速增长阶段转向高质量发展阶段”，提出“切实转变发展方式，推动质量变革、效率变革、动力变革”。① 党的十九届五中全会提出的 2035 年远景目标当中也提到，要在关键核心技术领域实现重大突破，进入创新型国家前列，形成了我国科技创新具体可落实的中长期目标。2020 年，在党的十九届五中全会第二次全体会议上，习近平总书记明确提出“加快科技自立自强”的战略要求，并强调“这是确保国内大循环畅通、塑造我国在国际大循环中新优势的关键”，构建新发展格局最本质的特征是实现高水平科技自立自强，我们必须把这个问题放在能不能生存和发展的高度加以认识，全面加强对科技创新的部署。② 科技创新作为与经济社会发展全局结合最直接、最紧密的国家战略，科技自立自强的提出标志着我国发展战略的重大转变，它表明我国不再沿用传统的跟随型、模仿型战略，而是确立了围绕大国竞争的攀登型战略、夺标型战略。③

三、教育、科技、人才三位一体

2021 年 9 月，在中央人才工作会议上，习近平总书记提出了“加快建设世界重要人才中心和创新高地”的战略擘画。④ 纵观世界科技发展史，全球先后形成了五个科学和人才中心。16 世纪的意大利文艺复兴运动促进了科学发展，产生了哥白尼、伽利略、达·芬奇等一大批科学家。17 世纪的英国，培根经验主义理论和“知识就是力量”的理念加速了科学进步，产生了牛顿、波义耳等科学大师，开辟了力学、化学等多个学科，成为推动第一次工业革命的先导。

① 习近平，2017. 决胜全面建成小康社会　夺取新时代中国特色社会主义伟大胜利——在中国共产党第十九次全国代表大会上的报告[J]. 求是(21)：3－28.

② 习近平，2023. 论科技自立自强[M]. 北京：中央文献出版社：250－252.

③ 孙锐，吴江，2020. 创新驱动背景下新时代人才发展治理体系构建问题研究[J]. 中国行政管理(7)：35－40.

④ 习近平，2023. 论科技自立自强[M]. 北京：中央文献出版社：267.

18世纪的法国,启蒙运动营造了向往科学的社会氛围,产生了拉格朗日、拉普拉斯、拉瓦锡、安培为代表的一大批卓越科学家,在分析力学、热力学、化学等领域作出重大建树。19世纪的德国,产生了爱因斯坦、普朗克、欧姆、高斯、霍夫曼等一大批科学家,创立了相对论、量子力学、有机化学、细胞学等重大科学理论。20世纪的美国,集聚了费米、冯·诺依曼等一大批顶尖科学家,出现了贝尔、爱迪生、肖克利等一大批顶尖发明家,帮助美国获得了近70%的诺贝尔奖,产出占同期世界总数60%以上的科学成果,集聚了全球近50%的高被引科学家。[①] 中国在近代很遗憾没有抓住工业革命的历史机遇,后又饱经战乱和列强欺凌,导致我国科技和人才长期落后。当前,新一轮科技革命和产业变革迅猛发展,我国也正处于政治最稳定、经济最繁荣、创新最活跃的时期,为我国建设世界重要的人才中心和创新高地创造了有利条件。这一战略擘画的提出,意味着我国科技创新战略指向直接瞄准高质量发展、大国复兴和建设世界强国。

2022年,在党的二十大报告中,习近平总书记又进一步指出,"教育、科技、人才是全面建设社会主义现代化国家的基础性、战略性支撑"。首次将教育、科技、人才"三位一体"统筹安排、单列阐释,形成了"三位一体"的顶层设计,深刻体现了党中央对于科技创新的高度重视和系统谋划,是党的理论和实践的又一重大创新。全面建设社会主义现代化国家,教育是基础,科技是关键,人才是根本。党的二十大描绘了以中国式现代化全面推进中华民族伟大复兴的宏伟蓝图,提出"必须坚持科技是第一生产力、人才是第一资源、创新是第一动力,深入实施科教兴国战略、人才强国战略、创新驱动发展战略,开辟发展新领域新赛道,不断塑造发展新动能新优势",强调要"以国家战略需求为导向""加强企业主导的产学研深度融合""推动创新链产业链资金链人才链深度融合"。其中,扎实推动产学研深度融合是落实教育、科技、人才"三位一体"的关键一招,形成典型经验和有效路径至关重要、意义深远,需要引起高度重视,加速实现突破。

在"三位一体"总体布局中,党的二十大报告中针对科技创新提出了具体要求,一方面要完善科技创新体系,同时要加快实施创新驱动发展战略。完善科技创新体系是我国加快实施创新驱动发展战略、实现高水平科技自立自强

---

① 习近平,2021.深入实施新时代人才强国战略 加快建设世界重要人才中心和创新高地[J].求是(24):4-15.

的基石，其逻辑框架如图 3-1 所示。

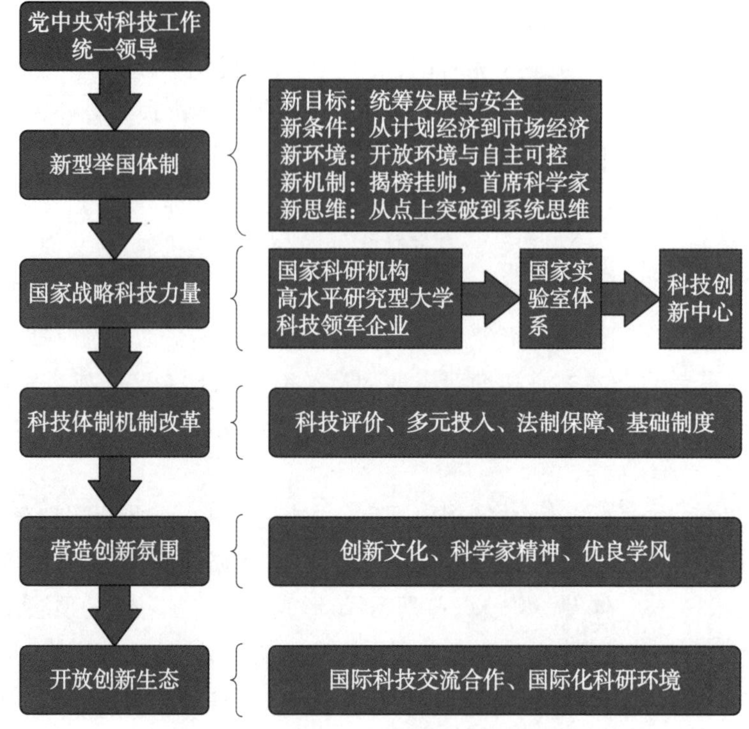

图 3-1 党的二十大报告中关于完善科技创新体系的逻辑框架

资料来源：本研究根据党的二十大报告内容设计。

第一，要加强党中央对科技工作的统一领导。党政军民学，东西南北中，党是领导一切的。中国特色社会主义最本质的特征是中国共产党领导，中国特色社会主义制度的最大优势是中国共产党领导。[①] 加强党的领导是中国共产党百年奋斗的历史经验。党的领导延伸到科技工作领域，加强党对科技工作的统一领导，就是要发挥我国“集中力量办大事”的社会主义制度优越性，体现在对科技创新与人才工作的资源整合、统筹协调、组织动员、决策执行和危机应对能力，形成其他国家难以比拟的比较优势。习近平总书记将之视为“成就事业的重要法宝”，“我们很多重大科技成果都是依靠这个法宝搞出来的，千

① 顾海良，2021. 理论的创新与创新的理论——十九届六中全会〈决议〉对高校思政课教学内容的拓新[J]. 思想理论教育导刊(12)：29-35.

万不能丢了!”[①]

第二,科技创新的新型举国体制就是这个法宝的重要组织形式。与新中国成立之初的传统举国体制相比,新型举国体制在目标、条件、环节、机制、思维上均有新的突破。从目标的角度看,新型举国体制要统筹好发展与安全两个目标;从条件上来看,新型举国体制要统筹好政府与市场的关系,更好地发挥市场机制在调节资源与激发人才上的关键作用;从环境上来看,新型举国体制面临更加开放的国际环境,要兼顾好国际合作与自主可控两个方面;从机制上看,新型举国体制探索出“揭榜挂帅”“赛马制”“首席科学家全权负责制”等创新路径;从思维层面看,新型举国体制从解决科技创新局部问题升级到国家整体系统思维,全国一盘棋,在全国范围内科学分工、通力合作、协调统一,形成战略支点和雁阵格局。

第三,国家战略科技力量是新型举国体制的重要载体。国家战略科技力量着眼于国家整体战略需求而建立,是以实现国家目标和国家任务为目的部署和组织的科技力量,由在国家安全、经济和社会发展、国际竞争等关键领域起决定性作用的科技队伍、组织及相关科技设施构成。[②] 当前,国家战略科技力量包括多种战略科技平台,例如,国家实验室、国家科研机构、高水平研究型大学、科技领军企业等。徐示波等(2022)认为这些战略科技平台通常具有以下特征:第一,国家战略导向;第二,战略科技平台的创新是一种公共或半公共品;第三,多采取联合集成协同方式组织研发;第四,战略科技平台涉及的仪器设施往往较为复杂,需要确保稳定经费投入运营;第五,成果产出周期较长。不同平台载体形成差异化定位与布局,共同组成国家实验室体系,助力推进以区域集聚为特征的科技创新中心建设,是国家创新体系整体效能提升的重要力量。

第四,科技体制机制改革是释放科技创新整体效能的重要抓手。我国的科技创新体制机制中存在一系列不可回避的现象,制约了科研人才创新动力,例如,科技计划“见物不见人”、科研项目资金管得“过细、过死”、科研生产“两张皮”等。同时,一些科技体制机制对科技创新具有导向作用,例如,科技评价涉及项目评审、人才评价、机构评估,其标准制定会在无形中影响创新主体的

---

① 习近平,2014.在中国科学院第十七次院士大会、中国工程院第十二次院士大会上的讲话[N].人民日报,2014-06-10(2).

② 樊春良,2021.国家战略科技力量的演进:世界与中国[J].中国科学院院刊,36(5):533-543.

发力方向与科技创新的走向。这些问题的产生在很大程度上源于原有的科技体制机制没有及时调整并适应社会主义市场经济发展形势和人才成长规律。[①]随着我国科技创新逐渐从跟随战略向自主可控、攀登夺标战略转变，迫切需要对科技人才培养、资源整合、创新评价、多元化投入、创新主体管理与激励、知识产权保护等深层次体制机制问题进行重大改革，形成符合中国实际的科技创新制度体系。

第五，营造创新氛围是培育创新土壤、激发更广泛创新创业活力的关键。科技创新不仅要关注"卡脖子"关键核心技术的当下问题，更要关注科技创新氛围营造这样关系到未来长远发展的基础性问题。创新氛围是科技创新的基础环境，是培育创新的土壤。良好的创新氛围可以孕育出更多自由探索式创新，可以涌现出更多热衷于创新创业的高素质人才，可以孵化出更多自然生长出来的独角兽企业。营造创新氛围，其基础在于构建创新资源快速流通配置的要素环境；其核心是培育创新文化，尤其重视各类创新主体的交流合作；其灵魂是弘扬科学家精神、企业家精神、工匠精神；其机制在于建立鼓励创新、宽容失败的容错纠错条件；其底层逻辑是发挥市场机制在激发创新活力上的基础作用。

第六，国际科技交流合作是国家科技创新能力跃升的关键杠杆。通过构建多层次、多维度的全球科技创新网络，不仅可以加速技术突破与产业升级，更可在重塑全球科技治理体系中发挥重要作用。尽管美西方国家对中国科技发展的关键领域及相关人才进行封锁和围剿，限制中国在科学研究、技术研发、人员交流、市场应用等方面的国际合作，其所引发的"寒蝉效应"使全球科技人才在开展与中国的交流合作中饱受困扰。但不可否认，扩大国际科技交流合作仍然是推动全球科技变革的大势所趋。我国也在不断通过体制机制改革，积极构建完善国际化科研环境，以具有全球竞争力的开放创新生态不断吸引集聚国际一流科技人才的合作与加盟。

党的二十届三中全会提出，要"统筹推进教育科技人才体制机制一体化改革，健全新型举国体制，提升国家创新体系整体效能"，尤其强调要"优化重大科技创新组织机制，统筹强化关键核心技术攻关，推动科技创新力量、要素配置、人才队伍体系化、建制化、协同化""加强科技计划管理，强化基础研究领

---

① 科技部，2016. 激发人才创新创业活力——科技部深化科技体制机制改革[J]. 中国人才(11)：42－43.

域、交叉前沿领域、重点领域前瞻性、引领性布局”。[①] 这些新的战略安排显示出党和国家对科技创新高度重视的同时，也代表了以政府机制解决科技创新中市场失灵问题、疏通痛点堵点问题的坚定决心。同时，《中共中央关于进一步全面深化改革　推进中国式现代化的决定》（简称《决定》）中还强调，要“强化企业科技创新主体地位”，扩大科研经费“包干制”范围，建立专家实名推荐的非共识项目筛选机制，允许科研类事业单位实行更加灵活的管理制度，允许科技人员在科技成果转化收益分配上有更大自主权，旨在发挥市场机制在科技创新中的基础作用。此外，《决定》还提出，“加快布局一批概念验证、中试试验平台”“构建同科技创新相适应的科技金融体系”，也凸显了平台机制在科技创新中所发挥的关键枢纽作用。

四、因地制宜发展新质生产力

2023 年 9 月 7 日，习近平总书记在新时代推动东北全面振兴座谈会上首次提出，“积极培育新能源、新材料、先进制造、电子信息等战略性新兴产业，积极培育未来产业，加快形成新质生产力，增强发展新动能”。[②] 2024 年政府工作报告中，发展新质生产力位列政府十大工作任务的首位。习近平总书记指出，新质生产力“由技术革命性突破、生产要素创新性配置、产业深度转型升级而催生，以劳动者、劳动资料、劳动对象及其优化组合的跃升为基本内涵，以全要素生产率大幅提升为核心标志，特点是创新，关键在质优，本质是先进生产力”。[③] 新质生产力代表着生产力的跃迁，科技创新尤其是关键性颠覆性技术实现突破在其中发挥主导作用，[④]是一种科技革命主导性、产业赋能前瞻性、高质量发展目的性的新质态生产力，以科技创新引领产业迭代，从国家层面前瞻性布局战略性新兴产业和未来产业。新质生产力是创新起主导作用，摆脱传统经济增长方式、生产力发展路径，具有高科技、高效能、高质量特征，符合新

---

① 佚名，2024. 中共中央关于进一步全面深化改革　推进中国式现代化的决定[N]. 人民日报，2024 - 07 - 22(1).

② 佚名，2023. 习近平主持召开新时代推动东北全面振兴座谈会强调　牢牢把握东北的重要使命　奋力谱写东北全面振兴新篇章[N]. 人民日报，2023 - 09 - 10(1).

③ 李永强，2024. 发挥创新主导作用　加快发展新质生产力[J]. 红旗文稿(6)：15 - 18＋1.

④ 周文，许凌云，2023. 论新质生产力：内涵特征与重要着力点[J]. 改革(10)：1 - 13.

发展理念的先进生产力质态。①

党的二十届三中全会通过《中共中央关于进一步全面深化改革　推进中国式现代化的决定》中提出，要"健全因地制宜发展新质生产力体制机制"。②首先，新质生产力的关键是"两组推动"，既要推动技术革命性突破、生产要素创新性配置、产业深度转型升级，又要推动劳动者、劳动资料、劳动对象优化组合和更新跃升，这"两个推动"是培育新质生产力和新型生产关系的关键路径。其次，发展新质生产力的目的在于"三个催生"，催生新产业、新模式、新动能，这是增强我国综合国力和国际竞争力的力量来源。同时，要积极加强各类技术创新，例如，关键共性技术、前沿引领技术、现代工程技术、颠覆性技术创新，不断开拓新领域、新赛道、新动能。再次，要以稳定制度供给建立未来产业投入增长机制，完善推动新一代信息技术、人工智能、航空航天、新能源、新材料、高端装备、生物医药、量子科技等战略性产业发展政策和治理体系，引导新兴产业健康有序发展。最后，要加强传统产业的优化升级，借助数智技术、绿色技术改造提升传统产业，以构建更加环保、更加安全的高效能运行系统。③

第三节　主动应对全球科技变局的关键环节

为了应对全球科技变局，形成科技自立自强的比较优势，提升中国的科技策源功能，还需要在以下具体关键环节上重点发力。

一、强化科技赋能发展和保障安全的能力

为抵制以美国为代表的西方国家对我国的科技围剿，坚定我国发展的道路自信、理论自信、制度自信、文化自信，中国必须坚持科技自立自强战略不动摇，加大科技与经济、社会、个人发展的融合，推动"面向世界科技前沿""面向经济主战场""面向国家重大战略需求""面向人民生命健康"，加快传统产业转

① 周文，许凌云，2024. 再论新质生产力：认识误区、形成条件与实现路径[J]. 改革(3)：26－37.

② 佚名，2024. 中共中央关于进一步全面深化改革　推进中国式现代化的决定[N]. 人民日报，2024－07－22(1).

③ 佚名，2024. 中共中央关于进一步全面深化改革　推进中国式现代化的决定[N]. 人民日报，2024－07－22(1).

型升级，做大做强新兴产业，着力培育未来产业，以“科技—经济”正反馈互动来推动经济社会发展和综合国力提升。[①]

同时，坚持“发展是最大的安全”理念，以科技的发展促进国家安全。落后国家没有真正的国家安全可言。国家落后，尤其在技术领域的落后，会导致被动地追赶、机械地模仿，更可能受制于人。只有国家强大，在众多科技领域遥遥领先、自主可控，才能争取到真正意义上的国家安全和独立自主。要在科技赋能发展基础上保持底线思维，重视科技在保障军事安全、网络安全、能源安全、粮食安全、生物安全等各种安全中的作用，加快相关关键核心技术攻关，尽快启动一批重大项目，开展长周期研发，为应对未来做足准备。

二、优化科技创新结构，顺应科技未来趋势

根据国际形势变化和国内发展阶段，积极优化调整科技结构与产业结构。在创新结构上，应将科技创新分为“自由探索型”和“任务导向型”两类分别考虑。前者更加适用于纯理论科学的创新，后者则多关注于技术科学的创新；前者主要依靠科学家的好奇心驱动，后者则是以现实需求驱动为主；前者面向源头、面向未来、面向长远，后者面向需求、面向现实、面向当下；前者决定了国家科技发展潜力，后者体现为国家科技发展实力。在主体结构上，更加发挥高水平研究型大学、科研院所在自由探索式创新中的作用；更加重视国家实验室、新型研发机构在任务导向型创新中的关键作用；更加重视企业在产学研用协同创新中的主体作用，尤其是科技领军企业在行业标准制定、方向引领、技术突破和人才培养等方面的关键作用。在路径结构上，坚持补足短板和加强长板相结合、基础供给和应用牵引相结合、独立自主与国际交流合作相结合，形成科技创新多路径协同的体系化能力。

三、拓展应用场景，促进以需求为导向的反向创新

充分利用中国市场规模大、需求多元化、应用场景丰富、应用能力强的优势，以技术的场景化应用为关键环节，拓展延伸关键核心技术攻关和理论科学研究布局，促进科技创新向源头、向市场的双向发力。重视国家战略需求对技

---

① 秦铮，丁明磊，2022. 全球科技新博弈[J]. 瞭望(22)：38－41.

术科学的引导，把国家重大建设工程作为发展技术科学、提升自主创新能力的重要载体，建立新型研发机构承担技术科学研究任务，完善与现代工程及技术科学发展相匹配的学科布局和教育体系，加大自然科学与社会科学融合型人才培养力度，[①]培育技术经理人队伍。实施场景驱动创新战略，以智能城市、宜居乡村、智慧生活建设为抓手，挖掘面向未来的新需求、新应用，创造新场景，加强适应多场景应用的新型基础设施建设，推动技术落地应用和孕育新产业。

四、深化体制机制改革，鼓励科研组织方式创新

深化科技体制机制改革，鼓励科研管理创新，从“科技管理”更多地向“科技服务”转变，进一步释放各类主体的科技创新活力。加快完善科技评价体制，深化落实“破五唯”“立新标”并举，建立健全以创新能力、质量、实效、贡献为导向的人才评价体系，形成并实施有利于科技人才潜心研究和创新的评价制度。鼓励科研院所机构改革，探索建立适应自身科研模式的科研组织方式，在科研组织方式创新中激发科研范式创新，以科研范式变革引领科研组织方式变革。尊重科技人才成长规律，完善科学家本位的科研组织体系，完善科研任务“揭榜挂帅”“赛马”制度，实行目标导向的“军令状”制度，鼓励科技领军人才挂帅出征。[②] 尊重并释放科研人员更多、更大的科研自主权和创新自主权，减少分钱、分物、定项目等直接干预，赋予科学家更大的技术路线决定权和经费使用权，让科研单位和科研人员从繁杂、不必要的体制机制束缚中解放出来。建立以信任为基础的人才使用机制，切实落实“人才是第一资源”的工作理念，大力营造勇于创新、鼓励成功、宽容失败的社会氛围。

五、以创新平台为节点构建协同治理体系

纵观全球科技革命发展历程和科技创新的价值规律，可以发现，作为一种重要的创新资源整合机制与创新效能提升机制，创新平台集聚了众多创新要素，吸引了大量创新人才，汇集了创新促进政策，为创新创业合作机制的生成提供了重要载体，是发挥人才集聚优势的关键杠杆。以创新平台为关键杠杆

---

① 秦铮，丁明磊，2022. 全球科技新博弈[J]. 瞭望(22)：38－41.

② 孙锐，孙彦玲，2023. 构建适应高水平科技自立自强的人才制度体系[J]. 中国人才(7)：18－20.

支点，形成多元主体参与的协同创新网络和由此演化生成的创新生态系统，更是构成了科技创新的策源场域，可以作为激发科技创新活力的重要引擎，以及政府推动科技创新的重要抓手。

以创新平台为聚焦，构建起“政府-平台-市场”三者相互协调的治理形态，是我国科技创新治理的新思路。以创新平台为关键支点的治理模式，可有效克服市场失灵和政府失灵的弊病。一方面，以创新平台生成的创新网络为链接，创新主体可以协同发力，以克服单一创新主体能力不足、资源不足、投资意愿不足的问题。另一方面，以创新平台及其创新生态为抓手，既能有效激发政府资金（资源）的牵引带动作用，又能保证足够的灵活性，以发挥市场主体的创新活力与创新动力。

从全球科技革命历史经验、科技治理现实逻辑和科技创新未来趋势出发，创新平台作为治理抓手具有其历史必然性、理论必然性与发展必然性。历史经验表明，创新平台及其生成的创新生态是科技创新的重要来源，很多影响深远的科技创新成果均是以创新平台为基础创造出来的。从科技治理视角出发，创新平台可有效克服市场失灵和政府失灵的弊病，是协调市场机制与政府机制的中间机制。从发展趋势来看，开放式创新、集成式创新、融合式创新、举国体制以及协同创新需要以创新平台为中心进行组织协调，对以平台为支点的治理模式提出了现实需求。此外，我国科技创新战略体系中，也逐渐形成了市场、政府、平台协同发力的运行基础与战略布局。以创新平台为支点进行科技治理体系构建已具备较为充分的理论基础、制度情境和实践基础。

为此，后续章节将深入挖掘创新平台的内涵、运行机制与主要特征，探讨适应高质量发展和未来科技趋势的创新平台治理思路，挖掘创新平台在建设世界重要人才中心和创新高地上的价值空间，为发挥创新平台杠杆效应、促进科技创新平台体系优化奠定基础，为促进政策资源的精准配置提供政策抓手。

第四章　创新平台研究的理论前沿

创新平台作为创新价值链上的关键节点，其作用发挥遵循创新的一般原理。鉴于创新平台对科技创新和人才集聚的独特贡献，理论界、实践界甚至企业界都对其进行了密切关注和系统研究，也形成了创新平台界定的诸多观点。本章首先对创新平台的理论前沿与实践发展进行梳理总结，以明确创新平台的内涵特质、演进特点与发展模式，为后续研究奠定基础。

第一节　创新平台的内涵与分类

美国竞争力委员会（Council on Competitiveness，1999）提出了"创新平台"（innovation platform）的概念，后来这一概念逐渐被理论界和实务界所熟知。随着理论与实践的发展，国内外相关研究更加多元、丰富。

一、创新平台的内涵

平台这个概念最早可以追溯到20世纪初，为提高汽车的总体性能并改善用户体验，亨利·福特提出了"平台"的运营概念。随后，柯达、索尼和英特尔等公司在产品开发过程中都采用了平台方法，并获得了非常好的管理效果。随着创新研究的逐步深入，学者们从创新实践中得到了启示，即"通过一定的组织形式、规则和程序等可以规避创新过程中的不确定性，从而可以促进创新的可持续发展"[①]。1999年，美国竞争力委员会在题为《走向全球：美国创新新形式》的研究报告中提出了创新平台（platform for innovation）的概念，其内涵是指"整合创新资源、提供创新服务、促进创新成果转化的一种制度性安排"，

① 孙庆，2010. 区域科技创新平台网络化发展模式与路径研究[D]. 哈尔滨：哈尔滨理工大学.

主要包括创新基础设施以及创新过程中不可缺少的要素，尤其强调人才和创新成果的可获得性、促进创新技术转化的制度环境（法规、会计）和资本条件、创新投资的资本市场准入和知识产权保护等[①]。随后，很多学者从不同角度，界定了创新平台的本质，大体可以分为以下几种具有代表性的视角。

1. 创新集成系统视角

国内学者洪晓军（2008）通过观察国内科技创新平台的实践，将创新平台定义为一个由政府主导的创新集成系统，认为科技创新平台是指"通过政策支撑、投入引导，汇集具有科技关联性的多主体创新要素，形成一定规模的投资额度与条件设施，便于开展关系到科技重大突破、长远发展、国家经济稳定需要的创新活动"，认可了政府对科技创新及创新平台构建的关键作用。鲍德温等（Baldwin 等，2009）将创新平台理解为，"一个基于特定架构的技术模块集合，即由一组模块紧密耦合构成的核心平台与由一组模块松散耦合构成的外围组件（即互补品）通过界面（interface）相连接的系统"。该视角强调了科技创新平台具有系统集成的属性。

2. 创新制度安排视角

许强等（2009）从制度的视角，认为创新平台的本质是一种创新性制度安排，这种制度安排"整合了行业创新相关的科技资源，提供了优质技术服务，提升了行业技术水平"，从而实现促进科技创新的目的。姚良等（2010）的研究也从区域创新平台的角度，揭示了创新平台是一种制度性安排的本质。他们认为，科技创新平台需要由政府或优势企业牵头组建，集中体现本区域产业和企业的发展特色，以形成硬件设施和管理机构的共有结构和制度性安排。

3. 创新要素集聚视角

陆立军等（2008）从资源集聚的视角，将创新平台的本质理解为"有效联结各个创新结点的创新功能或服务的聚合体"，这个聚合体主要面向产业集群的共性和关键技术创新需求，吸纳集聚知识、信息、技术等相关创新资源，促进创新资源的有序流动、有效扩散，最终为各创新主体提供公共创新服务和产业技术支撑。

4. 创新服务载体视角

汪秀婷等（2007）从服务载体的角度，认为创新平台本质上是一种创新服

① 邓衢文，李纪珍，褚文博，2009. 荷兰和英国的创新平台及其对我国的启示[J]. 技术经济(8)：11－16.

务的支撑体系，是各类创新服务的一种综合性载体。他们着重研究了技术创新平台，认为它是产业层面上技术创新资源共享的、系统化集成的支撑体系。它包括几类服务体系，主要有物质与信息保障体系、以共享机制为核心的制度体系、创新专业化服务的人才队伍体系等，服务体系的综合效果是为产业技术创新活动提供有效、高质、公平、特色的定制化服务。

5. 创新网络视角

罗切特等(Rochet 等，2003)关注创新平台的双边市场本质，将其理解为一种通过提供特定的技术、产品或服务，将几组异质参与者链接起来并促进彼此间交互的活动。王雪原等(2013)从创新网络的视角，将创新平台定义为一种“创新资源在节点之间有效汇集、整合、配置、再创新的复杂网络”。创新网络中，企业、高校、科研院所等相关主体是关键的网络节点，在多个子平台进行多种形式的交互，例如服务交互、合作交互和联盟交互。承载这些交互关系的子平台包括技术与产品研发子系统、成果转化子系统、技术服务子系统、科技创业投融资服务子系统、人才培养子系统等，实现人力、物力、财力、信息、技术等相关创新资源的化学反应。

综上所述，创新平台是为促进科技创新活动的有效开展而设立的一种组织形式与制度体系，它以集聚创新资源要素、提供专业化服务为核心竞争力，借助创新社会网络的优势形成创新系统集成的场域效应，最终实现降低创新成本、提高创新效率的目的。

二、创新平台的分类

学者们根据不同属性，将创新平台划分出诸多类型。

1. 根据层次划分

按主体层次性划分，创新平台可分为国家创新系统、中观创新平台和企业创新平台三个层次。

国家层次上，国家创新系统(national innovation systems, NISs)是一种具有国家制度特色与战略导向的创新平台，它涵盖了政策形成、研发运营、研发融资、人才开发推进、科技中介、技术创业倡导等六种主要功能(Lundvall, 2007)。宏观国家创新系统的研究深入分析了创新系统的形成与演进的制度基础以及不同国家的制度特色。例如，在中国本土的国家创新系统实践中，“集中力量办大事”的新型举国体制正在科技创新中发挥重要作用，是具有中国制度特色的国家创新平台的具体呈现。世界上很多发达国家都非常重视对科技创新的宏观创新调控与支持，如欧盟委员会颁布战略创新协调计划支持技术平台的发展，增强欧盟的创新能力；德国建设智能服务数字化平台，为其构建智能服务数字化平台战略奠定了基础。

中观层次存在行业创新平台和区域创新平台两种形态。行业创新平台是以行业为基础，以开放式创新为链接，依托要素间的多向耦合形成规模效益和集成优势，促进了创新主体与创新环境间的协同演化。区域创新平台代表了一批以区域集聚为特征的创新平台，主要探讨了创新平台如何为区域内企业提供技术研发、成果转化、技术服务、创业投融资、人才培养等各类服务。中观层次的创新平台是联结宏观创新系统和微观创新企业的重要界面，通常会发展为行业或区域的创新生态。

微观组织视角的企业创新平台，是以核心企业为中心搭建的创新平台，核心企业通过提供一组技术共同元素（building block）来促进平台企业、互补者甚至竞争者在此基础上创造新的和互补的技术、产品或服务，主要通过激发互补创新，提高互补品多样性和平台系统性能以创造生态价值（贺俊 等，2022）。企业创新平台通常链接了企业价值链的上下游环节，将多元利益相关主体纳入到企业产品、技术、服务等创新活动之中，利用开放战略的生态扩张效应，促进组织的外部合作能力与内部学习能力，以提升企业的创新绩效。开放式服务创新平台是当下企业创新平台的典型代表，反映了“平台型企业作为生态圈领导者通过创新知识分享、价值创造、社会关系特点选择跨界搜索模式以促进创新资源整合，提高服务创新绩效的过程”①。开放式服务创新平台强调创新资源的开放性，以突破企业边界对资源的约束，其本质是打破、制定和维持资源整合的制度规则。②

2. 根据主体划分

参与主体的主导性是划分创新平台类型的重要依据。学者们根据运营主体或参与主体相对作用的差异，对创新平台进行了多种类型划分。

根据政府在创新平台中的作用，可以区分出政府主导型、政府合作型、政

---

① 彭本红，马铮，张晨，2017. 平台型企业开放式服务创新跨界搜索模式研究：以百度为例[J]. 中国科技论坛(8)：152－158.

② KOSKELA-HUOTARI K, EDVARDSSON B, JONAS J M, et al., 2016. Innovation in service ecosystems — breaking, making, and maintaining institutionalized rules of resource integration [J]. Journal of Business Research, 69(8):2964－2971.

府鼓励型三种模式[①]。政府主导型是指以政府为主导进行投入建设的公共服务平台，这类科技创新平台具有公益性质。政府合作型创新平台是指由政府主导进行前期投入，在完善科技创新平台服务功能的同时逐步实现市场化运作，从政府与企业合作逐渐过渡到由政府监管、企业进行市场化运营，以此增强平台的独立生存能力[②]。政府鼓励型创新平台是指政府通过政策扶持、专项补贴等形式，鼓励企业开展创新平台的建设与运营活动。

王圣丹和王水莲(2017)按照经营主体的不同，将创业空间型创新平台划分为高校主导型、校企协同型、企业主导型等三种类型。刘春晓(2015)按参与主体的相对作用，将创新平台划分为政府主导型、中小企业主导型、高校和科研机构主导型、创投机构主导型、大型企业主导型以及中介机构主导型等不同模式。

3. 按组织运营模式划分

根据创新平台的组织运行模式，可以分为虚拟模式创新平台和实体模式创新平台。

顾名思义，实体模式创新平台是具有固定注册地址、运营场所和基础设施的创新平台。此类平台多具有地理上集聚的优势，创新资源在同一区域内集聚，便于人才、信息、技术和资金的流动与合作，是目前比较主流的科技创新平台运营模式。

创新平台的虚拟组织模式，主要是指“以科研项目和科技服务为纽带，通过资源整合和共享，形成面向行业科技创新活动的动态联盟网络。虚拟型创新平台不具有法人资格，也没有固定的组织层次和内部命令系统，而是一种开放的、动态的组织结构。”[③]还有一些虚拟模式创新平台，借助互联网优势，打破了物理场所对运营的限制，致力于提供专业化线上服务。在平台型企业的创新研究中，一些以开放战略为基础的创新过程中，外部参与者自发地加入创新，也会形成基于交互网络结构的虚拟创新模式，尤其是参与主体的评论与互

---

① 张振刚，景诗龙，2008.我国产业集群共性技术创新平台模式比较研究——基于政府作用的视角[J].科技进步与对策(7):79-82.

② 薛捷，2008.广东专业镇科技创新平台的建设与发展研究[J].科学学与科学技术管理，29(9):87-91.

③ 许强，葛丽敏，2009.行业科技创新平台的虚拟组织运行模式研究[J].科技进步与对策(2):49-51.

动对隐性创新集群的形成及创新参与尤为重要。①

4. 按功能划分

不同类型的创新平台，其功能各有侧重，据此可区分出科技创新平台、产业创新平台、协同创新平台等类型。

科技创新平台是指整合与集聚科技资源，兼具开放性与共享性，对科学研究与技术开发活动起到支撑作用和服务功能的科技机构或组织的总称。② 这类平台根据资源与功能，又可以细分为科技公共服务、科技基础条件、科技研发实验和技术创新服务等四个类型。盛亚等(2021)认为，当前对科技创新平台的研究多关注于其平台属性，但更为关键的是各类参与主体的创新动力、能力、活力激发问题，需要进一步从共创、共治、共享等方面促进科技创新平台的良性发展。

产业创新平台是指实现创新要素集聚并触发产业革新的创新平台，以创新成果外溢促进产业升级是产业创新平台的题中应有之义。③ 因此，相关研究多以创新平台为突破口探究传统产业转型升级的治理机制与绩效达成；亦会关注战略新兴产业的平台构建与相关运行机制，以及基于演化博弈模型的多元利益主体治理互动策略。但当前，产业创新平台建设与启动的底层逻辑、经验、机制与路径仍有待进一步深入探讨。

协同创新平台是由多个子系统主体和界面构成的层级结构，通过全面释放创新要素，进而实现协同创新。比较典型的协同创新平台主要有产学研协同创新平台、军民融合协同创新平台、服务于中小企业的协同创新平台、服务于新兴技术企业的协同创新平台等。相关研究多关注于协同创新平台的界面管理、资源优化配置、运行机理、发展模式、创新绩效、发展困境与应对策略等方面。

尽管上述三类创新平台的功能各有侧重，但有研究者认为，科技创新平台仍然是创新平台研究的核心，且技术创新有向技术协同创新模式演进的趋势，协同创新可能是未来产业化创新的有效方式之一。因此，有必要搭建一个知识创新与技术创新协同并进、各参与主体协同参与、创新资源集聚与共享的科

---

① 吉海颖，戚桂杰，李娜，2022. 开放式创新平台用户交互对隐性社区的影响研究[J]. 图书情报工作，66(5)：105－115.

② 陈志辉，2013. 科技创新平台内涵特征与发展思考[J]. 科技管理研究，33(17)：34－37.

③ 许正中，高常水，2010. 产业创新平台与先导产业集群：一种区域协调发展模式[J]. 经济体制改革，28(4)：136－140.

技协同创新平台。[①]

三、基于创新价值链的创新平台梳理

根据创新价值链的不同阶段，可以区分出创新平台的不同功能倾向，这种区分便于对创新平台的层次、主体、组织形式、业务领域进行区分，识别出不同创新平台的差异化特质，从而有针对性地与不同创新模式相匹配，这也是本研究的一个主要思路。通常，创新价值链可包括基础理论研究、应用技术研发、商业应用转化、产品优化与推广等几个阶段，对应了不同功能性平台。

第一类为基础理论研究平台，通常是指高校、院所主导的纯学术研究平台，这类平台主要开展知识类、原理类的科学原始创新，是科学领域从无到有的规律性揭示。这类创新平台所产生的创新成果多停留在纯理论阶段，这些纯理论知识虽然与现实应用尚存在很大距离，但具有公共物品的属性，通常会由政府提供资金，大力支持创新平台建设。例如，英国政府坚持把建设一流的科学基础设施作为重点任务，赋予最高的优先级，并投入大量资金用于改善国内大学的文献数据库、仪器、设备等科学研究公共性基础设施。日本《科学技术・创新白皮书》把"加强科技基础条件平台建设"作为"科技体系改革"的重要内容，通过改进国家信息基础设施、科研设施和科研条件，全面提升相关产业的竞争力。

第二类为应用技术研发平台，是将纯理论知识转化为具有现实应用价值的新技术的创新平台，是创新过程中从理论到应用的源头。由于应用技术通常具有共性技术的属性，具有正外部性，容易造成知识的外溢，可能产生巨大的被抄袭、被模仿成本，需要政府加强知识产权保护工作。有的国家为了促进从理论到应用的技术研发，加大力度开放科学数据共享。例如，美国政府推行了科学数据开放的共享国策，建立了数据资源共享平台，由财政部出资设立了专项资金连续支持数据中心群的建设，并利用法律手段保障信息的畅通。在此政策推行期间，美国经济的年增长率一直保持在 0.5%的水平，在一定程度上说明数据共享平台对美国经济发展的潜在作用。资源共享体系是国家科技基础条件平台建设的核心，在共享过程中应遵循技术供需原则、物质保障原

① 盛亚，施宇，2021. 国内创新平台研究热点及趋势：基于 CSSCI 数据库的研究[J]. 科技进步与对策，38(2)：153-160.

则、利益驱动原则等基本原则。[①]

第三类为科技成果转化应用平台，是将应用技术转化为具体的产品或服务的创新孵化平台。这类平台模式众多，可能是公办的，也可能是私营的，还可能采取公私合营等模式。欧盟委员会建立了68个技术合作与转移中心，这些中心通过互联网平台实现了资源共享与服务协作，形成了覆盖整个欧洲的创新合作伙伴关系，成为技术合作与转让平台的典型代表。尤其要发挥民营经济在科技成果转化过程中的作用，发挥市场机制在创新资源上的配置作用。

第四类为产品优化与推广平台，这类平台主要以企业为主导，结合产业链、价值链的上下游环节，致力于技术的商业价值挖掘与再研发，从而实现最大化的创新商业价值。例如，美国微软公司在世界各地设立的微软技术研究院，形成了全球性的技术创新平台体系，及时跟踪全球性技术创新发展趋势，通过吸纳全球范围内最优秀的软件设计人才，不断改进优化微软的核心技术，确保微软在全球创新竞争中处于领先地位，塑造了可持续性的创新竞争优势。

第二节　创新平台的生成基础与运营模式

创新平台为创新创业合作机制的生成提供了重要载体，是激发创新活力的重要引擎。本节着重梳理创新平台的生成基础、运营机制和存在的问题，为后续研究奠定基础。

一、创新平台的理论基础

创新平台之所以对创新创业具有不可替代的作用，是因为创新活动涉及多元因素的相互作用，具有秩序性的群体间合作往往比群体内合作更不易实现，因此需要一种创新资源整合机制，集聚创新要素，吸引创新人才，汇集创新促进政策。创新平台促进科技创新的底层逻辑包括以下几个方面。

1. 空间集聚为创新活动带来成本节约

通常，创新平台是创新要素的集聚平台，对同类或互补的科技创新项目亦具有集聚功能，常与区域集聚、产业集聚相伴而生。马歇尔曾在100多年前，

---

① 胡卓君，2006. 科技基础条件平台资源共享的本质与机理研究[J]. 科学管理研究（10）：40－42.

就产业专业化与集聚现象做过比较深入的研究，他认为产业投入产出间的关系、知识的溢出效应和人力资本池的存在是产业在一定物理空间形成集聚效应的基础原因。① 后来，新经济地理学领域的研究试图打开空间集聚经济效应的“黑箱”，他们将马歇尔的“三个假说”进行进一步分解，认为集聚将带来三种成本上的节约优势。由于创新资源在一定空间范围内集中，创新主体在产品运输、劳动力快速组织和知识流动等方面可以实现规模效应，无论是资金成本，还是时间成本，均可优于资源分散的创新模式。这也就解释了为什么创新资源相对集中的城市（尤其是大城市），更容易成为创新经济活动高度集聚的空间（Glaeser 等，2009）。这一观点在中国也得到了数据的印证。王燕等（2023）以 2002—2019 年中国 30 个省份的面板数据为基础，确证了高新技术产业集聚有利于提高该区域的劳动生产率，区域经济增长在空间上会体现出外溢效应，产业集聚通过科技创新正向影响区域经济发展。

换言之，创新平台可以为创新主体提供可共享的基础设施、可快速配置的人力资源、可快速获取的信息资源、便利化的资源获取条件，在很大程度上降低了创新的成本、风险和难度。得益于空间上的集中，创新主体之间面临的问题或相类似，或有个性化差异，但无论怎样，相关的探索及经验均具有较强的正外部效应，可以扩大收益范围。跟分散式创新创业相比，依托创新平台而形成的高度集中式创新创业，其成本更为节约、资源利用率更大、成功概率更高。李晓龙等（2017）利用实证分析证实了，科技服务业空间集聚显著提升了中国高技术企业的创新效率。王叶军和母爱英（2020）通过数据模型证实，生产性服务业与制造业协同集聚对城市科技创新具有显著促进作用。

2. 知识交流为创新活动提供活力源泉

创新平台可为创新主体提供便于知识传播的交流平台。约翰逊等（Johnson 等，2003）指出，创新平台不仅提高了创新主体的组织间合作能力与快速学习能力，而且能够帮助组织理顺内部合作关系，使创新活动变得更为稳定高效。杜兰顿等（Duranton 等，2004）将创新活动的微观集聚机制归纳为分享、匹配和学习三个方面，即可以这样理解科技创新平台的生成基础：第一，创新平台便于知识分享。创新平台帮助创新人才高度集中，有利于降低相关知识信息的传递成本，从而提高创新创业效率。第二，创新平台便于资源匹配。创新平台可以通过定制化服务与创业团队的个性化需求实现快速匹配，从而

① 叶振宇，余柯玮，2017. 众创空间出现的理论探究与区位布局镜鉴[J]. 区域经济评论(4)：33 - 39.

提高创新效率。第三，创新平台便于学习效应的形成。为了向先进理念、先进经验、先进技术学习，创新平台更容易吸引具有差异化资源禀赋、知识背景、领域专长的人才集聚在一起，促进多样化知识的聚集、流动、融合和转化，从而帮助创新活动提高效率和活力。

知识溢出效应也是促进创新创业活动集聚的重要因素。古索等（Guiso等，2015）的研究发现，生活在企业集聚密度更高的地区的人才更可能具有创新创业意识，受到创新氛围的熏陶，更容易成为创新主体。另一方面，除了创新能力的习得以外，提高知识利用率也是促进创新创业的重要方面。通常来说，基于利用率的知识溢出效应会受到物理距离的限制（Carlino 等，2015），创新主体间的物理距离越远，知识外溢过程中的干扰因素越多，知识外溢的效果也就越差；反之，创新主体间的物理距离越近，就更有利于知识、信息的传输与共享，知识外溢的效果越好。这也解释了靠近知识“发源地”“策源地”的创新布局新趋势，很多创新集聚区域布局在大学城、研究机构、科研院所附近，这与地理空间集聚的思想如出一辙，只不过重点集中在提高知识资源的利用率上。

3. 资源禀赋为创新活动提供竞争优势

创新平台通常是国家、区域、产业等资源特色领域的集中优势体现。创新活动需要一定的要素资源作为基础，形成比较竞争优势。不同创新平台在创新资源禀赋上有所不同，创新活动也会向要素更为丰富或固定成本更低的平台集聚（Glaeser 等，2009）。换言之，不同平台的创新差异是由其创新资源禀赋差异、创新活动集聚差异和技术发展水平差异所引起的。例如，物质资料、人力资源、投融资环境、知识产权保护制度等因素均会影响创新创业效能，甚至政治、文化等方面的人文因素，气候、地理位置、交通等自然环境因素，也会对平台上的创新经济活动产生根本性影响。以人才这一创新核心要素为例，格拉泽（Glaeser, 2007）认为人才供给对创新创业活动具有关键性作用，并通过实证分析得出“有较为丰富的社会阅历并有一技之长的中年人才（40 岁左右）更有可能进行创新创业活动”。学者们还对人才流动和集聚的影响因素进行过研究，发现工资水平、生活成本、地理位置、教育机会、跨国公司、知识网络等因素均对人才集聚具有重要吸引作用①。同时，个体人才在进行流动性选择

① WELCH A R, ZHANG Z, 2008. Higher education and global talent flows: brain drain, overseas chinese intellectuals, and diasporic knowledge networks [J]. Higher Education Policy, 21(4): 519-537.

时，流入地与流出地的制度、教育和文化等方面的差异成为影响流动决策的重要因素，差异性越大，人才的适应性成本越高，人才选择流动的可能性越小；差异性越小，人才的融入成本越低，人才选择流动的可能性越大。

4. 形成链式集群效应提高抗风险能力

与大企业相比，中小企业在创新创业过程中时常面临融资难、抗风险能力不足等问题。在政府与多方利益群体的共同努力下，一些开放式创新平台形成了从头部企业扩展到基于产业链集群的共性平台，其本质上是一种经济联系与空间关联共存、联系更加紧密的产业组织形态，也即产业链集群。[①] 这类开放式创新平台利用资金、资源与数据流量优势，帮助企业嵌入产业链和产业集群，参与产业链上下游分工，在产业链集群网络中寻求互补性功能定位，推动多方利益群体通过合作发挥资源要素的协同加合效应（张向阳，2021）。通过创新平台的创新协同、优势互补、资源共享、资金融通和风险共担等机制，塑造平台与企业、企业与企业之间的竞合关系与创新链接。这种链式集群效应亦具有正向溢出效应，使中小企业能够超越自身较为单薄的组织力量，借助产业集群的整体优势极大地提升企业的核心竞争力、协同创新能力和抗风险能力。

5. 协同效应为创新活动营造生态氛围

创新需要磁场，创业需要氛围。创新要素之间的协同融合会产生一定的"化学反应"，形成从无序到有序的生态氛围，是创新活动不可或缺的基础条件，这也是创新平台形成的基础之一。创新要素主要包括政策、市场、融资、文化、人力资本以及其他方面的支持等六类，这六类要素并非简单的共存，而会以一定的组织方式生成创新活动所需要的磁场，最终形成创新创业生态系统。生态系统又分为无机体系统和有机体系统两部分。其中，一个科技创新平台所处于的政治、经济、社会和自然环境等客观存在属于无机体系统，这些要素相对稳定，作为创新活动的大背景而存在。同时，政府、科技园区、大学、科研机构、金融机构以及中介机构等作为有机体系统而存在，这些要素具有主体能动性，能够主动干预创新活动的实现过程、实现路径和实施效果。生态系统中，各种要素存在相互作用的机制，通过资源聚合、价值交流、平衡调节的过程，促进创新成果的目标达成。最终，以创新平台为载体，将形成一个创新生

① 张向阳，2021. 构建基于产业链集群的开放式创新平台，促进科技型中小企业创新发展[J]. 中国科技论坛(6)：11－14.

态系统，该系统是一个开放的系统，是一个与外界发生连续的物质、能量和信息交换的系统，是一个具有复杂多样性的协同系统，是一个虚实结合、功能多样、互动分享的系统，是一个动态演化的自组织系统。

二、创新平台的功能设计

创新平台之所以需要存在，是因为其在科技创新过程中具有不可替代的作用。总结来看，创新平台对于创新主体的有效助力在于提供环境支持、克服资源局限、培育创新创业能力、提供专业化服务、构建创新网络关系、克服系统失灵等方面。

1. 提供多要素环境支持

提供环境支持，即创新平台为创新创业主体提供了一个包括共享数据、共享设施和设备的支撑环境。创新平台大多具有一定的资源禀赋，能够调动一些创新基础要素。例如，联合的办公场地，共享的实验设备与创新基础设施，开放共享的数据库资源，政府打包的优惠政策，共享的人力资本池等。这些资源上的共享机制和环境支持机制，能够帮助入驻创新主体享受到规模经济带来的好处，节约交易成本，有利于创新主体降低运营成本。同时，这些资源上的共享机制也有助于参与主体突破自身创新资源的局限，降低因创新资源不足带来的约束。此外，以创新平台为载体，可以集聚众多同质或异质的创新项目，增加创新创业创意浓度，促进形成创新的场域，是创新软环境的重要组成部分。

2. 培育创新创业能力

创新平台具有创新创业辅导、孵化功能。创新创业能力是创新主体有效开展创新创业活动的基础条件。这种能力既是一种创新理念、创新意识和自我激励的科学家精神（企业家精神），也依赖于创新实践中积累的经验、体验和感悟。这种能力不仅依靠个人天赋，也可以通过学习培训获得并不断提升。为提升创新者的创新动力与能力，很多创新平台会提供创新创业能力培训项目，通过创新创业辅导和培训、榜样学习、人际学习，以创新平台为载体，创新主体可以获得更为丰富的创新理念、创业技能、创新技巧、创新思维、创新商业模式，从而提高创新创业活动的成功概率。

3. 创新创业投融资

创新平台的投融资功能是孵化与投资双重功能的有机统一。一些创新平台以自有资金，一些创新平台也吸引外部风险投资资金，投向本平台的在孵化项目，并提供全过程的增值服务，帮助创新项目有效孵化，并以股东的身份享受成功孵化后的市场收益。风险投资扩展了创新平台的职能，解决了创新创业企业发展资金不足的问题。同时，创新平台也拓展了风险投资的视野，大大提升了投融资的成功率和盈利率，两者相得益彰。为了促进科技创新的有效开展、提升创新创业的成功率，“创新平台＋风险投资”模式已经成为国际上普遍认可的发展模式。

4. 提供专业化服务

与成熟企业相比，新创企业通常会面临资源获取方式与路径上的不确定性。获取和使用创新资源便是各类主体加入创新平台、参与平台建设的一个主要动机。创新专业化服务是创新资源的重要组成部分。几乎所有的创新平台均具有为参与主体提供创新创业过程中所需要的专业化服务的功能，涉及知识产权、税务、风险防控、财务管理、人力资源管理与外包、研发设计、产品测试、生产代加工、宣传推广等诸多方面。这类专业化服务，让专业的人来做专业的事情，在提高运营效率、提升管理质量的同时，可以帮助创新主体降低法律、财务等各类风险，帮助创新主体节约脑力、体力、精力投入，全身心地投入创新创业重点环节之中。

5. 构建网络关系

为弥补创新主体资源不足的问题，很多创新平台会提供各类机会帮助创新主体开拓创新网络。一方面，创新平台已经具备一定的创新资源优势，利用这种优势可以集聚一批需要相关资源的创新主体，形成网络的关键节点。另一方面，如果创新平台不能直接提供这种资源，则可以借助自身网络优势或平台组织者的社会关系网络优势等助力创新主体寻找这种资源的获取渠道。建立和管理创新网络关系就成了创新平台的关键功能。有了创新平台的支持和背书，创新创业者可在一定程度上克服经验缺乏、社会公信力不足等问题，便于获取更多资源，从而提升创新成果实现率。

尤其是虚拟平台的出现，帮助创新主体向创新价值链的技术端与市场端延伸，使创新创业过程附着在一个具有连贯性的动态网络中，打通创新创业的关键点，帮助创新主体实现与资源、市场和机会的链接。可以说，网络关系服务是创新平台最有价值的服务。

6. 克服创新系统失灵

在创新过程中，有些环节存在市场失灵的潜在风险，会延缓、拖后甚至阻碍创新进程。例如，郑小碧(2015)在研究区域产业集聚现象时发现，一些产业集群存在阻碍自身转型升级的固有缺陷，表现为由于中小企业数量众多而在技术创新方面形成的搭便车、囚徒困境等陷阱。在关键共性技术研发环节，由于共性技术具有正外部性，存在知识外溢的风险，极易被竞争对手模仿或抄袭，加之投资周期很长，私营主体因此缺乏投资动力，极易陷入多重失灵的困境。再例如，在科技成果产品开发环节，一些创新创业团队因规模小、风险大、周期长、市场应用前景不明朗，处于最缺少资金和资源的阶段，却很难获得逐利性较强的风险投资的青睐，导致很多创新创业项目尚未成形便已失败。反而是市场应用前景明确、已经具备盈利能力的项目更容易获得投资方的青睐。创新创业投资更喜欢锦上添花而不喜欢雪中送炭，也是创新系统失灵的一种表现形式。

创新平台被普遍认为是推进产业集群关键共性技术创新的有效载体。作为一种有组织的创新方式，创新平台可以形成一种集体行动方案，可有效避免共性技术研发的多重失灵陷阱，使创新价值链条更为顺畅。且无论是以政府为主导的创新平台，还是以龙头企业为主导的创新平台，在克服创新系统失灵方面均有显著作用。前者的作用机制在于通过积极投入，激发各类创新主体的意愿与行动，缓解共性技术研发失灵。后者的作用机制在于加快科技信息流动速度，提升共性技术成果与市场需求之间的匹配程度。

三、创新平台的运作模式

创新平台作为一种组织机构与组织形式，其构成要素虽然基本相同，但运作模式存在较大差异。不同的创新平台有其主打功能和优势领域，形成了自身发展的比较优势。投中研究院(2015)根据业务重点和运作模式，将创新平台划分为活动聚合型、培训辅导型、媒体驱动型、投资驱动型、地产思维型、产业链服务型和综合创业生态体系型等七种运营类型。

1. 活动聚合型运营模式

活动聚合型运营模式以活动交流为主，定期举办创新创业交流活动，以发布、展示、路演等形式，凝聚创新主体，交流新技术与新创意，吸引风险投资等创新资源，是一种以活动激发带动创新创业的运作模式。活动聚合型运营模式有助于创新创业人才之间的交流、切磋与合作，通过项目展示、宣传、推介，创新团队之间可以相互学习，尤其在新技术应用、新趋势把握、新商业模式开发等方面可以相互启发借鉴。同时，借助项目宣传展示，会增加与天使投资人、设备供应商等利益相关主体的接触机会，有助于创新创业资源的吸引与集聚，对创新社会网络的形成大有裨益。

2. 培训辅导型运营模式

培训辅导型运营模式是指围绕创新创业辅导而展开的运营活动。这类创新平台的运营模式常常依托于大学等教育资源集中的机构开展。利用大学的教育资源、人力资源和校友资源，拓展创新创业实践平台，辅之以创新创业理论知识培训，理论结合实际进行创业训练与创业辅导。培训辅导型运营模式主要针对社会经验不足的学生型创业团队，帮助他们补充关于项目市场化运作的相关知识，培养他们驾驭市场的创业技能，强化他们的风险意识和规避风险的视野与途径，补齐创新创业能力短板。

3. 媒体驱动型运营模式

媒体驱动型创新平台多由媒体创办，主打宣传、推广和信息传播，利用媒体优势促进创业企业的广告宣传、营销、投融资，以及相关商业信息的正向引导，为创业企业提供线上线下相结合的综合性创业服务。媒体驱动型运营模式比较适合项目相对成熟的创业团队。这类创业团队万事俱备，只欠东风，在既有项目优势的基础上，借助媒体资源与优势，加大营销宣传力度，可以迅速扩大影响力，开拓目标市场，形成创新创业的规模效应。

4. 投资驱动型运营模式

投资驱动型运营模式是以资本为纽带，依托创新平台吸引集聚优质的创新创业项目，为创新创业企业提供以融资服务为核心的专业化服务。投资驱动型运营的核心竞争力是天使投资人、投资机构的资金优势和创业鉴别优势，解决创新创业不同阶段专业化投融资问题。这种运营模式适合资金紧缺的创新创业项目，以资本注入撬动其他创新资源投入，促进整个项目的实施落地。

5. 地产思维型运营模式

地产思维型运营模式是指创新平台以房地产为依托，汇聚众多创新创业主体，以较低的成本进行办公室联合租赁共享的一种模式，打造联合办公空间及办公室在线短租。这一运营模式尤其适合办公成本高的大城市。大城市由于土地资源有限，办公场所的租赁费用居高不下，通过办公场地和设备资源的共享，可以摊薄每个创业团队的租金成本，为小企业在大城市创业提供了更多的可能性。

6. 产业链服务型运营模式

产业链服务型运营模式是指以行业的价值链条为遵循，贯穿创新创业的全产业链，促进产业链上下游机构的合作交流，按照产业发展价值规律进行创新创业项目孵化的一种模式。一些创新创业项目针对产业价值链上的具体环节，需要与上下游资源进行衔接，单靠创业团队的力量很难有所突破。产业链服务型的创新平台以特定行业的全产业链为整体把控，可以帮助创业团队对接上下游技术、资源与关键环节，很好地契合了这类创业项目的需求。

7. 综合创业生态体系型运营模式

综合创业生态体系型运营模式是指集聚创新创业的众多要素，打造技术、金融、人才、政策、法律、运营、知识产权等一站式服务的创业生态体系，致力于打造创新创业生态集成效应。这种创新平台的功能齐全，优势明显，但也可能存在全而不精的缺陷。随着实践的发展，越来越多的创新平台以核心优势为基础向多元化方向发展，从主打功能的单一发展模式向复合型功能的生态发展模式转型，综合创业生态体系的运营模式将成为未来的主流趋势。

第三节 常见的创新平台载体形式与功能特征

国际上，创新平台存在不同的实践形式，例如，德国的科技基础条件平台，印度的产品创新平台，爱尔兰的科技创新服务平台等（Mohnen 等，2005）。在中国，创新平台通常也具有很多表现形式，例如，传统的国家重点实验室、经济开发区、大学科技园、企业孵化器以及众创空间等。本节主要针对这些载体形式，进行具体介绍。

一、国家创新系统

国家是科技创新的重要层面，也是科技创新要素配置的一个重要平台。根据经济合作与发展组织（OECD）的定义，国家创新系统是指一个国家知识和能力的生产及再生产方式，以及这种生产方式与其他国家相比较的独特之处。国家创新系统是创新平台比较宏观的一种载体模式。

1. 国家创新系统的内涵

在科技创新过程中，尽管企业是重要的微观主体，但不能忽视政府的宏观调控作用。国家创新系统是从政府视角出发，认为政府是参与和影响创新资源配置及其利用效率的行为主体，从而促进创新关系网络、运行机制等综合体系的构建[①]。根据国际经验，政府通过制定专项计划、颁布鼓励政策、投入引导资金等手段激励不同创新主体间形成有效互动，加快科技创新的产生、扩散、转化、应用与市场推广，推动技术升级与产业升级，从而促进社会经济发展。这一系列相互作用决定了一个国家创新绩效的制度，构成了国家创新体系，影响企业创新资源的配置及其利用效率[②]。

OECD(1997)的《国家创新体系》报告指出："创新是不同主体和机构间复杂的互相作用的结果。技术变革并不以一个完美的线性方式出现，而是这一体系内各要素之间的反馈、互相作用的结果"[③]。一些学者将创新系统比喻为"生态系统"，认为创新不单单是系统中某一主体或机制的简单影响，而像生态系统一样是复杂的网状反应模式。

2. 国家创新系统的模式比较

创新系统的比较研究肇始于20世纪70年代，OECD成员国之间通过建立评价体系进行多次比较，并发布了相关报告，以促进成员国整体创新能力的提升。世界经济论坛早在1979年就将创新作为国家间竞争能力的一个考查方面进行评比，建立了三个评价指标，"创新与成熟程度"作为其中之一被度量。2017年，世界经济论坛发布《2017—2018年全球竞争力报告》，从基础条件、效能提升和创新成熟度三个层面的12项指标，对全球137个经济体进行了竞争力指数排名。瑞士连续9年成为全球最具竞争力的经济体，美国、新加坡紧随其后。[④] 中国位居第27名，在金砖国家中竞争力最强。[⑤] 2022年，世界知识产权组织公布了《2022年全球创新指数报告》，重点关注创新投入和创新产出两个方面，设计了政策环境、人力资本与研究、基础设施、市场成熟度、商业成熟度、知识与技术产出、创意产出等7个大类81项细分指标，对全球各经济体的创新系统进行综合评估并排名。排名前十位的国家分别为瑞士、美国、

---

① 陈晋，胡安安，黄丽华，2015. 政府制度性资源与IT中小企业创新——相关研究述评与未来研究展望[J]. 商业经济与管理(8)：75-81.

② 王春法，2003. 关于国家创新体系理论的思考[J]. 中国软科学(5)：99-104.

③ 吴辉凡，2012. 创新系统要素联动分析范式研究[J]. 科技进步与对策，29(15)：18-24.

④ 吴飞鸣，2018. 2017年美国科技创新与政策发展综述[J]. 全球科技经济瞭望，33(1)：7-13.

⑤ 陈颐，徐惠喜，2017. 2017年全球竞争力榜单公布　中国排名升至第27位[N/OL]. 经济日报，2017-09-28[2017-09-28]. http://www.ce.cn/xwzx/gnsz/gdxw/201709/28/t20170928_26365092.shtml.

瑞典、英国、荷兰、韩国、新加坡、德国、芬兰、丹麦。中国排名全球第11位，且中国百强科技集群的数量首次与美国一样多，各有21个。[①]

随着统计技术的进步，创新体系的比较研究呈现出繁荣景象，OECD的创新比较研究非常丰富且与实践紧密结合，促进了成员国推出各自的创新发展战略计划。每年，全球综合创新指数（Global Summary Innovation Index，GSII）、全球创新指数（Global Innovation Index，GII）、国家创新能力指数（National Innovation Capacity Index）分别由不同的国际机构发布，产生了相当大的影响力。英国、法国、美国、德国、芬兰、瑞典、中国等一大批国家在国际创新指数评比的影响下，也纷纷推出自己的国家创新评估报告。

3. 国家创新系统的模仿与借鉴

各国创新系统存在着客观差异，形成了各国创新系统可比较的基础。有些国家的创新系统为其带来科技方面的优势，比如，美国、德国、日本等科技强国是众多发展中国家模仿学习的对象。有些国家会对优势国家进行观察借鉴，并对其创新系统进行优化和改良。[②] 这种尝试不仅会出现在发展中国家，一些发达国家为振兴本国科技与经济发展也同样会借鉴他国经验，优化本国创新系统与创新政策。例如，英国2020年效仿中国在首相府邸设立了一个跨部门协同的"人才办公室"（Office for Talent），旨在更好地帮助科学家、科研人员、国际人才到英国工作和生活，以向全球科技界释放友好、欢迎、支持的信号。但一般只是借鉴他国创新系统经验的一部分内容，因为创新系统很难整体性照搬照抄，使之完全适用于本国国情。

美国是科技创新的全球榜样，其开放的政策体系和高质量的科技投资被其他国家普遍效仿。一些国家出台了吸引人才和鼓励投资的计划，大力支持基础教育，提高对企业的优惠力度，扶持高校、科研机构。[③] 韩国甚至鼓励企业整合，形成大规模的企业联合体，并抵制国外收购，从形式上看是学习了日本的企业发展模式，但在内容上则很像美国的跨国企业发展模式。欧洲国家通过欧盟和OECD组织，将相关国家联系起来，形成了一个评估网络和评价体系，该体系设定了统一的标准和指数来对各国的创新体系和创新活动进行监控，对创新发展政策进行汇总、分析与交流，不仅勾勒出一幅关于欧洲各国创

① 世界知识产权组织，2022. 2022年全球创新指数[R]. 日内瓦：世界知识产权组织.

② 朱文涛，2016. 基于创新方法分析路径的创新系统研究[D]. 上海：上海交通大学.

③ 朱文涛，2016. 基于创新方法分析路径的创新系统研究[D]. 上海：上海交通大学.

新体系的整体画面，而且缩小了欧洲各国创新体系之间的差异。[①]

4. 我国科技创新新型举国体制的发展演进

我国国家创新系统博采众长，是经过长期探索、学习借鉴并发挥自身独特优势而形成的，以需求导向科技治理为主要特征，以新型举国体制为主要优势。

我国国家创新系统借鉴了多个优势国家或地区的成功经验。比如，产业布局会借鉴日本、韩国、中国台湾的相关做法，高新科技前沿等战略性新兴产业则会模仿美国对相关领域的投资和研发，科研机构和大学的管理隐藏着德国和苏联的影子。[②] 我国经历了科技投入的高速增长，尝试建立区域性科技创新中心，对北京、上海和深圳分别进行定位，使其科技力量辐射和支持周边一定范围内的区域，这种科技创新中心的模式参考了美国的创新系统。

我国国家创新系统以需求为导向，以科技创新治理为核心。随着科技创新事业的不断深入，国家创新系统中的潜在风险也在不断显现，主要集中于系统失灵和转型失灵两个方面，前者表现为科技资源布局和配置不合理、科技部门和产业部门相脱离、人才分类评价机制不完善等因素的制约导致无法对新知识、新技术的生产、扩散和应用形成有效支撑，[③]后者体现在复杂多变的创新环境使国家创新体系内部现行的制度结构和运行机制难以识别和应对发展过程中出现的重大社会问题，导致我国科技创新体系的方向、目标、路径尚不明确。[④] 需求导向型科技创新治理根据国家战略需求进行创新资源配置、创新主体协调和创新政策实施，是解决两类失灵和提升国家创新系统效能的有效思路。

科技创新新型举国体制是需求导向科技创新治理的具体呈现，将举国体制这一特殊的组织协作模式应用到科技创新重大项目、关键核心技术攻关之中，从而形成一个由国家各个职能部门和各类创新主体、创新机构相互作用的创新网络。[⑤] 我国科技创新新型举国体制以国家战略需求为导向，以市场机制为激励基础，致力于推动知识的发现、产生、流通、吸收、转化、创新、利用，是国

① 朱文涛，2016. 基于创新方法分析路径的创新系统研究[D]. 上海：上海交通大学.

② 朱文涛，2016. 基于创新方法分析路径的创新系统研究[D]. 上海：上海交通大学.

③ 苏继成，李红娟，2021. 新发展格局下深化科技体制改革的思路与对策研究[J]. 宏观经济研究，43(7)：100－111.

④ 赵彬彬，陈凯华，2023. 需求导向科技创新治理与国家创新体系效能[J]. 科研管理，44(4)：1－10.

⑤ 朱春奎，2023. 科技创新新型举国体制的多重制度逻辑与发展路径[J]. 求索(2)：137－143.

家逻辑、市场逻辑、社会逻辑相互作用的产物。新型举国体制的目标领域、实施对象和运行过程如表 4-1 所示，其核心要素是“最高领导协调机构—前沿科技人才—强力保障机制”，由政府组织主导，动员和集聚科技创新资源，统一领导、统一规划部署、统一协调行动，以在短时间内完成国家特定科技创新领域重大科技攻关任务，是一项基于特定目的的制度安排、治理变革和体制机制创新。①

表 4-1 我国科技创新新型举国体制的目标、对象与过程

目标领域	一般来自存在重大安全风险、重大竞争性挑战或重大发展机遇的国防安全领域、事关国家发展全局的基础核心领域和战略性高技术领域
实施对象	国家重大科技攻关任务 国家重大任务关乎国家安全与发展全局，是面向当前以及未来的国家战略需要；是政治领导层的战略决策，由重大问题凝练而来，强需求牵引和强目标导向。具体包括：事关国家安全的综合性、复杂性大型科技创新系统工程；事关国家发展全局的战略性、国际竞争性重大科技计划
运行过程	重大任务拥有高度优先权，稳定的政治支持和资源供给； 遵循既定国家目标之下的国家利益至上原则； 强调统一指挥领导、统一组织管理、统一协调行动； 强调决策、执行、监督相互协调同时相互制约； 强调职责划分清晰合理，程序约束有力有效

资料来源：王聪，周羽，房超，2023. 科技创新举国体制的辩证研究[J]. 科学学研究，41(1)：3-10(本研究略有改动)。

二、孵化器

孵化器是科技创新平台最为典型的形式。伴随着科技创新的发展，迄今为止孵化器历经了三代演化，孵化器作为促进项目成果转化的重要载体，一直发挥着重要作用。

1. 孵化器的发展历史

第一代孵化器。自 1959 年世界上第一家孵化器成立，直至 20 世纪 80 年代，第一代孵化器大量涌现。该阶段孵化器的主要特征是提供“增值硬服务”，将价格优惠的经营场所和完善的共享设施作为主要的盈利手段，孵化场地的存在是孵化器有别于其他技术商业化促进组织的重要特征。

① 王聪，周羽，房超，2023. 科技创新举国体制的辩证研究[J]. 科学学研究，41(1)：3-10.

第二代孵化器。出现于20世纪80年代早期至90年代中期,此阶段的孵化器除了具备第一代孵化器的功能外,还向在孵企业提供管理与经营咨询、实施创业辅导、促成社会网络构建等"增值软服务"。

第三代孵化器。自20世纪90年代末期开始,随着互联网的迅速普及,第三代孵化器开始出现,它的主要特征是提供各种"增值软服务"的外部关系网络集成平台,向在孵企业提供经营与管理、金融创投方面的支持与服务。[①] 这一阶段,孵化器的服务对象也更为广泛,以能够提升地区产业结构与竞争力的新兴高科技企业为目标群体,既包括孵化器物理空间内部的在孵企业,也包括孵化器物理空间以外的关联中小企业。[②] 同时,网络型孵化器成为第三代孵化器的一个标志特征。一些孵化器不再提供经营场所、基础设施等"增值硬服务",转而借助互联网技术,转变为"虚拟孵化器",为更广泛的初创和中小企业提供"软增值"孵化服务。

2. 孵化器的功能差异

不同的孵化器,其功能有不同侧重,最终将影响科技成果转化的效率与效果。其功能是否完善,主要取决于以下几个方面的要素。

(1) 孵化网络。众多研究表明,孵化网络的广泛程度与完善程度是影响孵化成功率的重要因素。孵化网络的广度、深度与完善程度有助于降低资源与信息交换成本,拓展资源共享的程度,产生基于网络的"规模效应"。孵化网络连接了各类创新主体和创新资源,作为外部支持力量,帮助在孵企业产生更好的绩效表现。George等(2002)的研究发现,与大学建立联系的公司,其研发成本更低,取得的创新产出更多。与大学、科研院所、研究机构等外部智力资源建立有效联系,有助于在孵企业进行技术突破,提升创新绩效表现。[③]

(2) 孵化器专业服务。创业探索性和技术转化高风险性决定了创新创业的复合属性,需要技术、管理、法律、金融、市场等多元化能力作为基础。尤其是对技术型创业人才来说,精通于"技术本身",但对如何将技术进行商业化并不了解,商业化管理咨询和法律援助无疑对促成创业成功具有巨大帮助。盈利不明确的初创业期获得相关专业服务支持,对其跨越"创新死亡之谷"至关重要。有研究表明,孵化器专业服务(例如,各种管理咨询、法律、金融等辅助

---

① 张力,2010.孵化器绩效差异的内在机理研究[D].武汉:华中科技大学.

② 张锡宝,2007.网络型孵化器及其对我国科技孵化器发展的启示[J].科技管理研究,27(9):67-68.

③ 张力,2010.孵化器绩效差异的内在机理研究[D].武汉:华中科技大学.

性商业服务)能够促进在孵企业的更好表现,从而提高创业成功率。孵化器中获得公共资助通道和融资渠道的便利程度是形成孵化器绩效差异的内在原因。[①] 得到银行、会计和律师的咨询和建议,也使得入驻孵化器的企业比未入驻孵化器的企业具有更高的成长业绩。

(3) 创新创业氛围。创新创业氛围是影响项目孵化成功率的重要环境因素。硅谷之所以会持续成功,是因为那里存在着创造新公司所必需的良好创新创业氛围。相比之下,在创新创业氛围较差的地区,科技成果转化会面临更大困难。孵化器能够引导各类主体相互碰撞,形成创新创业氛围浓度,促进更多创新想法和创业实践的产生。此外,与本地消费市场和产业集群接近,意味着与良好创新创业氛围更为接近,也会提升孵化器的绩效表现。

(4) 孵化器的产业专属性。产业差异也会影响孵化的成功率。由于发展趋势的不同,上升产业的孵化项目比夕阳产业的孵化项目有更大的市场空间。[②] 实践中也发现,具有产业特色的孵化器也会提升企业的创新绩效,因为这些孵化器专注于特定产业领域,形成了较为丰富的领域经验,为在孵企业共享特定技术资源创造了极大的便利。另一方面,技术成果转化想取得市场化成功,还需与市场拓展、生产制造和售后服务等互补性能力结合起来,具有行业经验的孵化器能够帮助入驻企业获得更多行业相关的互补资产,从而提高创业企业成功率。此外,孵化器的行业导向、专业性导向提高了科技中介服务的专业化水平,工作人员专业知识和专业服务能力更强,进一步提升了孵化器对于创业的价值。

(5) 孵化器战略导向。有研究表明,孵化器业绩表现与其使命和策略紧密相关,而其使命和策略又受环境因素、孵化器股东授权、孵化器生命周期等因素影响。作为一种科技创新中介机制,孵化器的核心理念和规则体系设计异常重要。如何与创业企业、创业者、创投机构等相关主体形成利益共享、风险共担的紧密合作机制,决定了孵化器的发展规模、盈利能力、风险控制水平和孵化成功率。

3. 孵化器的效果评价

到目前为止,孵化器绩效仍然没有明晰统一的衡量标准。有学者梳理了

---

① 张力,2010.孵化器绩效差异的内在机理研究[D].武汉:华中科技大学.

② CHEN C J, WU H L, LIN B W, 2006. Evaluating the development of high-tech industries: Taiwan's science park [J]. Technological Forecasting and Social Change, 73(4):452 - 465.

孵化器绩效评价的常用评价指标：在孵企业雇员增长、孵化期、在孵企业成功毕业率、吸引本地毕业生的能力、孵化器提供的增值服务、孵化场地大小、场地占有率、创造的就业机会数、成功毕业的公司数。[①] 但近几年来，研究人员主张入驻孵化器所产生的"外部效应"应该整合进绩效评价框架，例如，入驻带来的外部信任和正面形象、集聚效应等。[②] 总体来看，国外对孵化器绩效评价的研究大体分为两个派别：一类是定量研究，主要运用数理统计（计量）模型；一类是定性研究，主要运用定性描述[③]。

在孵化器绩效的定量研究中，构建恰当的计量模型是关键，其核心是选取有典型意义的因变量，其难度在于孵化器的绩效不仅取决于孵化器本身，还与在孵企业密切相关，可以说是两者在频繁互动中形成的合作绩效，是多指标体系的综合，具体应当包含哪些变量，不同的研究思路下会有不同的选择，且彼此间差异较大，学术界目前还没有达成共识。目前较为常见的因变量主要有："在孵企业的成功毕业率、在孵企业的销售和财务维度（市场份额、销售额、净收益和资产回报的满意程度）、研发产出维度（新的产品和服务的数量、专利数和专有技术的数量）、孵化器的成长维度（孵化器全职人员增长率）等"[④]。

在孵化器绩效评价的定性研究中，最常见的方法是深度访谈法。例如，汉森等（Hansson 等，2005）通过深度访谈，分析了孵化器在产学合作中起到了桥梁纽带的作用，尤其是在创造新企业、促成技术转移、商业化开发和提升创业者收入与价值等四个方面具有极为关键的作用。罗斯柴尔德等（Rothschild 等，2005）则以大学附属孵化器为例，分析了一家较为成功的以色列孵化器，通过对该案例的深度解剖发现，孵化器促进了科研人员、企业家、创业者之间关系网络的构建与维护，在技术知识、应用知识、市场知识间形成了一系列正式与非正式的交换关系，强调孵化器在创新创业社会网络构建方面的价值空间。定性研究的优势在于，源于实际，能够明确孵化器绩效的关键侧面。但其缺点在于无法进行量化的数据比较。未来的研究中可以将定量模型与定性描述相结合，由定性研究结果来构建更为合理的定量研究框架，再通过数据建模准确衡量孵化器的客观绩效。

---

① 张力，2010. 孵化器绩效差异的内在机理研究[D]. 武汉：华中科技大学.

② CHAN K F, LAN T, 2005. Assessing technology incubator programs in the science park: the good, the bad and the ugly [J]. Technovation, 25(10):1215 - 1228.

③ 张力，聂鸣，2009. 企业孵化器分类和绩效评价模型研究综述[J]. 外国经济与管理(5)：60 - 65.

④ 张力，聂鸣，2009. 企业孵化器分类和绩效评价模型研究综述[J]. 外国经济与管理(5)：60 - 65.

三、众创空间

众创空间是时下较为新兴、流行的创新平台。作为互联网时代新型开放式创新创业支持平台，众创空间融合了传统创新平台的主要特征，在创新要素配置、创新信息交流、创新主体碰撞等方面表现出了更大的优势与特长。

1. 众创空间的产生背景

众创空间在创新 2.0 背景下应运而生，顺应并塑造了创新 3.0 时代，成为创新生态系统的重要组成部分。

创新 2.0 即 Innovation 2.0，是面向知识社会的新一代创新。随着技术的进步、社会的发展，科技创新模式也瞬息万变。传统的以技术发展为导向、科研人员为主体、实验室为载体的科技创新活动正转向以用户为中心、以社会实践为舞台、以共同创新和开放创新为特点的用户参与的创新 2.0 模式①。区别于创新 1.0，创新 2.0 具有几个明显的特征。第一，创新 2.0 与高新技术深度融合，它是知识社会环境下全球对生活实验室（living lab）、创新实验室（fab lab）、应用创新园区（AIP）等创新模式探索的结果。第二，创新 2.0 是一种开放式创新，打破了原来组织内封闭式创新的壁垒，将外部环境要素纳入创新的框架当中，尤其是公众，由原来被动接受创新的消费者转变成主动创新的参与者。第三，创新 2.0 是全民参与创新的时代。在创新 1.0 时代，创新仅仅是企业、高校、科研院所中专门化的工作，换言之，创新只是少数人的事。而在创新 2.0 时代，创新不再是研发者的专利，而是全民参与的一种热潮②，人人参与创新实现了创新的"长尾效应"③，帮助人力资本价值的充分释放。

众创空间在创新 2.0 的时代背景下应运而生。作为创新平台的一种新形式，众创空间充分吸纳了创新 2.0 的特征，顺应了开放式创新、高新技术创新、全面参与创新的时代趋势，提供了满足新时期创新需求的专业化服务。作为创新的重要参与主体和触发机制，众创空间逐步成为创新生态氛围的重要组

---

① 王佑镁，叶爱敏，2015. 从创客空间到众创空间：基于创新 2.0 的功能模型与服务路径[J]. 电化教育研究，36(11)：5－12.

② BESSANT J R, 2003. High-involvement Innovation: Building and Sustaining Competitive Advantage through Continuous Change [M]. Hoboken: Wiley.

③ ANDERSON C, 2006. The Long Tail: Why the Future of Business is Selling Less of More [M]. Lynchburg: Hachette Digital.

成部分，成就了创新 3.0 时代。创新 3.0 是随着用户的深度参与，从根本上改变了创新范式的内在结构，形成了多元主体嵌入、共生式创新生态，[①]其核心特征表现在创新主体的共生依附与自组织性、产-学-研-用四螺旋结构与用户导向性、研发的复杂动态非线性、政府全面参与营造良好创新生态。[②]

2. 众创空间的内涵

一些学者认为，众创空间源于国外的“创客空间”。创客（maker），最早源于黑客之间的交流分享，“人们通过黑客行为来探索他们热爱的东西，得到社区成员的支持，最大程度上提升自己的能力与分享意愿”[③]，后来逐渐衍生为具有创新爱好的个体之间所形成的群组，是指“纯粹以兴趣为指引，自主将各种创意变为现实的人”，尤其强调创客自发自觉的创新意愿。创客们通过举办工作坊、黑客马拉松、制汇节（Maker Faire）等活动来交流学习、技艺切磋、团队竞技、自我展示。[④] “创客空间”就是创客们集聚在一起进行创新创业的地方，国外比较典型的例子有 Hackspace、c-base、Metalab、TechShop、Fab Lab、Makerspace 等。创客空间降低了创新创业的准入门槛，提升了创新过程的自组织性、开放性和共享性。受这种国际思潮的影响，2010 年这种创客空间的形式逐渐被引入中国，主要分布于北京、上海、深圳、杭州等地，比较有代表性的有北京的“车库咖啡”、上海的“新车间”、杭州的“洋葱胶囊”等。这种“创客空间”与当今的“众创空间”在形式与内涵上存在极大的相似，但也存在一定差异，即中国的“众创空间”不仅面向具有创新创业热情的个体（创客），同时面向创新创业的各类主体，其创新动机也不局限于自觉自发的内在驱动力，还包括利益驱动型的创新创业组织。

另一种观点认为，“众创空间”不是舶来品，而是各种传统孵化器等创新服务机制的升级版。[⑤] 唐德森（2017）认为众创空间是“一种创新的组织形式和服务平台，通过向创新主体提供开放的物理空间和原型加工设备，以及组织相关的聚会和工作坊，从而促进知识分享，跨界协作以及创意的实现以至产品化”。王佑镁和叶爱敏（2015）认为众创空间是“一种面向创新创业的开放式综合服

① 李万，常静，王敏杰，等，2014. 创新 3.0 与创新生态系统[J]. 科学学研究，32(12)：1761－1770.

② 王珍愚，王宁，单晓光，2021. 创新 3.0 阶段我国科技创新实践问题研究[J]. 科学学与科学技术管理，42(4)：127－141.

③ KERA D, 2021. NanoSmano lab in Ljubljana: disruptive prototypes and experimental governance of nanotechnologies in the hackerspaces [J]. Journal of Science Communication(4):37－49.

④ 付志勇，2015. 面向创客教育的众创空间与生态建构[J]. 现代教育技术，25(5)：18－26.

⑤ 吴杰，战炤磊，周海生，2017. “众创空间”的理论解读与对策思考[J]. 科技创业月刊，36(1)：37－41.

务平台，不同创建主体及发展定位决定了众创空间在创新创意转化、创业创造孵化、创新学习实践等方面的多样化类型”。2015 年 3 月，国务院办公厅发布了《关于发展众创空间推进大众创新创业的指导意见》，对众创空间进行了较为清晰的定位，指出“众创空间是顺应网络时代创新创业特点和需求，通过市场化机制、专业化服务和资本化途径构建的低成本、便利化、全要素、开放式的新型创业服务平台的统称。这类平台，为创业者提供了工作空间、网络空间、社交空间和资源共享空间”。该文件的出台为各地区众创空间的实践发展提供了行动指南。

3. 众创空间的新特征与新趋势

“众创空间”并不是一个简单的物理概念，它与传统的创新平台既有区别又有联系，尤其与孵化器在概念上有所重叠，其存在基础均在于对科技创新及其商业转化具有促进和培育作用。但科技部也一再强调，众创空间绝不是大兴土木的房地产建设，而是在各类新型孵化器的基础上，打造一个开放式的创业生态系统。① 也就是说，众创空间具有区别于传统孵化器的新特质，在外延上比孵化器范围更大，包括创客空间、创业咖啡等新型孵化器模式。一方面，众创空间包括那些比传统意义上的孵化器门槛更低、更方便为草根创业者提供成长和服务的平台；另一方面，众创空间不但是创业者理想的工作空间、网络空间、社交空间和资源共享空间，还是一个能够为他们提供创业培训、投融资对接、商业模式构建、团队融合、政策申请、工商注册、法律财务、媒体资讯等全方位创业服务的生态体系。② 随着科技创新生产方式转变，众创空间的发展形成了一定的新趋势。

趋势一：非营利性和营利性众创空间的分化。基于价值理念相同、兴趣爱好相近的大众集结形成的众创空间，主要功能是营造创新氛围、提高普通民众创意的实现渠道，因此常常采用会员制，是非营利性的。这类众创空间的地理分布主要扎根于群众，如大学、图书馆、博物馆和社区，国家对这类众创空间的扶持不以营利为目的，而是重在营造全社会的创新文化，扶持方式主要是直接给予众创空间建设资金补助。营利型众创空间结合了创新和创业两个方面，注重创新转变为创业、创新成果转变为市场效益，这类众创空间多分布于大学

① 创投时报，2015. 2015 年众创空间发展研究报告[EB/OL]. [2015－07－03]. http://www.sohu.com/a/21146767_207882.

② 邱仰林，2015. 创客推动中国经济转型升级[N]. 中国企业报，2015－07－14.

区和科技园区，政府对其支持政策也注重提供创新全产业链的支持，除了资金补助外，更注重提供各环节的资源对接和整合服务。

趋势二：众创空间资源的集中化趋势。目前，我国大部分的小规模众创空间都只能勉强维持收支平衡，甚至出现入不敷出，它们仅实现了搭建平台和渠道的功能，租金是主要的收入来源。一些小型众创空间将政府的财政补贴和税费优惠作为维持生存的基础，这种发展状态不可持续。只有少数大型众创空间，服务的专业化程度更高，提升了创新创业培育的成功率，他们通过投融资等途径成为入驻企业的原始股东，在企业开始盈利时享受利润分红。因此，存在众创空间资源的集中化趋势，强者愈强，盈利空间会越来越大，而弱者将被市场化机制所淘汰。因此，政府应提前对众创空间的优胜劣汰进行应对政策的规划，避免对不具竞争力的众创空间进行过度补助，避免低端众创空间供给过剩。

趋势三：创新产业链某一环节集中突破，产业协同带动众创空间整体发展。众创空间一旦以营利为目的，就涉及市场竞争力问题，而以营利为目的的众创空间涉及科技创新价值链的所有环节。一般而言，虽然众创空间发展的理想状态是在所有环节都具备竞争力，但由于历史、地理、文化、资源有限性和预算约束等现实条件影响，欲在所有环节取得优势往往不具有经济性，并且易造成各地众创空间发展的同质性。因此，众创空间往往应依托本地优势，以本地优势带动众创空间的整体发展。深圳的众创空间依托本地的制造业优势打造“制造供应链＋创客”的双创模式取得了较大成功，使得众创空间成为创客和中小型制造企业的纽带，进而其成功吸引了国外创客，推动了深圳众创空间的国际化发展。北京的众创空间主要依托互联网和文化优势，其优势在于百度、小米、360、搜狐等国际化互联网公司的集聚。而杭州的众创空间主要依托杭州的云计算和电商优势。

趋势四：产业链融合引发“众创空间＋”模式。“众创空间＋先进制造业”模式：众创空间中的创新产品虽然具有个性化的特点，个性化的制造成本由于规模有限，单个产品成本往往较高。先进制造业未来或者说已经是制造业的发展趋势，随之而来的制造效率的提高和制造成本的下降可以为众创空间小规模的创新创意产品提供“成本补贴”。众创空间与先进制造业的结合既给众创空间带来成本红利，又给中国制造业的转型升级注入创新血液，两者的有机结合将带来双赢的良性循环。“众创空间＋互联网”模式：众创空间作为聚集创新资源的平台，降低信息搜寻成本是其基本职能。随着互联网技术的发展，无论是在需求发现、技术验证，还是在市场化环节都可以发挥互联网的作用。例如，在需求发现和市场化环节均可利用互联网实现众包、众筹。

趋势五：众创空间集群化。根据创业生态系统理念，众创空间作为促进大众创业、万众创新的新兴载体，具有无边界、自组织与客户化等创业生态系统特征。创业生态系统包括众创精神、创客生态圈、资源生态圈以及基础平台与创业政策等四个维度。[①] 杭州的“云栖小镇”和“梦想小镇”是特色创业集群的代表。特色创业集群在更大范围内发挥众创精神的引领作用和基础平台与政策供给的支撑作用，不断提升具有产业特色的创新创业项目集聚，实现创新创业经验推广的“规模效应”。众创空间的管理者应恰当地使用政策红利，设计优化众创空间的功能特色，提升服务的精准性与专业性，从而提升创新创业绩效。

---

① 宋立丰，丁颖哲，宋远方，2021．“十四五”期间创业服务生态高质量发展路径探索[J]．财会月刊(24)：134－143．

第五章　创新价值实现的一般原理

围绕着“新产业、新业态、新技术、新模式”的“四新”经济发展，科技创新逐步成为促进经济发展的重要引擎。本章将从学理的角度，探讨创新价值的产生、创新价值困境及创新价值传导，从而明确创新模式、本质特征与一般规律，揭示科技创新效率生成的底层逻辑。

第一节　创新的本质及价值产生

提到创新，人们经常会把它简单地理解为科技创新，这种理解比较局限。创新有很多种类型，只有在创新谱系之下去理解创新，才能够更加全面、系统、深刻。

一、创新的本质内涵

创新是一个跨领域、跨学科的概念，它起源于拉丁语，很多学者从不同角度对创新进行过内涵界定。

从哲学层面来看，对“创新”最常见的理解是“有别于常规或常人思路的见解”“区别于常见的旧有状态”“改进或改造事物的当前状态”等。创新富含三个层次的含义，第一更新，第二创造，第三改变。其本质是一种“以新思维、新发明和新描述为特征的抽象化、概念化、改造化过程”。因此，创新的主体通常是具有主观能动性的人类，而创新的客体则可以包罗万象，例如，对“理念”的创新、对“方法”的创新、对“路径”的创新等。创新的结果常常可以实现对客观世界的更新、创造与改变，产生有益的经济价值或社会价值。

从经济学角度对创新经济价值的阐释也较为常见。熊彼特的创新经济理论将“创新”视为经济发展的核心与内在动力，他从五个角度定义了能够提升经济价值的创新形式，分别为：生产新产品、引入新方法、拓展新事物、利用新材料和采用新的组织方式。后来，熊彼特又借助生产函数的视角，将创新理解为生产要素与生产条件以一种全新方式进行组合的新生产函数。经过进一步研究熊彼特发现，创新中包含了知识创造与技术创新两种形式。前者与科技相关，是一种进行知识创新创造的科技行为，是知识资源的产生、应用、扩散、集聚、再生产的过程，此时的知识大都处于抽象阶段，尽管具有价值，但尚未与市场进行有效对接，其价值实现范围有限。而后者与市场相关，是一种促进科技成果转化的市场行为，是知识与市场相互作用的过程，知识的使用价值借助市场载体不断呈指数型扩大。而且，这一阶段不仅是简单地将科技成果转化为商品进行销售，它常常伴随着商业模式的颠覆与变革，甚至可能对现实世界的生产方式、生活方式产生本质且深远的影响。

与此类似，谢德荪(2012)认为创新可以分为几类，如图 5 - 1 所示。第一类是始创新，也即科学创新。科学创新是指有关自然规律的新发现，包括新科学理论、新材料及新科技。例如，电是被美国科学家富兰克林发现的，并开始探讨电的运动规律，这是一个从无到有、从 0 到 1，开创领域先河的过程。另一类是商业创新，是指在市场上创造新价值，又可以细分为源创新和流创新。源创新是指通过一种新理念来推动对人们日常生活或工作产生新价值的活动，通过推动新理念新价值，引导其他相关经济成员加入，并整合大家的资源与能力来满足人的欲望，以此来开拓一个新的市场。[①] 这种创新模式比较接近破坏性创新(disruptive innovation)，会产生新价值观并破坏现有市场，但主要指新科技所带来的破坏性。[②] 例如，发现电的存在以后，可以将电能转化为光能，就产生了电灯；可以将电能转化为热能，就出现了电饭锅；可以将电能转化为动能，就产生了新能源汽车，这就是源创新。流创新是指借助始创新成果来改进现有的产品，或者找出互补性产品、降低成本的新生产流程以及进行更有效的供应链管理等来改善现有价值链的创新活动。在既有框架之下，利用新技术和技术集成来改进现有的产品或服务，从而推动整个市场的发展，可以把它理解成一种改进式创新或渐进式创新。例如，电动汽车被发明出来后，如何让它的功能更加完善、更加安全，一系列的改进都属于流创新。

---

① 文昌，2012.“源创新”：新经济引擎[J].新经济导刊(10)：48 - 50.

② 谢德荪，2012.源创新：转型期的中国企业创新之道[M].北京：五洲传播出版社：13 - 16.

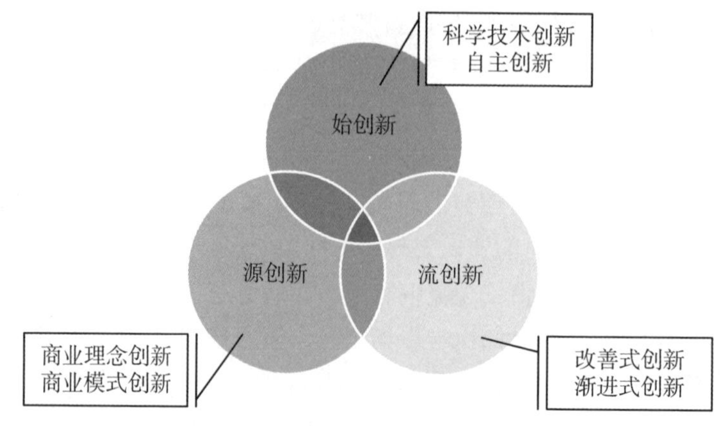

图 5-1　创新的分类与内涵

资料来源：本研究根据谢德荪，2012. 源创新：转型期的中国企业创新之道[M]. 北京：五洲传播出版社，绘制。

创新究其根源与知识管理密切相关，且最终体现在知识价值的实现上。柳卸林等(2002)从中国区域创新能力入手，认为创新的本质就是知识创造、知识流动、知识转换为商品的能力(企业创新能力)。王雎等(2011)以创新价值实现为起点，认为创新的本质就是创新的价值识别、创新的价值创造和创新的价值获取三个环节。若想探索创新发展过程，还需厘清知识的本质和价值实现方式。

二、创新的知识本质

综合而言，无论是知识创新，还是技术创新，抑或市场开发，其本质均是一种知识管理的过程。知识创新是源头，技术创新是中间环节，市场开发是知识价值实现的终端。基于此，首先从知识管理的角度对创新的核心过程进行阐述，以揭示知识价值实现的具体方式。

学者们对知识的内涵界定有不同的侧重，大多数观点源于古希腊学者柏拉图对知识的定义"经过验证的真实信念"。心理学将知识理解为"通过感知而体验到的或者通过思考和理解而产生的东西，并被储存在记忆中"[①]。据此，知识被认为是学习的产物，因为知识被储存在记忆中，可以被调取并有利于环境中

① BRAUNER E, BECKER A, 2006. Beyond knowledge sharing: the management of transactive knowledge systems [J]. Knowledge and Process Management, 13(1):62-71.

人与人的相互作用。在记忆中储存知识的能力形成人类巨大的适应性优势。

知识是具有意义和内涵的且被验证过的信息，它的价值在于借助于被解析出的含义，主体能够增强自身行动的有效性。同时，它植根于个体内部，属于个人化的信息，其价值实现受到主体已有的知识存量、过去的经验、认知能力、价值观等信念的影响。

对组织能力及对组织竞争优势影响的研究将知识进行分类，形成了不同的研究逻辑。其中最具代表性的是基于哲学家波兰尼"我们知道的要比能够表达出来的东西多"的观点，将知识分为可表述的显性知识（articulated knowledge）和不易被表述的隐性知识（tacit knowledge）两大类别，并认为隐性知识在理解、模仿和扩散上具有一定的壁垒。阿拉维等（Alavi 等，2001）在总结各家之长时指出，虽然还存在比显性（形式）知识和隐性（暗默）知识更精细的种类划分，如关于 know-about 的陈述知识、关于 know-how 的程序知识、关于 know-why 的因果知识、关于 know-when 的条件知识、关于 know-with 的关系知识，然而隐性知识和显性知识的分类获得了广泛的接受。本书也是基于隐性知识和显性知识的分类方式，重点关注不同知识类型对创新价值实现的影响。

三、创新的价值实现

创新价值实现与知识的三种属性密切相关，即知识的类别、知识的存在方式和知识情境。

1. 知识类别与价值实现

组织知识的价值实现方式既要与知识类型相匹配，又要与组织战略相匹配。汉森等（Hansen 等，1999）认为显性知识和隐性知识遵循着各自不同的价值实现逻辑，并识别出两类知识的价值实现战略：编码战略（codification strategy）和个人专有战略（personalization strategy）。其中，编码战略是指组织将知识编码并储存在数据库中，组织中的任何人都可以很容易地获取并使用这些知识，即将个人的隐性知识显性化的过程，对编码信息的重复使用更适用于高质量的、可靠的、快速的、低成本的竞争战略。个人专有战略是指将知识紧密地约束在开发知识的个体身上，知识主要通过人与人之间直接的交往被分享，即从隐性知识到隐性知识的共同化过程，通过对个人专业知识的习得和分享以充分利用隐性知识，从而与创造性的、高层次的、客户定制化的竞争战略相匹配，并能适应高度不确定的外部环境。

2. 知识存在方式与价值实现

从存在论的角度出发，知识可以存在于个体、群体、组织甚至是组织之间，因此，知识可以被划分为个体知识（individual knowledge）和社会知识（social knowledge）。

个体知识由个体创造并存在于个体内部，个体在获取、创造和储存知识上发挥着重要作用，因为任何的学习都发生在个体的头脑之中，知识创造是一种个体活动（Grant，1996；野中郁次郎 等，2006）。由于人的大脑在获取、储存和处理知识上具有有限的能力，因此个体需要集中精力专攻特定的知识领域。

尽管知识是由个体持有的，但它也通过社会团体成员间的合作有规律地被表达，即知识通过组织内人与人之间的相互合作被植根于组织规范中，因此组织知识应当被理解为一种社会的构造。社会知识（组织知识）产生于群体的集体行动，并内在于群体之中。组织作为整合不同个体所拥有的不同领域知识的机构而存在，它的功能之一就是对富有创造性的个体提供支持，或为个体创造知识的活动提供有关情境。同时，组织将致力于在组织层面上放大由个体所创造的知识，并将其结晶为组织知识网络的一部分（野中郁次郎和竹内弘高，2006）。因此，组织作为一个整体能够通过个体与个体间、个体与群体间、群体与群体间、群体与组织间、组织与组织间的相互作用，超越个体在获取、储存、处理、创造和应用知识上的局限，从而将个体知识整合到群体、组织甚至组织间的层面，并最终形成组织知识。组织知识本质上是关于组织环境、资源、因果机制、目标、态度、政策等方面的知识系统。

3. 知识情境与价值实现

组织情境使组织知识嵌入特定的时空结构和人际互动过程之中。格兰特（Grant，1996）认为企业需要获得和整合不同雇员的专门化知识，将现有知识应用到生产产品和提供服务上，从而获得组织能力。这意味着组织知识的价值实现强烈地依赖于成员间的互动过程，这在本质上体现了成员间的相互依赖方式。汤普森（Thompson，1967）识别出相互依赖的三种形式，主体间不直接相互影响的集合相互依赖、一个主体的产出是另一个主体投入的序列相互依赖和主体间需要相互判定的互惠相互依赖，不同相互依赖方式对应着不同的价值实现逻辑。这一问题在下文中将有详细的阐述。同时，组织知识价值实现过程贯穿着四种知识转换模式：从隐性知识到隐性知识的“共同化”转换；从隐性知识到显性知识的“表出化”转换；从显性知识到显性知识的“联结化”

转换;从显性知识到隐性知识的"内在化"转换。① 格兰特(Grant, 1996)强调了共同知识在获取、整合和应用组织知识中发挥着重要作用,这些共同知识以语言的形式、共享的含义或者是知识领域的相互认知来体现。

由此可知,不同的知识属性具有不同的价值实现逻辑,组织选择的知识管理战略需要与知识属性和组织战略相匹配。同时,有效的协调与整合不同成员所拥有的专门知识是组织能力的源泉,因此成员间的相互依赖关系可能在很大程度上决定了组织知识的价值实现方式。换言之,对重要知识资源的获取、创造、整合与应用决定了个人与组织的创新能力和创新实力,尤其是隐性知识,由于具有因果模糊性、难以模仿性、难以替代性,被认为是创新创业的战略资源,对获取可持续竞争优势具有重要意义(Zahra, 2006;范太胜,2003)。

第二节　创新的困境及创新竞争优势获取*

创新存在一种两难困境,成为众多企业进行自主创新的阻滞因素,严重影响了企业技术研发的根本动力。对创新两难困境的理论解读,将有助于解释创新的本质和知识价值实现方式,帮助企业解开创新困惑,从根本上扫清创新认知局限。本节对隐性知识显性化的内在逻辑进行深度解读,从知识分工的角度探索知识价值实现方式,并就可能的解决途径进行探索。

一、创新价值实现的两难困境

创新存在一种两难困境:为了获得技术上的规模效应,组织需要将隐性知识显性化,以提升成员间知识基础的一致性与认知共识(汤超颖和伊丽娜,2017),从而提升组织知识创新水平和知识价值的重复利用;但被显性化的知识具有非排他性、非竞争性以及无形性、外部性等属性(李由,2017),破坏了"难以模仿性"的原则,不仅增加了被竞争对手模仿的风险,而且容易导致组织刚性,使组织的竞争优势不可持续。这种两难困境是由隐性知识的属性所引

---

① 野中郁次郎,竹内弘高,2006.创造知识的企业:日美企业持续创新的动力[M].李萌,高飞,译.北京:知识产权出版社:71-78.

* 本节内容2017年9月发表于《上海行政学院学报》,原文标题为《企业创新竞争优势获取策略研究》。

发的。

1. 内驱力

隐性知识显性化由知识本身的属性、组织的逻辑以及管理的内在要求而决定。

(1) 知识的属性

隐性知识包含大量具体的、非编码的、借助于情境才能得以体会的信息，这些知识不仅多样，而且分散、不易表达或难于分享，在理解、模仿和扩散上具有一定的壁垒，它是个人主观认知能力与客观境遇相结合的产物，也是知识创新的重要土壤。显性知识则编码程度高、抽象程度高、易于扩散，如果正确加以利用，可以节约对数据的消耗，符合人类对复杂性和不确定性规避的偏好(博弈索特，2005)。隐性知识显性化可以提升知识的利用率，最大化知识的价值。

(2) 管理的需要

知识创造是一种个体活动(Grant，1996；野中郁次郎 等，2006)。由于人的大脑在获取、储存和处理知识上的能力有限，个体通常需要专攻特定的知识领域。然而，不同领域的知识需要合作的基础，显性知识能够为成员提供协调与合作的基础规则与认知前提(Grant，1996)。因此，管理者倾向于利用标准化方式来控制与协调组织中的多元主体，以削减环境中的复杂性与不确定性，从而实现组织的稳定性、有序性、同一性以及资源的最佳配置。同时，隐性知识的显性化、显性知识的标准化有助于实现规模经济、学习曲线效应与重复效应，从而降低产品与服务的边际成本，提升组织效能(Hansen 等，1999)。

(3) 组织的逻辑

格兰特(Grant，1996)认为企业需要获得和整合不同雇员的专门化知识，将现有知识应用到产品和服务提供上，从而获得组织能力。一方面，企业作为整合不同领域知识的机构而存在，它的功能之一就是对富有创造性的个体提供支持，或为个体的知识创造活动提供情境；另一方面，企业也致力于在组织层面上放大由个体所创造的知识，并将其结晶为组织知识网络的一部分(野中郁次郎和竹内弘高，1995)。隐性知识显性化是为了通过组织情境下的微观互动，在组织层面上整合并深化个体知识的价值。

2. 内阻力

隐性知识显性化在深化知识价值、实现组织功能、促进管理协调等方面起到了至关重要的作用，但同时也引发了不可避免的副作用，主要表现在知识外溢和组织刚性两个方面。

(1) 知识外溢的风险

与天然具有价值专属性的物力资源不同，知识本身具有非排他性特征，可以被重复利用，使这类资源具有价值界定上的双重标准——效用与稀缺性（博弈索特，2005）。也因此，隐性知识显性化对组织将产生双向的作用。从效用角度讲，知识分享在不损失可用性的情况下扩展了知识的受益范围。作为一个价值单元，组织需要成员贡献个人的知识，将之编码化并转化为可供更多成员重复利用的组织知识，促进更多内部人从中受益，以获得最大化的整体价值。然而，从稀缺性角度讲，显性化的知识降低了知识传播的壁垒，为知识外溢提供了便利条件。商业竞争需要形成“人无我有”的竞争态势，知识外溢会影响知识的专属性程度，折损其稀缺性价值，影响组织独特竞争优势的构建。

(2) 组织刚性的风险

出于管理的需要，管理者倾向于将岗位职责明晰化、先进经验制度化、操作程序标准化，以确保从知识中解析出的含义被所有组织成员共享，避免工作角色模糊、职责不清、资源浪费，从而促进管理控制与多单元协调合作，形成了从知识到价值实现的单环学习。这种氛围下，组织容易被保守主义倾向所主导，当环境相对稳定时，知识的价值将随着使用频率的增加而成倍增长，帮助组织从中获益。然而，当环境高度不确定时，促进隐性知识显性化的单环学习系统将诱使成员强化不符合环境要求的行为，导致组织反应能力衰退，形成僵化的运营模式，使之陷入组织刚性的陷阱。甚至已经显性化的知识不再是帮助组织实现目标的手段，而变成了组织目标本身。

3. 两难困境的核心

创新的两难困境不仅涉及是否应当将隐性知识显性化的表面问题，而且还隐含着组织知识应当同质化还是多样化的深层次矛盾。把隐性知识表出化，形成编码程度、抽象程度、共享程度更高的显性知识，无形中会产生知识资源同质化，即强势知识战胜弱势知识，强势文化消灭了弱势文化。这一过程虽然产生了秩序、稳定性与一致性，但也损失了组织多样性，不利于柔性与创新。然而，过度强调以隐性知识为代表的多元文化，也容易导致成员对组织准则不加区别的不信任，产生组织目标涣散、资源过度冗余、协调功能紊乱等消极影响，使组织陷入混沌状态。问题的核心在于如何对知识价值充分利用，同时保护其不被竞争对手所模仿。

二、知识的分工与协作原则

创新价值实现过程不仅取决于知识本身的属性，而且与知识储存、创造、交流、扩散的载体——组织成员密切相关。已有研究大多从组织层面进行分析，忽略了不同主体间的分工协作关系及微观互动。存在相互依赖的群体中，通过对知识责任的划分，群体成员趋向于认领不同的知识领域，这种知识分工产生了适宜的认知工作量，成员也会更加专注于自己的责任领域而实现专业化。同时，个体可以将其他成员作为外部知识存储设备，通过向其他成员寻求以责任领域为基础的信息，分散完成群体目标所需要的知识负担(Hollingshead, 2010)，使得储存在其他人记忆中的知识通过成员间的人际互动被获得，从而在隐性知识与显性知识间搭起了桥梁(Brauner 等，2006)。依据知识分布的地图，组织将成员的专业知识进行管理，形成一个比任何单独个体所保有的信息都更丰富的记忆系统(孙美佳和李新建，2012)。一些交互记忆领域的研究者认为，未来知识管理的主要任务是促进成员对组织知识分布的共享，这样既可以确保知识的共享性，又可以保护知识的难以模仿性，实现专业技能、知识和信息上的差异化，最终形成关于“谁知道什么”的群体共识(Brauner 等，2006)。

劳动分工是组织的重要特征，工作场所的分工协作方式是实施知识管理的具体情境。知识的分工模式可以分为集合模式、序列模式和互惠模式，如图5-2所示。以下将对不同分工模式与协作原则展开进一步的探讨，以在具体情境中探讨技术类隐性知识的管理原则。

1. 集合模式

一部分知识在价值实现时，不需要直接依赖于群体的其他成员，个体就可以充分实现它的价值，这种价值实现方式本质上与汤普森(Thompson, 1967)所识别出的集合相互依赖(pool interdependence)相一致，这类相互依赖中的每名成员都为整体提供了分散的贡献，同时被整体所支持。

在这种分工模式下，集体里的每名成员都是独立完成任务的个体，个体的知识可从不同成员的绩效差距上客观地反映出价值差异，相对易于被发现，通过研究和分析可以将其显性化以形成工作规范。科学管理之父泰勒所进行的工作动作研究就属于这类问题。通过对工人搬运动作的反复研究，确定必要的动作，排除不必要的动作，从而提高工人的工作效率。基于集合相互依赖的

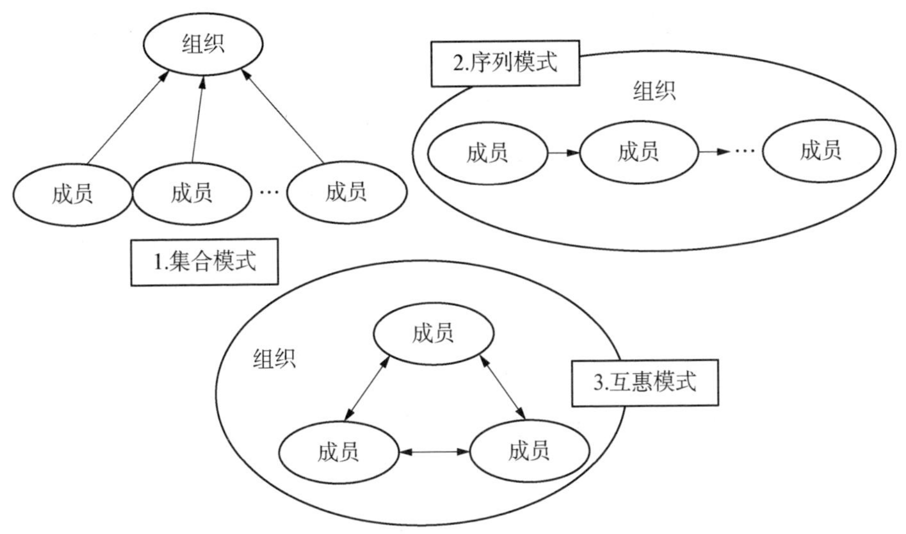

图 5-2　知识分工的三种模式

资料来源：本研究根据汤普森(Thompson，1967)设计。转引自汤普森，2007. 行动中的组织：行政管理理论的社会科学基础[M]. 敬乂嘉，译. 上海：上海人民出版社。

隐性知识应当通过规则或指令的方式显性化(Thompson，1967；Grant，1996)，这些规则或指令为隐性知识转化为易于理解的显性知识提供了方式。由于这类知识具有技术的特性，因此一旦显性化就易于被组织内其他成员重复利用而实现群体层面上的共同改进。但这类知识被显性化后，企业仅能通过有限的方法确保其不被竞争对手抄袭，如通过创新来抑制竞争对手的模仿，将组织封闭化以限制知识的流动性(如采取一系列保密措施)(Thompson，1967)，或者申请专利，采用法律手段保障知识的所有权等。这些方法不仅成本高昂，而且也难以从根本上防止组织有价知识的外溢。

2. 序列模式

为了提高工作效率，人们可以将一个完整的任务分解为不同的部分，按流程进行切分，使工作者聚焦于某一特定的部分以发展熟练的技能，从学习曲线中获得个体效率的提升。亚当·斯密以制针为例发现，工人们将全过程划分为 18 道工序，合作后的绩效是个体绩效的 240 倍，专业化产生的效率惊人。在这种思想的基础上，汤普森(Thompson，1967)识别了序列相互依赖(sequential interdependence)，即负责不同工序的主体之间可以按流程的顺序被准确定位，一方的行动以另一方的适当行动为前提，且这种依赖具有由技术决定的非对称性，如供应链的前端产出是后端的投入。

在这种分工模式下，知识的价值需要通过不同个体或群体间的传递性合作才能实现，价值实现过程中的任何一个环节出现差池，都将影响后续的绩效结果。此时，知识嵌入于运营流程，依照工序排布被划分成知识单元，每个单元仅了解局部的知识，而不了解运营的全貌。序列相互依赖以最小化协作成本为原则(Thompson, 1967)，以日程和顺序的形式对行动进行治理，按照时间序列和先后顺序来组织生产活动，这样每种专业知识的投入在被指定的时间上独立发生(Grant, 1996)，每一个环节内部所面临的任务便可简化成集合相互依赖的模式。

3. 互惠模式

在产品设计时，并非所有的情况都能按照单向影响的方式进行，更为复杂的情况出现在互惠相互依赖(reciprocal interdependence)中。在这种分工中，不同单元间存在无法消除的双向影响，即一方的产出将成为另一方的投入，同时一方的投入也是另一方的产出，双方知识相互渗透，须依赖及时沟通与反馈才能顺利完成工作，如由不同领域专家所组成的问题解决团队。

在此种分工模式下，隐性知识需要多方贡献才能显性化，这类知识经过抽象化即群体的运营模式与内在秩序，这种知识深深嵌入于不同知识单元间的互动之中，需要基于相互调整的协作(Thompson, 1967)，产生的信息沟通与反馈会促进大量"对"(dyadic)关系的形成，相互交织形成组织的知识网络。这也意味着脱离了价值实现的具体情境，离职者所持有的知识可能无法发挥出应有的价值。

汤普森(Thompson, 1967)认为依据协作成本最小化原则，组织应当将互惠相互依赖置于一个局部的和有条件的自治团组中，格兰特(Grant, 1996)进一步认为依赖团组内长期合作所形成的惯例和默契是解决问题的有效途径，在一些突发状况出现时，合作者在没有明确规则、指令甚至没有经过事先沟通的情况下，可以按照以往的惯例或相互间的默契顺利完成任务。互惠式的分工还有利于多元知识的整合与新知识的形成，企业可以通过重组其现有能力而学习到新的技能，以企业内目前存在的社会关系为基础构建新型合作方式。此时的知识已经上升为组织专属性知识，即便竞争对手仿而效之，也可能因为资源基础不匹配而达不到预期的效果。但也存在竞争对手结合自身特点对原有技术进行批判式继承，形成新的组织专属性知识，从而超越原有知识有效性的可能。日本丰田汽车对美国福特汽车生产方式的修正与改良形成了精益生产方式，在汽车行业反超美国就是很典型的例子。

三、创新竞争优势的获取策略

创新逻辑悖论引发了实践原则的冲突，使组织陷入了是“创新”还是“模仿”的管理困境。本节剖析了创新问题的本质，探索了知识管理的逻辑与规律：不同知识类型可能与特定的创新模式高度相关，创新模式的内在逻辑存在本质差异，引发其价值实现方式也存在根本性的不同。具体来说，显性知识通过知识结构的重新组合可能带来渐进式创新，借助集合式与序列式的协作方式，可以提高知识价值的利用率，有助于组织获得创新价值最大效益。而隐性知识通过潜在的新模式挖掘更可能引发颠覆式创新，依赖互惠式协作方式，可以降低知识外溢的风险，更有助于组织获得创新价值的最大收益。知识管理的精髓不仅在于知识本身，更在于对知识分工与协作方式进行管理，它与组织结构设计、工作设计、薪酬和激励设计等方面息息相关，是组织管理机制设计的基础框架。

但值得注意的是，本节仅对单一组织内部的知识管理过程和创新竞争优势获取进行了解读。由于本位主义的存在，组织创新价值最大化并不天然地等同于社会创新价值最大化。从知识创新到科技创新再到价值创新是一个完整的链条，这种基于特定环节的专业化分工，使单一组织存在某种不可逾越的创新壁垒，这恰恰为创新平台的存在和发展提供了利基市场。同时，创新价值链条上的不同环节对应了不同的创新模式和价值实现逻辑，并不能采用一以贯之的相同管理策略。对创新模式及其在创新价值链上的定位进行进一步把握，可以从更加系统宏观的角度对不同创新阶段进行科学化分析，从而指导创新平台与创新资源的顶层设计。创新平台本质上是为创新模式服务的，需要根据创新的特征和差异化需求，进行个性化设计与功能匹配，这样才能提高创新资源配置效率，真正实现降低创新风险、提升创新效率的目的。

第三节　创新的机制与价值传导

上文对创新价值实现的影响因素与内在逻辑进行了系统梳理。在此基础上，本节将对创新价值实现的过程机制进行整体分析，尤其借鉴了创新价值链理论，分析了创新模式及其阶段性特征。

一、创新的二元分类

创新可以划分很多类型，比较著名的是一些学者从哲学角度对创新进行了二元分类，这些相对性的维度划分，为理解创新的本质及价值实现模式提供了参考角度。

1. 封闭创新与开放创新

从创新主体的多元性角度，可以将创新划分成封闭式创新与开放式创新两种相对应的类型。最早的创新研究主要集中于组织内部，被认为是一种“封闭式创新”模式（closed innovation）。熊彼特的论述中曾提到，多数创新是由大企业内部的研发部门完成的，他们通过探索新产品和新技术，或改进新工艺和新流程，进一步开发或完善产品性能，最终将新产品推广到市场上，依靠企业自身的营销能力来实现商品价值[①]。封闭式创新需要组织具有一些特征，例如大而全、自给自足、自主开发等，这些特征常常会伴随着创新资源冗余及资源运转效率低等问题。

单一组织的创新力量有限，封闭式创新的强度和速度都将受到知识来源的限制。作为组织外部角色的供应商、科研院所、消费者，甚至是竞争对手都可能为组织提供更为广泛的知识来源，从而帮助组织以一种更加开放的视角进行创新。在此基础上，切斯布洛（Chesbrough，2003）提出了“开放式创新”（open innovation）理论，用以解释组织借助外部知识网络，同时整合内部与外部知识来源，并建立适合的商业模式，促进并提升创新价值实现的过程。其本质是对组织外部资源的搜寻、获取与利用，强调将组织内外部优势资源进行互补与整合，因此组织开放的对象和开放的程度会直接影响到获取创新信息的种类和质量。[②] 然而，开放式创新并非一种单纯的技术创新，而是一种开放式的价值创造，需要在技术创新的基础上进行市场推广，最终实现商业价值。由于开放式创新已经超越了单一组织的边界，由此引发了创新成果的产权与收益权划分问题，组织需要设计恰当的创新获利机制与利益分享机制，将多元主体合作模式下产生的创新成果进行利益分配，实现各参与方均可接受的利益

---

① 王雎，曾涛，2011. 开放式创新：基于价值创新的认知性框架[J]. 南开管理评论，14(2)：144 - 125.

② 任爱莲，2010. 创新开放度、吸收能力与创新绩效的关系研究——来自中小电子科技企业的证据[J]. 科技进步与对策，27(20)：10 - 14.

分享格局。[①]

当今,以创新平台为基础的创新活动,越来越多地表现出开放式创新的特征,基于创新平台的组织规则,创新资源、创新要素、创新人才实现耦合与快速配置。但也不排除一些特殊的创新平台与一些特殊的创新环节,为了突破创新瓶颈而进行封闭式创新,例如一些高校、研究机构、科研院所进行的科技专项研究,或一些大型企业所进行的科技成果开发等。

2. 渐进式创新与颠覆式创新

另一种对创新的经典划分方式是基于创新的程度,区分出渐进式创新与颠覆式创新。早期的研究多关注一种相对温和的创新模式——渐进式创新(continuous innovation),它是“基于主流市场早已形成的产品价值维度来界定的产品性能,并利用创新使现有性能得以改进或提升,而这种既定产业内的技术进步往往是渐进的、持续性的”[②]。渐进式创新致力于改善现有价值链,具体表现为改进现有产品,或者找出互补性产品、降低成本的新生产流程以及进行更有效的供应链管理。渐进式创新有时也被称为“连续性创新”,主要基于现有市场,价值链某一环节的组织可以用连续性创新来维持自身的竞争能力,其净利润也会因为创新而增加,但竞争对手也会很快赶上或超越使净利润随之下降。[③] 同时,这种创新模式有时也被称为模仿式创新,组织采取跟随战略,模仿借鉴现有成熟的技术、产品、服务等。这种创新模式具有成本低、见效快等特点。

克里斯滕森(Christensen, 1997)在渐进式创新的基础上,提出了“颠覆式创新”(disruptive innovation)的概念,用于强调“对既有主流技术、产品市场和商业模式有颠覆性突破和超越的创新活动”。颠覆式创新将打破行业现有的平衡,借助于一种新理念来推动对人们的日常生活或工作有新价值的活动,通过新一代技术及其价值实现系统的使用,产生新的价值观并破坏现有市场,形成颠覆传统的“进攻者优势”。颠覆式创新破坏性很强,且具有方向不确定性、高风险、高收益的价值属性,有可能会导致产品性能在主流市场的价值评估中出现短期的坏结果,但是一旦技术创新成功则可以革命性地开辟一片新市场,

① CHESBROUGH H W, 2006. Open Business Models: How to Thrive in the New Innovation Landscape [M]. Cambridge: Harvard Business School Publishing: 1 - 20.

② CHRISTENSEN, C M, 1997. The Innovator's Dilemma: When New Technologies Cause Great Firms to Fail [M]. Boston: Harvard Business School Press: 10 - 15.

③ 谢德荪,2012.源创新:转型期的中国企业创新之道[M].北京:五洲传播出版社:13 - 16.

创造出意想不到的高额利润，同时打破既有竞争关系格局。[①]

二、创新的分析框架

董洁林等(2013)整合了切斯布洛(Chesbrough, 2003)和克里斯滕森(Christensen, 1997)的研究，以创新过程的开放度与创新成果的新颖度作为维度，将创新划分为四种类型：封闭式颠覆创新、开放式颠覆创新、开放式渐进创新、封闭式渐进创新，并就每种创新模式的内在属性进行了论述(参见图5-3所示)。

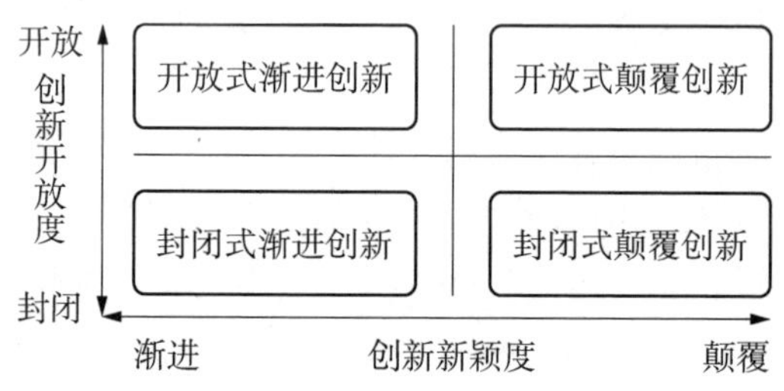

图5-3 创新的模式划分

资料来源：董洁林，李晶，2013. 企业技术创新模式的形成及演化——基于华为、思科和朗讯模式的跨案例研究[J]. 科学学与科学技术管理，34(4)：3-12(本研究略有改动)。

1. 封闭式颠覆创新

这类创新以相对封闭的过程开展具有重大颠覆意义的创新活动，是新知识、新技术、新方法、新材料产生的源头。这类创新模式通常是创新价值链的起点和前端环节，常见于高校、研究机构、科研院所等以基础研究为主要职能的科技创新平台中，且创新成果的独立性高，依靠科学家、研究人员的长期积累实现重大突破，开拓性强，对现有知识格局和市场格局可能具有颠覆意义，但创新价值尚需进一步挖掘与转化，市场应用前景与应用价值尚无法完全预测，存在较大风险和不确定性。

2. 开放式颠覆创新

这类创新以现有的知识技术为基础，但因为创新过程较为复杂，单靠个体

① 沈梓鑫，贾根良，2018. 美国在颠覆式创新中如何跨越“死亡之谷”？[J]. 财经问题研究(5)：90-98.

科学家及其团队力量无法开展，或创新结果具有公共属性和正外部性，存在知识外溢的风险，单一主体没有动力对这类技术进行投资，因此需要外部力量推动研究团队开展合作研究。基于大基础设施、大平台进行联合科研，从而产生具有更大价值的颠覆性创新成果。这类研究成果虽然短期来看，不符合个别组织自身利益的最大化，但从全社会角度看却具有更广泛的价值。通常共性技术研发环节就符合这类创新模式。

3. 开放式渐进创新

这类创新模式采用较为开放的资源获取渠道，对前端创新成果进行科技成果转化，致力于科技知识与市场知识的有效对接，具有显著的跨界效应。这类创新通常需要依赖科技成果转化团队，他们需要既了解技术的应用，又擅长市场的推广，在商业模式形成的各个领域具有专业化的知识和技能。这类创新模式通常采用更为开放的网络化商业模式，在新技术和新产品市场化应用的基础上，将其价值实现通过网络途径进行指数化拓展，从而实现最大化的价值效益。

4. 封闭式渐进创新

这类创新是在现有技术、方法、材料的基础上，对现有流程和环节进行渐进式的改造和提升，也是科技创新成果市场价值不断深化的过程。新技术产品的市场化推广，遵循商业价值的保密原则以及品牌价值独享原则，具有一定的封闭性和排他性，以便企业形成竞争比较优势。但封闭式渐进创新也是与市场对接最紧密的环节，以渐进式创新回应市场最新的需求与变化。

三、创新价值链分析

创新是一个完整、连续且动态的过程，具有一定的环节性与价值增值性特点，不同创新模式可以对应不同的创新阶段。因此，可以借鉴创新价值链的视角对创新的不同环节进行阶段性梳理。

1. 价值链管理

价值链是著名的战略管理学家波特提出来的，他认为企业的价值增值过程是一个链式发展、逐层递进的过程。如果把企业的整个业务流程看作一个价值链条，从原材料的选择获取，到中间过程的零部件加工、产品组装与设备调试，再到终端环节的市场营销与产品销售、售后跟踪服务等，随着业务流程链条的推进，商品的附加价值逐渐增加，是一个从生产成本逐渐实现营业收入的价值增值过程。从企业内部管理的角度看，也是如此。从一个项目或方案的设计，到管理部门、生产部门、业务部门、财务部门等各部门的协调合作，再到管理部门的监督检查与过程控制，最终将整体项目实施落地、顺利完成，也呈现出链条式的管理逻辑。不仅如此，从企业外部关系的角度看，从最初与供应商之间的采购合作，到中间环节与代工企业的协调，再到最终与客户及终端消费者的有效对接，均体现出了流程化链条式管理的一般逻辑。

可以说，价值链管理是管理学中非常常见的管理思想，其协作本质是汤普森（Thompson, 1967）提出的序列相互依赖的模式，前端环节与后端环节依照顺序依次展开，前端的产出是后端的投入，不同环节之间具有非对称性，且越靠近终端，其价值增值幅度越大。

2. 创新价值链

学者们根据价值链的思想，提出了创新价值链（innovation value chain, IVC）的理念，用以探讨创新过程中知识的产生、转化、集聚、共享和有效利用的动态反馈循环机制。[①] 哈格等（Hage 等，2000）提出"观念—创新链"（idea-innovation chain），把创新价值链划分为三个环节：以基础研究、应用研究和发展研究为起始部分，以研究结果为基础的中间部分，以新产品生产和市场化为终端部分。汉森等（Hansen 等，2007）的三个阶段观点也比较具有代表性，他们将创新价值链分为创意的产生、创意的转换和创意的传播三个阶段，诠释了创新过程的内在关联。

与此同时，我国学者根据中国的创新实践也对创新价值链进行过阶段性划分。徐瑞平等（2005）从知识角度分析了创新价值链，认为知识价值增值依赖于两个重要环节，一是知识总量的增加，基础研究中的科学进展丰富了人类对未知世界的理解；二是知识的创造与贡献，是扩大知识适用范围的过程，从个体知识上升到组织知识，知识的利用率得到提升，知识价值也就得以实现。因此，徐瑞平等（2005）将创新价值链分为三个环节，从个体的隐性知识到个体的显性知识，是知识外化的过程，从个体的显性知识再到组织知识，是知识共享的过程。组织知识还将影响个体的知识，形成知识裂变，产生新一轮的知识创造与融合（如图 5-4 所示）。刘家树等（2011）也从知识的视角，认为创新价

① 徐瑞平，王丽，陈菊红，2005. 基于知识价值链的企业知识创新动态模式研究[J]. 科学管理研究，23(4)：78-119.

值链是“知识来源、知识转移和知识开发的递归过程”，该价值链存在两个链接，即“知识来源—知识产出的链接”和“知识产出—成果转化的链接”。前者取决于知识工作者数量和可被利用的知识存量，后者取决于科技成果与市场的有效对接，即将知识应用于生产领域产生倍增效应的过程，这两个链接过程最终决定了科技成果转化的绩效。刘家树等(2011)进一步认为，创新价值链并非线性模式，各个环节具有正反馈和价值修正作用，通过不断地相互影响和迭代，最终呈现出非线性和扁平化发展的特征。

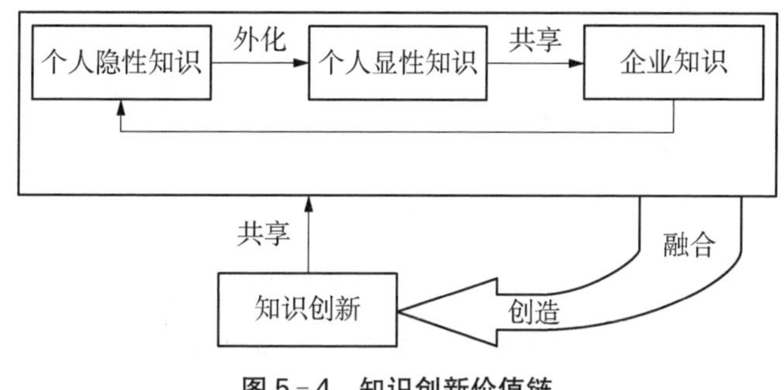

图 5-4 知识创新价值链

资料来源：徐瑞平，王丽，陈菊红，2005. 基于知识价值链的企业知识创新动态模式研究[J]. 科学管理研究，23(4)：78-119。

苟尤钊等(2015)从科技创新的角度，将创新价值链定义为“从科学、技术、产业到最终实现经济价值的全过程”，认为成功的创新必然包含一条从知识生产到知识物化，再到成功地融入社会经济生活之中等关键环节，形成“知识发现—技术验证—产品开发—商业化”的价值链条。两位学者认为创新价值链既来自技术的推动，又源于市场的拉动，是研发与营销的双向耦合。因此，创新价值链中包含两个较为成熟的群落：研究群落负责科学知识的产生；商业群落负责技术的市场化对接。但研究群落往往不了解市场，而商业群落往往很难解读知识创新，因此在两个群落之间经常存在一个灰色地带，即从技术验证到产品开发这一过程，这一灰色地带也被称为创新的“死亡之谷”，是创新价值实现的瓶颈环节，仅依靠创新价值链自身的力量往往难以突破，需要借助政府等外部力量进行重点攻克。具体如图 5-5 所示。

余泳泽(余泳泽 等，2014；余泳泽，2015)借鉴汉森等(Hansen 等，1999)的创新价值链概念，结合中国科技创新的具体实践，将创新价值链划分为知识创新、科研创新和产品创新三个阶段。其中，知识创新是对知识原理、规律方法、

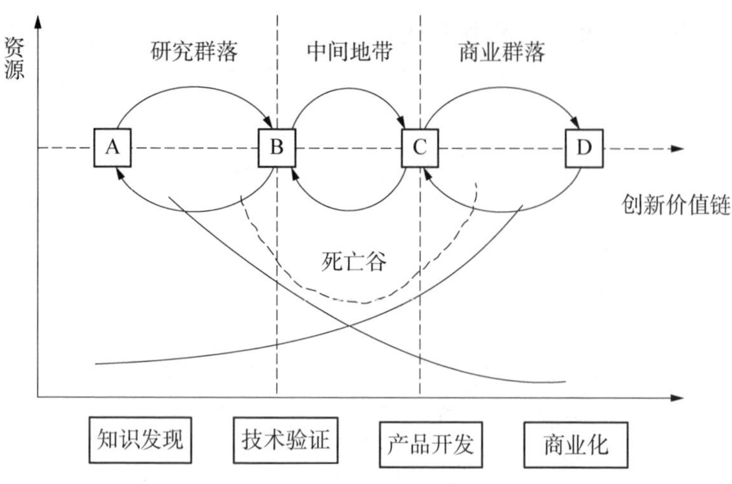

图 5－5 创新价值链与创新“死亡之谷”

资料来源：苟尤钊，林菲，2015．基于创新价值链视角的新型科研机构研究：以华大基因为例[J]．科技进步与对策，2015，32(2)：8－13。

理论模型的创新，对应的是基础研究过程。科研创新是对研究开发、技术检测、成果试制等环节的创新，对应的是应用研究过程。产品创新是对工程设计、市场营销、推广宣传的创新，对应了生产研究和市场研究的过程。这三个过程环节，并非单项的直线关系，存在检测与反馈的迭代机制，最终形成创新价值链的完整环节（如图 5－6 所示）。余泳泽等（2014）认为，我国科技创新的三个阶段依靠彼此分散的专业化分工来完成，高校和部分科研机构承担了知识创新的角色，科研机构和部分企业承担了研发设计创新的角色，而企业则主要承担了产品创新的角色。

张晓林等（2005）认为，创新价值链包含三个要素，即基础要素、主体要素和目标要素。其中，基础要素是创新价值链的起始端，以科学发现的基础研究为主，结合应用研究，形成项目、专利、成果等创新的基础条件。主体要素是指创新价值实现的主要力量，即相关的高新技术企业，他们通过产品开发、设计制造、产业化将原始创新转化为产品创新，是创新价值链的中间环节。目标要素是指基于市场的价值实现，通过企业的市场开发、营销管理、售后服务，形成创新效用的规模经济，最终实现创新绩效的全过程，也是创新价值链的终端环节（如图 5－7 所示）。创新价值链完成了从起始端到终端，从基础研究到售后服务，各种要素间的传导过程。

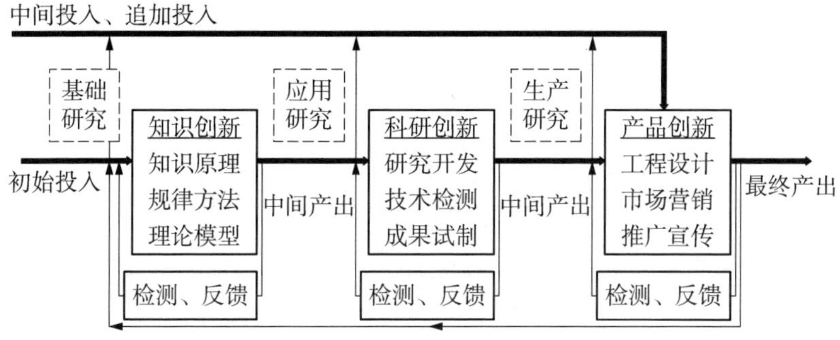

图 5-6 三阶段的创新价值链

资料来源:余泳泽,刘大勇,2014.创新价值链视角下的我国区域创新效率提升路径研究[J].科研管理,35(5):27-37。

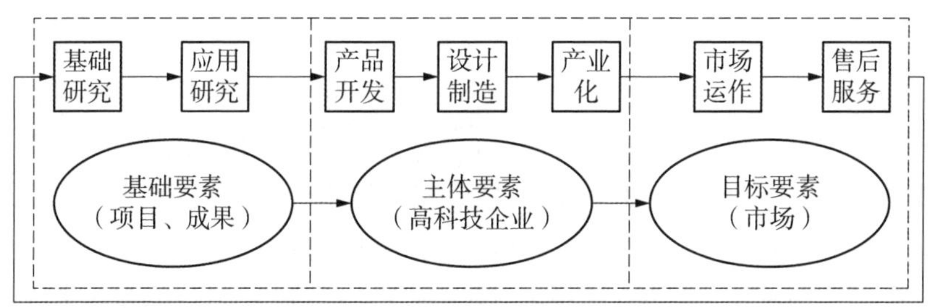

图 5-7 三要素的创新价值链

资料来源:张晓林,吴育华,2005.创新价值链及其有效运作的机制分析[J].大连理工大学学报(社会科学版),26(3):23-26。

3. 创新价值链框架设计与内涵解读

创新是在一定过程机制当中展开的,形成了创新的价值链条。尽管不同学者对创新价值链的划分存在细节性差异,但每种划分方式均是根据研究目的进行的创新阶段性整合。本研究结合创新模式对创新平台的阶段性影响,构建了以下创新价值链分析框架。

创新价值链代表了创新过程当中知识的产生、转化、集聚、共享和有效利用的动态循环反馈机制,它所体现的是从科学到技术到产业,再到最终价值实现的全过程。创新价值链最前端的环节就是知识发现,对自然规律的探索,下一个环节就是以规律为基础进行的技术发明,第三个环节是以技术为基础进行产品和服务的开发,最末端环节是把产品和服务推广到市场当中、用市场机制来实现规模效应。因此可以总结为知识发现、技术发明、产品开发、市场推广四个环节，分别对应了不同创新类型，恰好与创新分类框架中几种创新模式所表现出来的创新特征相符合(如图5-8所示)。

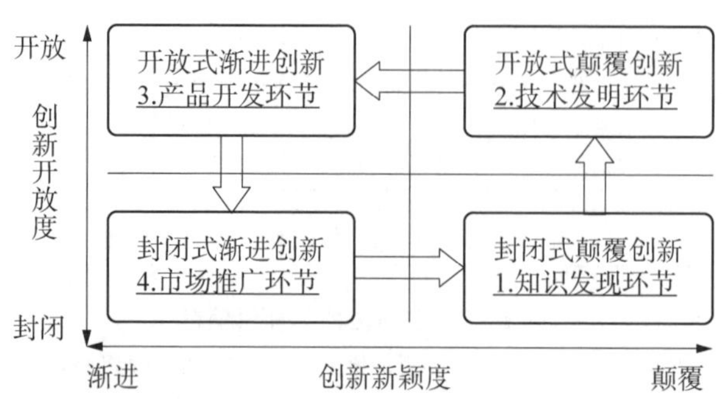

图5-8 创新模式与创新价值链的对应与转化

资料来源：本研究设计。

创新价值链的开端是知识发现环节，对应基础研究，是科学知识的发现和重大突破环节，该环节填补了人类对未知领域的知识空白，主要对应了封闭式颠覆创新。该类创新通常相对封闭，在研究类组织内部完成，其知识产权相对明确，创新主体主要集中在高校、科研院所、研究机构等机构。由于是一种颠覆式创新，该环节是新技术、新方法、新领域产生的源头，对创新价值实现具有基础性的革命意义。

创新价值链的技术发明环节是将已经被验证过的知识应用于现实场景中，寻求科学知识的技术化。这类创新可能会颠覆技术的现有格局，具有颠覆式创新的特征。这类创新可以是封闭式创新，创新主体在特定组织中主动利用新知识的价值将其转变为可以价值复现的技术。这类创新也可以是开放式创新。例如，一些创新难度大的项目，单一主体的创新资源、创新设备、创新能力、创新视野具有局限性，需要多元主体进行协同合作。尤其是对于多行业、多领域具有决定意义的共性技术研发，具有公共性和正外部性，又由于创新主体多元化，跨越了不同组织的边界，通常会存在知识价值外溢的风险，将影响单一创新主体投入的积极性。需要借助外力干预，设计较为明确的知识产权分配框架，或由政府引导投入，作为公共产品在行业中进行共建共享。

创新价值链的产品开发环节是将技术知识应用转化为特定的产品或服务，使其与大众化的市场价值进行对接，从而将抽象的知识具体化为现实的应用价值。众多的“大众创业、万众创新”项目均处于这一阶段，创新主体主要为各类功能转化平台。这类转化平台的创新资源来源更为多元，借助网络式的开放模式促进各种资源以资本、股份、购买、众包等形式参与创新过程，是一种开放式渐进创新模式。同时，一些大企业内部的研发功能，将新技术应用于新产品或新服务，由于已经具备相当的市场基础，支撑资源足够充足，加之防止先动优势外溢、被竞争对手模仿的考虑，此阶段的转化更倾向于在组织内部完成，形成一种封闭式创新。

创新价值链市场推广环节的主要目标在于市场价值的最大化实现，通过商业模式、销售模式、管理模式的优化，使创新最终的物化产品最大限度地被消费者接受，实现市场占有率与销售利润率的双重提升。这类创新主体主要集中在商业企业当中，围绕着商业模式进行创新。商业企业具有明确的组织边界与盈利目标，通过对消费者需求的深度挖掘，渐进式改进产品的性能、服务的内容和销售的模式，从而获得更多的超额利润，可以理解为一种封闭式渐进创新模式。创新价值链不同阶段的特征比较如表 5 - 1 所示。

表 5 - 1　　创新价值链不同阶段的创新特征比较

<table>
<tr><th>创新价值链的环节</th><th>知识发现</th><th>技术发明</th><th>产品开发</th><th>市场推广</th></tr>
<tr><td rowspan="3">创新模式</td><td colspan="2">封闭→开放</td><td colspan="2">开放→封闭</td></tr>
<tr><td colspan="2">颠覆创新</td><td colspan="2">渐进创新</td></tr>
<tr><td>始创新</td><td colspan="2">源创新</td><td>流创新</td></tr>
<tr><td>创新主体</td><td>研究型机构</td><td>单主体
或多元主体</td><td>多元主体
或单主体</td><td>商业企业</td></tr>
<tr><td>创新成果
新颖性</td><td>基础研究
开创成果</td><td>领域性开创成果
应用技术</td><td>应用型转化
新产品或新服务</td><td>产品价值
拓展与推广</td></tr>
<tr><td>产权边界及
外溢风险</td><td>边界明确
风险较小</td><td>边界
明确-不明确
风险较大</td><td>边界
不明确-明确
风险较大</td><td>边界明确
风险较小</td></tr>
<tr><td>创新主体
投入意愿</td><td>较高</td><td>较低</td><td>较低</td><td>较高</td></tr>
<tr><td>核心要素</td><td>基础科研成果</td><td>领域/行业技术</td><td>应用转化能力</td><td>科学管理技术</td></tr>
</table>

资料来源：本研究设计。

需要说明的是，创新的开放与封闭只是相对而言的，并不存在完全开放或完全封闭的创新，不同创新阶段的开放或封闭仅是程度之分，或是从封闭到开放的过渡形态。在需要对知识价值进行保护时，创新主体多采取封闭策略；在需要寻求更多创新资源、创意来源、创新服务时，创新主体多采取开放策略，主动与更多外部创新主体进行协同或合作。

创新价值链的四个环节也与上文提到的三种创新模式存在对应关系，如图 5－9 所示。创新价值链的前端环节，是对自然规律的发现、挖掘、探索，对应了始创新（原始创新、科技创新）。创新价值链的中间环节，从技术发明到产品开发，也即科技成果转化环节，对应了源创新。技术转化不仅仅是将技术转化成什么产品或服务的问题，它伴随着一个更为关键的问题，就是转化出的产品和服务以什么样的方式来实现价值。举个例子，苹果公司最早是一家以电子设备而著称的企业，苹果公司销售的电脑和手机都非常受市场欢迎。但当终端设备发展到一定规模以后，苹果公司发现有这么多用户，却没有统一的软件服务平台。于是苹果公司果断抓住了这一商机，构建了自己独立的软件服务平台 Apple Store（应用软件平台）和 iTunes（音乐软件平台）。苹果公司要求所有的用户都必须通过自己统一的软件平台下载 App 或者下载音乐，在下载过程中又涉及支付功能，所以又进一步创建了 Apple Pay（支付软件）。在这一过程当中，用户每下载一款软件产品，其中 70％的收益归软件开发商所有，而另外 30％则归苹果公司所有，业界也戏称这 30％为“苹果税”。如果苹果公司仅仅把技术转化成手机等硬件产品，它充其量是一个单纯做设备的传统企业，但该企业巧妙地把硬件和软件相结合，开拓了一种新的应用转化商业模式，其所实现的经济效益就非常可观。相关数据显示，苹果公司在 2009 年软件服务领域的销售额已达到 46 亿美元；到 2019 年，这个金额已经突破了 460

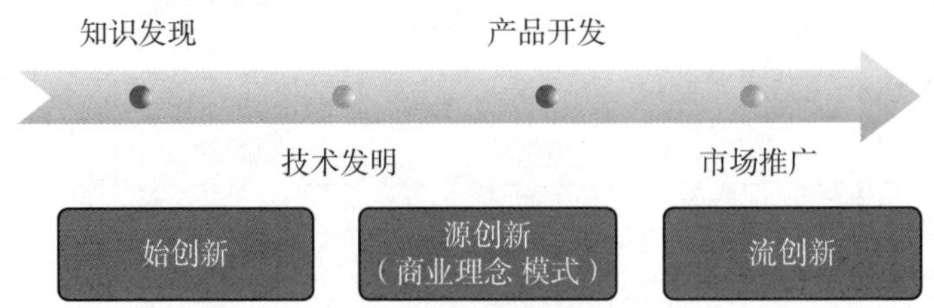

图 5－9　创新价值链与创新模式的对应关系

资料来源：本研究设计。

亿美元，10 年间增长了 10 倍。[①] 这个过程对应的就是源创新，创新的价值源头越多，它能够释放的创新市场价值就越大。创新价值链的末端环节是市场化推广，对应了流创性。在既定框架体系之下，能够借助既有技术手段和方法的重新排列组合改善现有市场，将实现更大的利润和效益。

创新价值链的前端对应了颠覆式创新，会改变现有利益格局；创新价值链的后端更倾向于一种渐进式创新，在既定的框架之下，不断改善现有营利模式，实现更大的收益。创新价值链的前端由相对封闭逐渐转向更加开放，参与主体越来越多元，以突破创新边界获取创新所需的各类资源；创新价值链的后端逐渐由开放转向相对封闭，便于明确产权与主导地位，以在市场收益分配上占据主动。

四、五链集成与创新生态

创新价值链，不仅仅是一个链条，还涉及很多相关领域。一旦产品或服务相对成熟向市场上推广，围绕这个产品或服务就会形成一条产业链，产业链上同样会涉及前端研发、物料供应、生产加工制造和最后的市场推广。

同时，围绕着创新链和产业链，还涉及资金链和人才链的问题。创新链中每一个环节都需要由特定的专业化人才去完成，还会形成一个由人才的发现、培养、成长、成才、成功、成就的人才链条。人才从哪里来？以往我们的侧重点是引进而来，从科技自立自强开始，我国逐渐意识到人才同技术一样，是讨不来、买不来的，必须提高人才自主培养能力，才能真正做到科技创新领域的独立自主。在人才建设的基础上，还会有一条信息链。创新的每一个环节、产业的每一个环节、资金的每一个环节、人才的每一个环节都会形成大量的信息，意味着对这些信息的收集、整理、挖掘，能够总结出创新当中的规律，这个规律可以对未来的创新领域和创新方向有所启示和借鉴。

这样纵横交错的几个链条，形成了“基础研究＋成果转化（技术攻关）＋科技金融＋人才支撑＋数据驱动”的科技创新生态，也称之为“五链融合”，如图 5－10 所示。科技创新生态不是一条链的事，每一条链及每一个环节都极其地复杂，只有在这样复杂体系之下，形成了创新生态，让更多的创新项目自发地

---

① 钱凯，赵丽萍，于钟海，2020．数字经济系列之平台经济：垄断颠覆何以监管；前世今生怎映来世？［R］．北京：中金公司．

涌现，让更多创业的独角兽企业自然地成长，才能够更好地把创新价值释放。

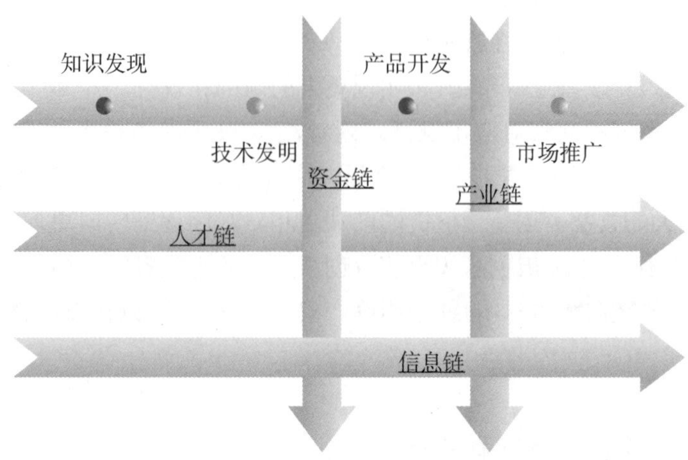

图 5－10　五链融合与创新生态的形成

资料来源：本研究设计。

第六章　创新平台与创新价值链的特征适配

政府并非解决市场失灵问题的唯一手段，政府与市场之间还存在很多促进科技创新的组织形态，例如创新平台。创新平台所带来的创新主体协同集聚效应是妥善平衡政府与市场之间的关系、有效克服"市场失灵"与"政府失灵"的第三种途径。创新平台以其组织灵活性、与创新主体的联系性、天然的协调性、交易成本节约性等优势，展现了自己在市场和政府之间的重要战略地位。本章将就不同环节之间的创新特征进行比较研究，对比不同模式之间的本质差异，从而进行与创新平台特征适配的机理分析。

第一节　创新价值链的系统解析与特征比较

根据基本框架，创新价值链共分为四个环节，知识发现环节、技术发明环节、产品开发环节、市场推广环节，分别对应了封闭式颠覆创新、开放式颠覆创新、开放式渐进创新和封闭式渐进创新四种模式。创新价值链相邻两个环节之间的特征既相互区别，又相互联系，亦相互衔接。不同环节之间距离越近，关联度越大，相距越远，差异度越大。本节首先对相邻两个环节之间的创新特征进行比较。

一、知识发现环节与技术发明环节的特征比较

创新价值链的知识发现环节是科学知识的发现和重大突破，对应了封闭式颠覆创新。而产品开发环节是以特定领域为基础的科学知识技术化过程，以及特定领域、行业、产业中的共性技术研发，属于开放式颠覆创新的范畴。两者的共同点与差异之处如表 6－1 所示。

表 6-1　　知识发现环节与技术发明环节的模式比较

<table>
<tr><th colspan="2"></th><th>知识发现环节</th><th>技术发明环节</th><th>备注</th></tr>
<tr><td colspan="2">相同点</td><td colspan="2">1. 根本性
2. 抽象性
3. 颠覆性</td><td>颠覆式创新的共性特征</td></tr>
<tr><td rowspan="4">不同点</td><td>创新内容</td><td>基础理论</td><td>技术</td><td rowspan="4">封闭式与开放式创新的差异化特征</td></tr>
<tr><td>知识类型</td><td>显性知识的链接</td><td>隐性知识的互动</td></tr>
<tr><td>协作模式</td><td>集合式相互依赖
（超时空互动）</td><td>互惠式相互依赖
（情境互动）</td></tr>
<tr><td>主体边界</td><td>以组织内部合作为主</td><td>多为跨组织间合作</td></tr>
<tr><td colspan="2">连接性</td><td colspan="2">基础知识与特定领域应用知识相衔接</td><td>创新壁垒</td></tr>
</table>

资料来源：本研究设计。

1. 知识发现环节与技术发明环节的相同点

两个环节同为颠覆式创新，其共同点主要体现在对基础科学和知识的完善与突破上。首先，两个环节对创新价值链的影响是根本性的。科学领域的知识探索对人类认识客观规律、遵循客观规律、改造客观世界具有根本性的影响，是创新价值实现的源泉。其次，两个环节对创新价值的影响是抽象性的。为了把握客观规律，很多科学领域的知识探索需要将条件设定为极端情况，从抽象的角度思辨现实规律。而这些极端设定可能与现实世界的复杂情形相去甚远。知识发现环节所形成的创新价值还停留在抽象层面，与实际的应用价值仍有较大距离，而技术发明环节的主要任务是将抽象规律具体应用到实践中，形成可长期反复利用的技术，这类技术仍然保留了一定抽象性特征。最后，两个环节对创新价值的影响可能是颠覆性的。科学领域的知识探索很多都是本源性、起始性、开创性的发现，具有颠覆原有知识和理念的特征，因此一些发现可能将修正人们现有的、习惯性的、常识性的认知。应用研究环节是对开创研究环节的进一步深化，探索将颠覆性、反直觉的知识进行技术性转化，变成可被人们重复利用的先进技术，将对人类认识某一领域、深化某一领域、改造某一领域的方式方法产生颠覆式影响。

2. 知识发现环节与技术发明环节的不同点

尽管同为颠覆式创新，但知识发现环节常以封闭式创新为主，技术发明环节常以开放式创新为主，两者之间存在一定本质差异，突出体现在前者是元知识的创新，而后者是领域知识的创新。元知识的探索，是一种基于显性知识的联结化过程，科学家们进行知识层面的交流，而且这些交流通常是可以跨越时空边界的，是一种集合式的相互依赖。同时，元知识的创新通常需要科学家排除干扰、潜心研究，这类创新可以在单一组织内部完成，也可以是以团队为基础的研究。与之相比，技术研发涉及领域知识创新，其特点是创新难度较大、创新跨度较大、创新规模较大，是一种基于领域专属性的知识合作开发，是一种将元知识与领域知识相结合的过程。由于领域知识很多仍处于隐性状态，需要创新主体深入合作、密切互动。创新主体可能来自不同领域、具有不同的专长，例如，一些是基于基础性元知识创新的科学家，一些是擅长特定领域知识的研究者，创新主体之间的合作需要更多的即时性反馈，形成一种互惠式的相互依赖。单一组织难以满足该阶段的创新需求，跨组织之间的合作又极易引发知识产权主体不明确的纠纷。跨组织边界的合作模式往往比单一组织内部的合作模式更不易实现，需要有外部力量进行推动，设计跨领域的协作机制，对资源模式、合作模式、分配模式进行事前界定。

二、技术发明环节与产品开发环节的特征比较

创新价值链的技术发明环节是以领域知识为基础的开放式颠覆创新。产品开发环节是领域知识的应用性转化，将领域知识价值固化在具体的产品或服务上，属于开放式渐进创新。两者的关联性与差异性如表 6－2 所示。

表 6－2　技术发明环节与产品开发环节的模式比较

<table>
<tr><th colspan="2"></th><th>技术发明环节</th><th>产品开发环节</th><th>备注</th></tr>
<tr><td colspan="2">相同点</td><td colspan="2">1. 跨主体间的合作性
2. 创新资源的集聚性
3. 创新价值的外溢性</td><td>开放式创新的共性特征</td></tr>
<tr><td rowspan="2">不同点</td><td>创新内容</td><td>应用技术、共性技术</td><td>转化为产品或服务</td><td rowspan="2">颠覆式与渐进式创新的差异化特征</td></tr>
<tr><td>潜在风险</td><td>组织失灵、市场失灵</td><td>市场失灵、政府失灵</td></tr>
<tr><td colspan="2">连接性</td><td colspan="2">特定领域知识与产品（服务）知识相衔接</td><td>创新壁垒</td></tr>
</table>

资料来源：本研究设计。

1. 技术发明环节与产品开发环节的相同点

两者同为开放式创新，具有开放式创新的一些共同特点。首先，两种创新模式均以特定领域为基础，强调创新主体间的合作性。两个创新阶段均需要创新主体来源的多元化，技术发明环节往往需要不同来源的研究人员进行相互启发，以跨越科学规律从"知"到"用"的鸿沟。而产品开发环节更加需要懂原理的创新者与懂市场的创新者进行通力合作。来自不同领域的主体具有差异化的创新能力和创新优势，将多元化的优势相结合形成创新成果。该过程存在大量隐性知识，不同主体需要将自身的隐性知识共享给其他创新主体，通过特定情境之下的协作分工形成创新合作机制，均属于互惠式相互依赖。其次，两种创新模式均强调创新资源的集聚性。由于是一种跨边界的合作，不同主体在创新上具有差异化的资源禀赋，有利于形成创新资源集聚优势，对单一主体来说是一种外部资源获取机制，对参与合作的所有主体来说可以形成一种创新资源整合优势。最后，两种创新模式均强调创新价值的外溢性。开放式创新虽然具有相对优势，但也存在不可避免的困境，即创新产权边界不明晰，对单一主体来说可能引发知识价值外溢的风险，一些参与主体甚至会出现搭便车、钻空子等投机行为。开放式创新需要在多方合作之初就明确合作规则和利益分配原则，从而避免产生合作失灵。

2. 技术发明环节与产品开发环节的不同点

尽管同为开放式创新，但创新价值链的技术发明环节是一种从抽象规律到具体应用的颠覆式创新，而产品开发环节则是一种从理想到现实的渐进式创新。两个环节之间必然存在本质差异。前者是基础性、技术性、标准性知识的创新，而后者是需求性、应用性、转化性知识的创新。两个环节存在着不同的合作风险。

技术发明环节主要存在两大风险，即组织失灵与市场失灵。以技术发明环节中的共性技术研发为例，所谓共性技术介于基础研究和应用研究之间，是指"在很多领域内已经或未来可能被普遍应用，其研发成果可共享并对整个产业或多个产业及其企业产生深度影响的一类技术"，是一种竞争前技术（pre-competitive），具有很强的关联性和广泛的适用性，可能导致严重的"双失灵"陷阱。[①] 由于价值外溢风险的存在，单纯依赖市场机制无法形成合作主体之间的合作意向，单个组织不能保证创新的收益全部归属于自身，引发了市场失

① 李纪珍，2005. 产业共性技术发展的政府作用研究[J]. 技术经济(9)：19－22.

灵。同时，由于单一主体能力有限，例如组织规模太小、结构僵硬、缺乏相关人才等，难以满足共性技术研究开发的要求，导致单一组织在共性技术开发与扩散上不能适应其交叉融合的特点，或者组织缺乏在内部进行共性技术研发的意愿，形成了组织失灵。①

产品开发环节主要存在两种潜在风险，即市场失灵与政府失灵。产品开发环节致力于前期创新成果的物化与价值化，是一种渐进式创新模式。在应用产品开发环节，各参与主体容易从自身利益考虑（例如，出现了回报率更好的创新项目、兴趣点的转移、转化难度较大等）而使创新成果的市场转化过程中断，造成科技成果产业化率低和创新行为短期化现象，出现市场失灵的窘境。同时，为解决科研成果转化动力不足的问题，政府常常扮演着助推器的角色，利用优惠政策、财政补贴等手段，致力于推动科技成果转化过程。但因为政府不掌握市场知识，也由于存在信息不对称的情况，政府对科技成果转化前景与市场发展走向的研判可能不够精准，导致政府失灵的情况发生。

三、产品开发环节与市场推广环节的特征比较

创新价值链的产品开发环节重点关注领域知识的应用性转化与物化，是多方力量协同基础上的开放式渐进创新。市场推广环节通常以企业等营利性组织为主体，将开发出来的新产品、新技术、新服务与市场机制相对接，与消费者需求相对接，谋求价值实现的最大化，是一种封闭式渐进创新。两个环节的相同点与不同点如表 6－3 所示。

1. 产品开发环节与市场推广环节的相同点

同为渐进式创新，两者具有一些共同特点。首先，无论是应用产品开发环节还是市场推广环节，其着力点主要体现在对创新价值的深入挖掘上。作为渐进式创新的不同阶段，两个环节均致力于将技术转化为可供消费的具体产品或服务。其次，两个创新环节均高度重视市场需求的基础性作用。无论是产品开发环节还是市场推广环节，市场需求是追求利润最大化的主要动力，将创新技术与市场需求的深度对接成为两个环节最重要的发展模式。最后，两个环节均存在源于市场机制的潜在风险。换言之，两个环节所遵循的基本规

① 薛捷，张振刚，2006. 国外产业共性技术创新平台建设的经验分析及其对我国的启示[J]. 科学学与科学技术管理(12)：87－92.

表 6-3　　产品开发环节与市场推广环节的模式比较

<table>
<tr><th colspan="2"></th><th>产品开发环节</th><th>市场推广环节</th><th>备注</th></tr>
<tr><td colspan="2">相同点</td><td colspan="2">1. 创新价值的深度挖掘
2. 与市场需求进行有效对接
3. 价值实现需要遵循市场规律</td><td>渐进式创新的共性特征</td></tr>
<tr><td rowspan="4">不同点</td><td>创新内容</td><td>产品或服务</td><td>产业、运营、营销</td><td rowspan="4">开放式与封闭式创新的差异化特征</td></tr>
<tr><td>市场需求</td><td>创造需求、培养习惯</td><td>顺应需求、迎合习惯</td></tr>
<tr><td>分配模式</td><td>利益分配协调机制</td><td>组织营利机制</td></tr>
<tr><td>沟通成本</td><td>沟通协调成本较高</td><td>决策灵活</td></tr>
<tr><td colspan="2">连接性</td><td colspan="2">特定产品(服务)知识与市场知识相衔接</td><td>创新壁垒</td></tr>
</table>

资料来源:本研究设计。

律都需要以市场规律作为基础,会受到“看不见的手”“用脚投票”的支配,符合市场规律的更有可能获得商业上的成功,不符合规律的则可能遭到市场的淘汰。

2. 产品开发环节与市场推广环节的不同点

创新价值链的产品开发环节与市场推广环节也存在一些现实差异,体现了开放式创新与封闭式创新之间的差异化特征。应用产品开发环节主要是将领域专用性知识转化为具有现实生产力的应用性知识,该环节的成果常常带来新技术、新产品、新服务投放市场,创造新的用户需求与消费习惯。同时,由于具有开放式创新的特征,各创新主体来自不同领域,具有不同的参与目的,常常是一种跨组织间的合作,因此需要事先协商好利益分配框架,作为各方规范自身行为的准则,合作才能顺利进行,其现实困境是沟通协调成本较高。

与之相比,创新价值链的市场推广环节,常常以单一主体(通常为企业)为主导,他们遵循更为简单的市场化资源配置逻辑,是对现有消费需求与消费习惯的深度挖掘,如何开拓规模更大、购买力更强的市场是企业获得商业成功的关键,对市场及渠道的掌控力是其获得核心竞争力的重要砝码。同时,单一组织由于具有充分的决策自主权,对市场上潜在机会的反应更为敏捷,决策更为迅速。尽管一些企业也会借用外部资源,但其始终存在保持独立性、自主性、可控性的动力,沟通协调成本会随之降低。

四、创新模式的特征梳理与比较

通过对创新价值链不同环节的比较分析，可以大致描绘出几类创新模式的显著特征，几类创新模式的特征梳理如表6-4所示。对把握创新价值链的阶段性特征，以及创新平台的适配特征具有启发意义。

表6-4　各类创新模式的特征梳理

颠覆式创新	渐进式创新	封闭式创新	开放式创新
1. 根本性 2. 抽象性 3. 突破性	1. 深入性 2. 现实性 3. 渐进性	1. 组织内部合作 2. 创新资源来源相对单一 3. 沟通协调成本更低 4. 有利于创新价值保护	1. 跨主体间合作 2. 创新资源丰富、集聚 3. 沟通协调成本更高 4. 存在创新价值外溢风险

资料来源：本研究设计。

1. 颠覆式创新与渐进式创新特征比较

颠覆式创新与渐进式创新相比，存在三个较为明显的差异。第一，颠覆式创新更具基础性与根本性的特征，通常是原创的、原理的、源头的，是新增的知识，隐藏着开拓更多新领域的可能性。而渐进式创新则倾向于对已有知识进行整合、深化、拓展、链接，具有缓和性、渐进性、深入性的特征。

第二，颠覆式创新多从抽象的知识与理念入手，对人们认识世界、改造世界的方式进行颠覆，伴随着认知层面的改进。而渐进式创新多与现实相结合，将原理知识、理念知识与具体领域、具体行业、具体企业、市场需求的实践相结合，从而对人们的生产生活方式进行优化提升，伴随着实践层面的改进。

第三，颠覆式创新会突破当前领域的现有秩序与规则，对原有格局进行重新洗牌，建立全新的意义体系与规则体系。而渐进式创新则属于温和的改良，对现有状态进行渐进式改进，帮助现有格局与秩序进行优化完善与品质提升。

2. 封闭式创新与开放式创新的特征比较

开放式创新与封闭式创新相比，存在四个显著差异。第一，从合作性角度来看，封闭式创新的主体追求相对独立的自主与可控地位，合作性有限，通常局限在组织内部。而开放式创新强调跨组织之间的协调与合作，寻求差异化优势的互补与整合。

第二，从创新资源的角度看，封闭式创新仅能借助组织内部资源，资源来源相对单一,资源丰富度与多样性存在明显的局限。与之相比,开放式创新具有明显的资源优势,不同创新主体具有不同的资源禀赋,从而带来创新资源集聚的优势,扩展了创新资源的深度、广度、丰富度与多样性。

第三,从沟通成本的角度看,封闭式创新中创新主体具有高度的独立性和自主性,能够对环境变化做出迅速反应,决策效率更高。相反,开放式创新由于涉及众多参与主体,每个主体可能持有差异化的立场、观点和利益诉求,沟通协调的难度更大、成本更高、效率更低。

第四,从知识产权的角度看,封闭式创新由于主体高度的独立性与自主性,创新成果的产权边界更为明确,组织通过各种保护手段,将创新价值内部化,可以在很大程度上确保组织享有创新价值的收益权。与之相比,开放式创新的多方参与模式,各方的创新贡献你中有我、我中有你,相互渗透,使产权边界相对模糊,存在创新价值外溢的风险。

第二节 创新价值链各环节的组织形式分析

"组织"既可以作为一个名词,也可以作为一个动词。作为名词时,"组织"代表一个机构,作为动词时,"组织"代表一种机制。究其本质而言,"组织"一般具有较为明确的边界,通过决策、合作、激励等方式,将松散的个体连接成组织化的成员,以实现共同的目标,能够实现单一个体所无法实现的组织合力,是科技创新不可或缺的关键要素。上文已对创新价值链的阶段性特征进行了分析,本节将对创新价值链各阶段的组织形式进行分析,从而厘清科技创新不同阶段的管理体制、合作机制、资源获取方式、利益分配机制等内在运作机理。

一、知识发现阶段

知识发现环节主要围绕基础科研领域的开发与创新,这类科学性研究多具有封闭式创新的属性,其组织形式相对简单、独立。同时其创新内容也具有公共性特征,其营利功能尚待建立,组织形式以非营利性居多。

1. 管理体制

无论是我国当前实践,还是国际通行管理,基础领域的科学研究其承担主体多为高校和科研院所。该环节所进行的知识创新,以专业化人才的脑力劳动为核心，采用知识密集型的产出方式。同时，基础科研领域的知识产出具有基础性、公共性、公益性、正外部性等特征，其主要职能是利用自身的专业知识与专业技能为社会提供专业化服务，即为社会提供以知识创新和人才培养为核心的公共事业产品。此外，由于科学领域的创新需要突破性思维，过高的组织依附性会抑制创新效果，这类机构多为具有独立行为能力和独立财务核算功能的法人机构，形成以科学领域为核心的学术共同体。

随着实践的发展，创新价值链出现了各阶段融合发展和跨阶段式发展的趋势。一些高瞻远瞩的企业对基础研究领域进行前瞻性、战略性投资，吸引集聚全球顶尖科学家从事基础领域研究，借助企业自身的资源、技术、产业、品牌优势，成功将基础研究成果快速转化为现实生产力，极大地加速了从知识成果到现实应用场景的创新价值链发展进程，在帮助企业自身提前抢占未来赛道的同时，某种意义上也为国家的基础科研做出了巨大贡献。被美国商务部列入“实体名单”的华为就是一个典型的例子。华为高薪聘请、培养了众多数学家、物理学家、化学家从事基础尖端研究，在4G、5G赛道上实现弯道超车。在华为总裁任正非看来，搞芯片只砸钱是不行的，要把更多钱砸在科学家的身上。言外之意，只有从最源头、最原理的基础理论出发，才能真正在技术上实现重大突破。

2. 主体合作机制

知识发现环节，科学家、研究者们的合作相对松散，存在四类合作模式。第一类，不同学科背景的研究者对组织进行松散的知识贡献，是一种基于集合相互依赖的协作模式。第二类，同属一个学科，但处于不同时期的研究者，以显性知识为基础进行交流合作，且这种交流可以跨越时间与空间的限制，前人的研究成果可以作为后来研究的基础，形成一种序列相互依赖的协作模式。第三类，同一学科内部的研究者，形成以团队为基础的相对紧密合作，形成互惠式相互依赖的合作模式。团队内部具有高频度的交流互动与深度合作，但多限于组织内部，组织边界明确，有利于明确知识产权的归属。第四类，跨学科创新成为学术界的一种新趋势，将一个学科领域的知识或方法迁移到相关学科当中，产生跨学科的创新成果，这一过程中可能出现不同学科的研究者以各自专业领域为基础的跨学科合作，也属于互惠式相互依赖的协作模式。

3. 资源获取方式

对于高校、科研院所这类科研机构而言，资金是影响其创新成效最主要的资源。

在国外，根据资金来源，可以将高校或科研院所分为公立机构与私立机构。公立性质的科研机构，其资金来源以政府财政资助为主，而私立性质的科研机构，资金主要来源于私人捐赠和基金会运作等形式。

根据创新价值链的一般规律，公共产品程度越高，公共性越强的环节，政府资助力度越大。在我国，高校与科研院所通常为事业单位，根据政府资金的投入比例，可以分为全额拨款单位、差额拨款单位和非财政拨款事业单位。全额拨款单位多为政府内设部门下属的研究机构，从事具有政府指派性、国家安全性的科学研究。差额拨款单位其管理机制相对灵活，可以通过捐赠、提供公共服务等其他渠道获得部分资金，具有更高的决策自主性，我国大多数高校、科研院所均属于这种形式。非财政拨款事业单位，具有公益性特征，但资金全部由组织自己筹集，拥有最高的决策自主性，不以营利为目的。科研人员通常以课题申请、项目基金等方式，获得科学研究所必要的经费。

资金来源在一定程度上对研究机构的独立性存在一定干扰。例如，美国国立卫生研究院(National Institutes of Health, NIH)是美国最高水平的医学与行为学研究机构，也是美国公共健康服务中心(PHS)的下属部门之一，隶属美国卫生与人类服务署(Department of Health and Human Services, HHS)，政府资金支持是该机构的主要来源。受美国针对中国“脱钩”“断链”政策的影响，该机构迫于压力解雇或辞退了很多所谓“未完全披露与中国合作”的研究人员。

4. 产权归属与分配机制

知识发现环节，多以显性知识为基础，研究成果以论文形式公开发表，且知识价值尚未转化成实际应用价值，文章的权责全由发表者及其科研团队承担，需要接受学术伦理与学术规范等方面的监督。创新合作多集中在组织内部，所在机构与创新人才之间形成了雇佣关系，也有来自不同机构的学者间的学术合作。创新成果的产权归研究者所在机构所有，但创新人才及其科研团队享有优先转化其创新成果的权利，并可以参与创新效益分配。由于基础研究具有显著的公共性与公益性，基础科研环节所形成的学术论文，社会各界均可以通过书籍、文献等载体形式进行查阅、购买(国防、国家安全等高度保密领域除外)，通过学习、阅读、思辨、实验等方式，吸收创新价值。

二、技术发明阶段

技术发明阶段主要围绕新技术的开发与创新，但该环节常涉及多元主体的协调合作,其组织形式更为复杂。

1. 管理体制

技术研发环节是介于基础科研与应用转化的中间环节,科研复杂性、资源需求量、领域多元性大大提升。这一环节仍然具有公共科研属性,因此相关机构往往脱胎于传统组织,衍生于基础科学研究的传统职能。但传统的组织模式不足以实现其合作科研的需求,为了突破体制局限,释放合作效能,需要协调和动员社会各方优势力量共同参与。这类机构大体存在三种不同的形成机制:一是公立科研机构改制向市场转型,在原有机构基础上引入市场化要素和市场化力量;二是企业研发部门向基础研究与技术领域攻坚克难;三是自发成立的以民办非企业单位登记的新型研发机构。这三种途径所形成的组织,均处于经济与科技之间、行业与政府之间,开始了应用转化与产业化的初步探索。学者们从不同角度探讨了这一环节所适用的组织模式,非营利组织是一种比较适合的组织方式,其中较有代表性的是实体化新型科研机构。荀尤钊等(2015)认为新型科研机构的运作模式,兼具科研和企业双重身份,研究类型主要属于前沿科技、关键共性技术,强调将科学能力转化为技术的能力。这种新型科研机构被戏称为"三无""四不像"机构,无编制、无级别、无经费,不像大学、不像科研院所、不像企业、不像事业单位,着力在组织架构、体制机制上创新突破,引入企业化管理模式与市场化机制,调动内部人员创新活力与积极性,提升资源配置效率,加速知识与技术的有效对接。

2. 资源获取方式

技术是介于基础研究与应用研究之间的过渡环节,强调标准化技术的基础性作用,尤其是共性技术研究具有一定的公共物品属性。当前,共性技术研发环节多数以政府投入为主导形式,扶持引导各类创新主体开展合作研究。但在技术选择上存在一定程度的政府失灵,政府容易忽视市场需求的实际情况而盲目发展新技术和新产业,对这些技术的选择和投入需要有企业参与。换言之,政府不是资源唯一的提供者,一些企业、高校和科研机构也会加入共性技术研发活动。

从资源配置结构来看,公共物品含量越高的共性技术类型,政府的投入力度应当越大,介入程度应当越深。[①] 例如,针对那些高风险、高回报的前瞻性探索研究,可以采取国家重大专项等方式,政府投入全部的科研经费并进行直接

① 马名杰,2005.政府支持共性技术研究的一般规律与组织[J].中国制造业信息化(7):14-16.

管理。针对那些测试性、测量性、标准制定方面的共性技术，可以通过专门的国家级研究机构来承担，例如国家研究院、国家实验室等，此时研究机构可以是政府全额拨款的内设部门，也可以是由政府提供大部分研究经费的非营利性组织。

从市场化属性来看，与市场应用距离越远、基础性越强的共性技术，政府的资金投入比例应当越高。而与市场应用距离越近、个性化、专属性越强的技术，越适宜由市场化主体(企业)进行主导或投入。此时，政府可以提供部分资助或提供相关优惠政策支持，鼓励企业与高校、科研院所间进行研究合作，促进科技成果转化。例如，进入中试或实验性阶段的共性技术，可以采用非政府的专门组织管理运行，这类组织由产业界参与管理，政府以资助或股份的形式提供一定比例的经费。

3. 主体合作机制

技术研发合作具有明显的跨界性质，需要结合不同领域的优势资源，采取几类合作形式:第一类，基于创新资源的松散耦合，事先设定共同的创新目标，基于共同的目标愿景，每类创新参与主体提供自身的优势资源，一类参与主体的松散贡献恰好弥补了其他参与主体在资源或能力上的短板，资源形成互补趋势，促成共性技术研发效能发挥，形成集合相互依赖。第二类，基于领域知识的有效识别，来自不同领域的创新主体，带着自身擅长的领域性专属知识，在其他创新者提供的创新成果库中进行筛选与转译，引导技术研究的具体方向和实施路径，是在已有研究基础上对科学基础知识的延伸开发，形成一种序列式相互依赖的合作模式。第三类，基于创新知识的互动融合，来自多元化领域的创新主体，以自身的擅长领域为基础，组建创新合作团队，提供差异化的创新视角，共同帮助科学基础知识向产业标准知识进行转化，并在此过程中进一步对科学基础知识进行全面探索与科学升级，这类合作紧密度更高、合作性更强、化学反应更为激烈、交流互动更为深入，形成一种互惠式相互依赖的协作模式。

4. 产权归属与分配机制

技术的形成已经具有潜在营利可能性，如果由单一组织或机构主导，其产权归属或分配较为清晰，且有相应政策法规的支撑，产权归属与利益机制的重点在于做好知识产权保护工作。

但对于共性技术来说，明确其产权归属与利益分配具有一定难度。共性技术具有通用性、外部性、基础性、关联性、外溢性、公共品属性等特征，存在市场失灵、组织失灵的双重风险，政府在共性技术研发领域具有不可替代的作用。同时，共性技术还具有使能（enabling）技术和竞争前（precompetitive）技术的特征，具有潜在价值性与未来不确定性，[①]单一组织或机构不仅投资意愿较低，而且扩散意愿也相对缺乏。加之单一组织的资金能力有限，多以管理投入与人才投入为主，资金投入较为乏力。为了扩大共性技术的行业影响力，政府资金的大量介入，将共性技术的知识产权公有化，以促进相关技术的推广应用，但这使共性技术的产权界定问题变得十分复杂。为了调动各方参与的积极性，在知识产权方面，国际通行做法是将政府资助的共性技术研究成果的知识产权归属更多地向企业倾斜，通过授予企业专有权，鼓励积极从事共性技术的研发与扩散，[②]使更多方面能够从中受益，从而放大共性技术的社会价值。同时，新型研发机构运行过程中，应当严格区分公益性行为和经营性行为，通过非营利组织章程以及理事会对其发展进行引导和监管。

三、产品开发阶段

产品开发环节主要围绕创新成果的现实转化，致力于创新成果的产品化或服务化，需要结合技术与市场的双向力量，一方面科技成果需要有效地转化为现实生产力，另一方面经济主体需要在技术创新中获得推动力。

1. 管理体制

产品开发环节是创新价值链上的关键节点，需要将科学知识与市场需求相结合，具有明显的跨界属性。该环节更适宜采用产学研合作创新的网络组织模式，整合各方的优势，进行协同创新。具体来说，产学研合作创新的网络组织模式是一种介于传统科层组织与市场运作模式之间的组织状态，建立在社会、经济、技术平台之上，强调要素协作与多赢的目标，多以虚拟组织为典型运作模式。[③] 与此类似，韩立民等（2008）提出了“产学研创新联盟”的组织框架，创新联盟是以市场为导向的，“企业、高校和科研院所从各自战略诉求出发，按照一定原则和方式结合彼此创新优势，形成共同追求最大创新效果的组织形式”。

---

① 李纪珍，2005. 产业共性技术发展的政府作用研究[J]. 技术经济(9)：19-22.

② 马名杰，2005. 政府支持共性技术研究的一般规律与组织[J]. 中国制造业信息化(7)：14-16.

③ 朱桂龙，彭有福，2003. 产学研合作创新网络组织模式及其运作机制研究[J]. 软科学，17(4)：49-52.

2. 主体合作机制

产品开发环节最常见的形式是产学研合作，这种合作形式涉及“产、学、研、官、中、金”等主体，是一种跨组织边界的合作方式。其中“产学研”是指企业、高校、科研院所，“官中金”是指政府、中介组织和金融投资机构。在合作中，“产学研”是合作的基础与核心环节，“官中金”是合作的润滑剂与纽带。多元跨界合作的基本原则是“优势互补、风险共担、利益共享、合作共赢”。企业的合作目标主要为获得前瞻性技术，克服自身在研发领域的局限性，降低研发成本，掌握市场主动权。高校与科研院所的合作目标是为了获得更加充足的经费支持，促进科技成果转化，并灵活运用市场机制使创新人才在创新成果中受益。可以看出，创新效果包含了创新成果和创新效益的双重内涵，且创新成果通过市场检验后产生的核心竞争力和综合效益才是创新联盟最根本的目标。产品开发环节以市场化商品为目的，强调合作的营利性，强调以企业为主导，以市场机制为资源配置的根本机制。

3. 资源获取方式

产品开发环节的资源获取是最多元的，每类主体有其优势资源，并根据各自的合作目的，实现创新资源的松散耦合，形成化学效应，最终促成创新效益实现。占主导地位的是企业，其合作优势在于对市场需求和行业发展趋势的准确把握，对于成熟企业来说，还包含对资金、劳动力、机器设备等生产要素的占有，这些要素决定了企业可以在合作中发掘市场机遇，选择正确的产品，并低成本、高效率地生产这些产品。高校与科研院所的优势在于拥有大量的科研人才、学科资源和创新成果资源库，具有良好的前沿科研环境，拥有培养人才的能力。高校与科研院所所具备的科学原始创新是推动科技成果转化的重要来源，并能够在合作中起到思想库和智囊团的关键作用。政府的合作优势主要是政策供给，以调动各创新主体的合作积极性，其手段与方式主要包括提供优惠政策、减免税收、搭建便利的融资环境等。中介机构与金融机构作为外部化的专业组织，主要提供管理与投融资方面的专业化服务，从而为科技成果转化提供更加高效、便利的发展环境。

4. 产权归属与分配机制

在产品开发环节，产权是各参与主体共同关注的问题。为了鼓励各方的创新积极性，制度设计成为合作的基础条件。传统商业模式中奉行股权投资的分配原则，以实物投资和资金投入为主要形式。与传统的资源驱动、资本驱动不同，科技成果转移转化是创新驱动的典型代表，知识产权、人力资本等无形资产股权化成为多元主体跨界合作的招牌动作。换言之,较为成熟的创新联盟合作机制需要较为完善的产权制度与分配制度体系作为支撑。主要包括以投融资体制创新为特征的风险投资制度、以中小企业创业板为特征的市场投资制度、以无形资产参与投资分配为特征的股票期权制度、以知识产权为特征的产权制度、以中介平台为特征的社会专业化服务制度等。[①] 这些制度在提高合作参与意愿、降低合作成本、分散合作风险、提高合作收益方面起到了根本性作用。

四、市场推广阶段

市场推广环节主要围绕产品或服务升级改造、市场份额扩张、销售利润增长等内容而展开。此环节致力于创新价值的市场化实现过程,是以企业为基础的市场实力的较量与比拼。

1. 管理体制

市场推广环节是以企业为主体的商业化过程,多采用公司体制,以股权为基础的法人治理结构。股东出资形成股份,注册为具有独立行为能力的企业法人,形成董事会和监事会的治理框架。股东大会是公司最高的权力机构,行使公司重大事项的决策职能。董事会是公司的大脑,实行公司的决策职能。同时,聘请专门的 CEO,与股东形成委托代理关系,股东以所有权向 CEO 授予经营权,CEO 以经营目标为方向,行使日常经营管理职能,在适度范围内进行经营决策,可对重大决策进行提议。股东需要以股份为基础承担相关决策带来的责任与风险,并以绩效为标准考核 CEO,决定是否继续与其维持委托代理关系。监事会是企业的免疫系统,监督董事会和 CEO 的管理决策行为是否损害全体股东的利益。这种管理体制的益处在于明确了不同主体的权利与义务,保证公司作为法人的相对独立性,确保企业作为市场行为主体在决策形成和执行过程中的灵活性、快速性与有效性。

2. 主体合作机制

市场推广环节多以企业为主体进行拓展。企业组织形式常将合作行为封闭在组织内部,利用生产部门、营销部门、财务部门等不同职能部门之间的合

---

① 韩立民,陈自强,2008.产学研创新联盟的基本涵义及特征分析[J].中国海洋大学学报(社会科学版)(6):23-36.

作来实现市场占有率和利润率的提升。这并不意味企业对外部优势资源视而不见。随着全球经济开放程度的提高，有效整合内外部资源成为越来越多企业的共同选择。尤其是新型互联网平台型企业，将自媒体、自雇佣、第三方加载程序等广大利益相关群体囊括在发展生态之中，作为其发展的资源与优势，形成了一种多元利益相关者共生共进的合作模式。市场推广环节是企业最擅长的独特领域，其地位与作用是其他合作主体难以取代的，在此阶段企业在利用外部资源的同时会努力维持自身的自主经营决策权与合作主导地位。

3. 资源获取方式

多数实体化企业选择通过市场化手段将外部资源内部化，常见的形式主要有收购、兼并、挖角相关技术人才、购买特许经营权等，从而确保在合作过程中的绝对主导地位。企业会通过市场化的购买行为在非核心环节上充分利用外部资源，实现降低成本、提高质量的目的，以集中优势精力确保核心业务环节的市场竞争力，这类合作行为主要有业务外包、专业化服务的购买等。如果提供外部资源的主体与企业势均力敌，企业无法实现绝对主导地位时，也可以采用股份合作或合资等形式，形成新的独立行为主体，从中受益的同时不干扰企业主体部分的独立经营决策，这类合作行为主要有技术合资、研发合资、企业联盟等。

互联网平台企业的资源获取方式、获取逻辑与实体化企业有所不同，其本质是形成多边市场和多边群体。为了快速形成多边生态，平台型企业会通过“补贴”来绑定多边市场中更为关键的一方，以此来实现网络效应；再将部分成本转嫁给愿意为平台的服务“付费”的群体来承担，进而维持整个平台的平衡，形成了“羊毛出在狗身上，猪来买单”的利益格局。由于网络效应的存在，规模越大的平台，市场占有率越高，能够给用户带来的价值越大，可吸引并集聚的用户越多，对平台上已有用户形成的黏性越强，市场地位很难被颠覆。而规模较小的平台难以达到网络效应阈值，难以形成用户黏性，用户容易流失，使得网络效应衰减，陷入恶性循环，进而逐步被淘汰。在市场份额高度集中于少数几家平台型企业的情况下，平台会拥有对双边用户的定价权、话语权以及规则制定权，形成赢者通吃的局面。同时，平台型企业还会进一步投入生态系统建设，通过更多的产品与服务将更多类型的参与者纳入平台生态之中，持续升级形成更为复杂的多边市场。成熟的生态系统一旦形成，这种多边关系便具有很高的稳定性甚至有自我生长的能力，对系统中的参与者黏性更强而很难被颠覆。[①]

4. 产权归属与分配机制

企业以股份为基础，边界清晰，企业内部研发机构独立完成的创新成果其知识产权相对明确，不容易产生产权纠纷，企业享有由知识产权带来的相关收益，通过红利以股权的形式使股东获得收益。对于关键技术人才，企业常常以股权、期权等形式，使人力资本股权化，以激励技术人才的持续投入。具有市场竞争力的薪酬福利体系、弹性工作制度、便利的工作条件、优厚的奖励制度、高比例的业绩提成等也常常作为企业吸引人才、激励人才的手段，是人才参与分配的主要形式。当企业无法掌握外部资源的主导权，而与外部主体形成合作关系时，契约成为产权归属与利益分配的主要依据。以契约的事先约定为标准，企业与其他利益相关方达成协议，约定各方的权利义务，从而确保合作带来的预期利益得以实现。

与实体化企业不同的是，互联网平台型企业的利益来源更加广泛，例如，流量收入、直播带货、广告植入、知识付费、会员会费等。平台型企业作为规则的制定者自然而然地处于生态的顶端，拥有最大的价值杠杆和利益分配话语权。例如，一些平台会借助自身规模优势，对平台促成的交易进行抽成。苹果公司对 App 内购收取 30%的抽成，国内的一些网约车平台会根据订单收入提取约 15%—30%的抽成，国内的电商平台也通常会抽取 5%—20%的佣金。规模较小的平台的抽成比例相对较低，规模较大的平台抽成比例相对更高。

第三节　关于创新平台特征适配的几点启示

通过对创新阶段性特征的比较分析以及对创新组织模式的系统分析，可以挖掘出创新发展的一般规律，以及创新平台进行特征适配的几点启示。

一、协调差异的中间缓冲机制

环节越远，差异性越大，越需要创新平台发挥中间缓冲机制。创新价值链

---

① 钱凯，赵丽萍，于钟海，2020. 数字经济系列之平台经济：垄断颠覆何以监管；前世今生怎映来世？[R]. 北京：中金公司.

体现了科技创新及其价值实现的阶段性特征，且越是相邻的环节关联性越强，越是距离较远的环节则差异性越大。以创新价值链的开端与末端为例，创新价值链的起始点是纯理论研究，体现了科学理论进步对科技创新的推动力；而创新价值链的末端是纯市场行为，体现了市场需求对科技创新产生的拉动力。两个环节对创新价值实现具有不同的敏感度，前者完全是非营利性的，而后者则是营利性的。两个环节遵循的逻辑也存在本质区别，前者遵循的是认知最大化的科学逻辑，而后者遵循的是价值最大化的市场逻辑。也就是说，创新价值链的两端是两类性质完全不同的创新模式，直接跨越它们之间的差异性，具有很大的难度和挑战，需要中间环节加以过渡和缓冲，例如传统的企业研究院与大学中的校办企业，均是为了融合两者之间差异而进行的尝试。出于协调差异、促进合作的考虑，创新平台可以通过资源整合机制、网络形成机制、主体合作机制、专业化服务机制等核心环节，促进理论研究与市场行为交叉融合，起到过渡、缓冲、促进、激发、加成的杠杆作用。

二、克服失灵的跨界融合机制

创新价值链强调基于不同阶段的专业化分工。因为不同阶段对应的创新模式存在本质差异，对不同创新环节内部的专业化程度要求较高，只有达到专业化要求才能实现创新价值，以便顺利开展下一阶段的创新活动。同时，创新价值链不仅强调不同创新环节的专业化分工，也强调不同创新环节的系统优化与资源整合。作为一个完整的链条，上下游之间存在内在的反馈与互动机制，具有天然的不可分割性，只有从起始端进行到终端，创新价值才能得到最大程度的释放。由于专业化分工与知识壁垒的存在，创新价值链中知识的认知价值向经济价值转化的过程中经常会出现断裂，科学能力、技术能力、生产能力经常存在功能错位或不匹配的现象，造成了科技创新中的“两张皮”，也被称为创新的“死亡之谷”。跨越“死亡之谷”便成为衔接不同创新阶段、畅通创新价值链、促进创新价值实现最关键的环节，也是科技创新平台的主要发力点。此时，创新平台应着力发挥其跨界融合机制，作为专业化的资源整合平台，可以触发跨界人才的合作力量，整合两个或多个创新阶段的专业化知识，将不同创新阶段的知识顺利转化成可被下一创新阶段理解的知识，并切实应用到实际的产品或服务当中。

三、应对开放性的创新中介机制

开放性越强，合作难度越大，越需要创新平台发挥创新中介机制。从创新合作性的角度看，创新价值链的开放合作性随着创新阶段的推进，呈现出不断上升趋势，在价值链的末端又呈现出下降趋势（如图6－1所示）。创新价值链的两端相对独立，知识发现环节与市场推广环节的创新主体具有较高的自主性与有限的合作性，均可由相对独立的组织或机构来承担，表现出封闭式创新的特征。而创新价值链的中间环节，由于具有创新难度较大、复杂程度较高、资源需求面广等特点，更加需要多元主体合作完成。因为创新活动涉及多元因素的相互作用，且存在知识外溢、产权不明等潜在风险，具有秩序性的群体间合作往往比群体内合作更不易实现。而技术发明环节与产品开发环节恰好是创新“死亡之谷”的高发环节，仅依靠组织间的自发行动，难以形成有效的合作机制。因此，创新价值链上开放性越强的环节，虽然合作可能性越高，但合作难度也越大，需要外部力量的介入，促进主体间跨界融合的有效达成。开放合作性越高的环节（主要集中在共性技术研发与科技成果转化环节），越需要创新平台中介机制的有效参与，以形成一定的创新组织机制与资源整合机制，帮助促成创新阶段的持续推进。

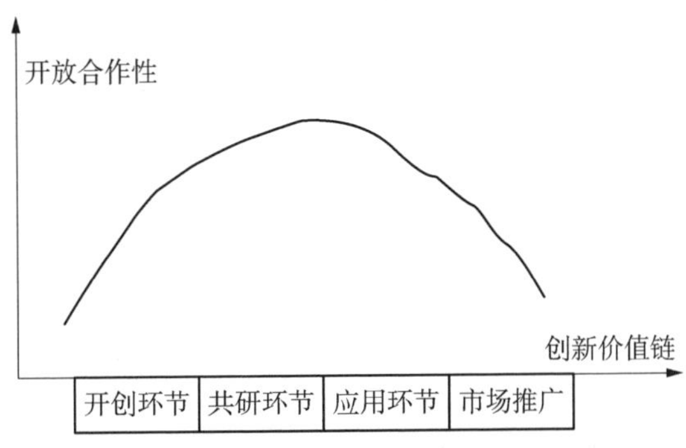

图6－1　创新价值链不同阶段的开放合作性趋势

资料来源：本研究绘制。

四、应对颠覆性的风险保障机制

颠覆性越强，潜在风险越大，越需要创新平台发挥风险保障机制。渐进式创新是对已有创新价值的深度挖掘，会形成同质竞争的红海。由于市场饱和等因素的存在，边际贡献率逐渐降低，创新价值实现空间有限。因此，越来越多的创新主体想借助颠覆式创新弯道超车，开辟新领域、新赛道、新路径、新优势的蓝海。颠覆式创新对现有秩序具有颠覆性影响，其影响不仅限于破坏现有利益格局，更重要的在于能够创造新的价值领域，是创新驱动发展战略需要着重开发的创新模式。积极鼓励颠覆式创新，挖掘其深层次价值，才能更好地促进技术进步与产业升级。创新价值链上最符合颠覆式创新特征的是知识发现环节，以纯理论创新为起点，影响后续的发展阶段。同时，技术研发阶段也具有改变产业现有格局或形成新产业的潜力，对一个产业或多个产业产生基础性、长远性、颠覆性的影响。此外，成果转化与市场推广环节尽管在技术领域上的颠覆性不强，但在商业领域的突破性蔚为可观，新产品、新服务常常与新的商业模式相伴而生。新的商业模式亦将改变传统生产方式、消费方式与生活方式。例如，电商服务、直播带货与网购群体的产生，改变了消费者的购买习惯；移动支付，改变了人们的支付习惯等；短视频改变了人们的娱乐习惯等。在创新项目的扶持上，应当更多地关注那些颠覆式创新成果，以挖掘更多的潜在价值。

颠覆性成果带来创新价值的同时，也导致了巨大的潜在风险。例如，科学伦理的风险、品牌声誉的风险、知识产权外溢风险、经济周期风险，以及相关的财务风险、市场风险、法律风险等。如何抵御这些风险是科技创新成功的基础条件，也为创新平台发挥作用提供了广阔的空间。通过引入风险评估机制、风险预警机制、投资保险机制等功能，创新平台可以帮助创新主体提高风险抵御能力，从而为科技创新保驾护航。

五、公共属性越强，越适宜采用公益化运营模式

创新价值链上，越是开端的环节，创新的公共属性越强；越是末端的环节，创新的营利属性越强，如图 6－2 所示。

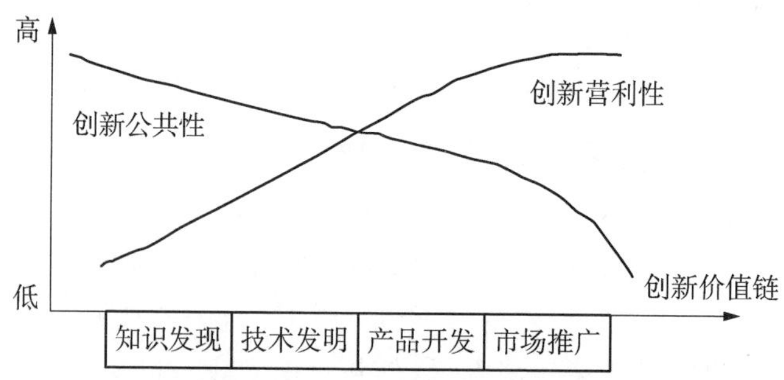

图 6－2　创新价值链不同阶段的公共性与营利性趋势

资料来源：本研究绘制。

创新公共性越强，创新平台越适宜采用公益化运营模式。创新价值链的前端，即基础科研与技术研发等环节，是参与市场竞争之前的基础创新，具有明显的正外部性特征和（准）公共品的属性，以市场机制为主要逻辑的营利性机构缺乏必要的动力对其进行投资研发，更需要政府公共财政的积极参与，提供必要的公共研发基础设施和科研经费。为了适应公共性的特点，创新平台较适合采用公益化运营模式，以优化公共资源配置为主要方式，致力于创新基础设施的维护与创新环境的营造。

六、营利属性越强，越适宜采用市场化运营模式

创新营利性越强，创新平台越适合市场化运营。创新价值链的后端，即产品开发环节与市场推广环节，是将创新价值进行市场转化的过程，具有明显的营利属性，可以依靠市场机制进行资源配置。只要有足够的盈利空间，即便存在一定的风险，营利性机构也具有足够的动力进行自主的市场开拓。在这些环节中，创新平台更适合采用营利性的市场化运营模式，充分发挥市场机制的基础性作用，提供有偿的专业化服务、创新创业投融资指导，自主运营、自负盈亏。

同时，创新平台还可以承担市场主体与政府之间的桥梁纽带作用，集中反映创新主体在科技创新过程中遇到的共性问题，为政府提供创新发展的专业化咨询意见，协助政府构建一个公平竞争的市场环境，建立便捷的投融资环境。此时，政府应以充分调动市场主体的积极性为主，不必进行过多的财政补贴或设立过多的扶持项目，以免干扰正常的市场秩序。政府可以借助降低税费等方式，降低企业运营成本，对行业进行引导。同时，政府加强对行业违法、违规行为的监管，确保市场竞争的公平性。亦可购买创新平台提供的专业化服务，了解行业发展动态与发展趋势，与创新平台、行业协会等主体一道形成协同治理体制，提高公共服务质量。

第七章　创新平台与人才管理的机制适配

人才是创新的主体，创新各类型和各环节均需要专业化的人力资源作为基础和保障。激发和调动人才的创新意愿和创新活力是提升科技创新效率的关键。创新价值链各个环节的有效运作归根到底需要依靠创新人才来实现。创新平台的作用发挥不仅要与创新价值链各个环节的阶段性特点与差异化需求进行有效适配，而且要与创新价值链上各类创新人才的管理机制进行有效衔接，为差异化人才类型提供相应的管理机制适配，以提升创新氛围和创新效率。本章将立足于科技创新最核心的资源——人才，探索创新平台与创新资源之间的机制适配。

第一节　创新平台与人才竞争机制适配

竞争与流动是资源配置的基础条件。人力资源作为创新过程中最核心、最基础、最不可替代的资源，其流动性、竞争性是市场机制所赋予的。发展机遇更多、基础条件更好、创新氛围更浓的地区对创新人才具有天然的吸引力。我国建设世界重要人才中心和创新高地，离不开对创新人才的吸引集聚，势必会引发人才的区域流动以及由此而产生的人才竞争，创新平台在人才竞争与流动机制中应当发挥关键作用。

一、人才竞争的国际国内背景与趋势

优秀的人才一直是稀缺资源，人才竞争的本质就是“赢得发展战略主动权”。为了推动科技创新与经济发展，无论是国内还是国际，对人才这一重要创新主体与战略资源的争夺从未停止过。人才的竞争与流动成为世界科技创

新领域的普遍趋势，也对我国人才强国战略提出了新的挑战。对人才发展国际国内形势的把握，是赢得人才竞争主动权的关键。

1. 人才竞争的国际趋势

对高端稀缺性创新人才的吸引、保留、开发与使用是世界各国科技创新发展的重要一环。每一次科技革命和产业革命均是由人才的颠覆性创新成果推动的。纵观各国人才竞争的方式，可分为以下几种类型。

第一类以制度环境引才。以美国为例，通过技术移民、吸引高潜力人才留学、绿卡、税收等政策，美国在全球范围内筛选人才，集聚了一大批高素质的创新科技人才，成为美国科技发展的重要推动力量。从成果原创领域来看，美国的科研环境相对宽松，为科研人才提供了充分的自主空间，成为孕育高质量科研成果的土壤。从成果转化领域来看，美国的风险投资制度和创新创业氛围更为科技成果转移转化提供了强劲的动力，世界闻名的硅谷成为科技成果转化的国际典范。美国加州政府为促进创业发展，选择加州范围内部分园区，为入园创业企业提供一系列税惠政策，还针对企业用工，实行个人所得税的减免政策，为年收入 10 500 美元以下的员工给予相当于收入 5%的税收减免，优惠额最高可达 525 美元。圣荷西（硅谷的所在地）就是此项税免政策的受益者。

第二类以优势平台引才。一些国家依托公共机构建立了平台式的人才发展与集聚模式，最典型的例子是德国。位于德国慕尼黑的弗朗霍夫协会作为欧洲最大的公益性应用科学研究机构，致力于推进各研究机构与当地大学的合作，架设高校基础研究和产业技术需求的桥梁。研究机构的领导由大学教授担任，学生作为协会员工加盟项目，获得 5 年带项目学习工作的经历。[①] 该项目旨在培育学生们先进的技术专长和全方位的商业技能，并构建广泛的商业关系网，形成了广受赞誉的“弗朗霍夫模式”。为支持创业，慕尼黑政府还建立并完善了中介服务体系，建立了三类创业者中心：一是实行会员制的企业本土化中心，二是面向创业者的科技指导中心，三是面向具体创新项目的科技转化中心。这三类创业者中心从不同的角度，结合不同层次和不同阶段的差异化需求，为创业者提供全面的科技与商业环境，最大程度培育良好的创业氛围。

第三类以优厚待遇引才。优厚待遇是日本、新加坡、韩国等科技创新后起

---

① 白晶，2010. 全球化背景下政府中介配合的城市科技创新模式探索——基于德国慕尼黑城市科技创新建设经验[J]. 城市观察(5)：90－97.

之秀的重要引才手段。这些国家为创新人才提供了具有国际竞争力的薪酬待遇、先进的科研条件和全方位的家庭福利待遇。一方面以经济手段吸引人才，其薪酬标准为国际通行标准的 3—5 倍。另一方面，为创新人才提供先进的科研设备，以充裕的科研资金，助力创新人才的事业发展。此外，这些国家还以人文关怀解决人才的后顾之忧，为人才提供以家庭为单位的保险福利，解决家属的工作安置，解决子女的就学问题等。

第四类为柔性引才，设立"人才飞地"。一些人才群体因为各种原因吸引难度较大，很多国家和地区采取"不求所有，但为所用""不求所在，但求所为"的策略，以柔性引才的方式，将人才的聪明才智和创新性成果为我所用。柔性引才是指"在不改变人事、档案、户籍、社会保障等关系的前提下，通过顾问指导、挂职兼职、项目合作、退休返聘等方式，集聚人才、智力资源的一种引才方式"。[①] 近年来，柔性引才较为成熟的经验包括：在域外建立研发中心、开放实验室、技术转移中心等"人才飞地"；以"揭榜挂帅"等形式吸引人才进行项目众包合作；借助于"乡贤会"等平台载体，以乡情为纽带，邀请人才回到故土参观考察，再通过政府顾问、短期兼职、项目合作、技术联姻等途径，发挥同宗同源的人才"思想库""人脉库"作用。华为在引进一位俄罗斯数学家时，也使用了"人才飞地"的策略。这是一个在数学领域非常有建树的俄罗斯小伙子，对无线电未来发展的分析观点非常独到，与华为的发展战略不谋而合。华为老总任正非曾多次向他抛出橄榄枝，并以 200 万美元的年薪邀请他加入华为，不想多次遭到拒绝。仔细了解原因，发现这个俄罗斯小伙子不想加入华为的原因是不想离开自己的家乡俄罗斯。为了把这位数学天才"为我所用"，华为专门在俄罗斯设立了科学研究院，借助"人才飞地"将人才的创造性劳动留在了华为。

2. 人才竞争的国内现状

从国内来看，各地区、各城市、各行业对优质人才的竞争也异常激烈。尤其是近年来，为了促进创新经济发展，各省市纷纷出台了吸引人才、留住人才、激励人才的鼓励政策，开展了一场别开生面的人才争夺战。全国共有 20 多个城市加入了这场"战斗"。其中，西安、武汉、成都、杭州等城市，借助具有吸引力的户籍政策一跃成为吸引人才的热门城市，冲锋在人才争夺战的第一线。我国主要城市的户籍政策对比如表 7 - 1 所示。此外，住房政策、创业政策、税

---

① 佚名，2021. "柔性引才"助推高质量发展——辽宁省委组织部有关负责人就《辽宁省人才工作领导小组鼓励和支持柔性引进人才若干措施》相关问题答记者问[J]. 共产党员(2)：30 - 31.

收优惠政策、服务保障政策等也成为各地抢夺人才的重要手段，相关政策对比参见表7-2至表7-5。当前，尽管国内各大城市以特惠政策吸引人才的正面交锋逐渐退热，但对各领域人才竞争的趋势仍在持续。

国内人才竞争及由此引发的人才流动表现出了几大趋势：第一，各地的人才政策重点已经由“单向政策”迈向“政策生态”，从“高薪引才”转向“生态引才”。北京重视营商环境打造、知识产权保护和科技成果转化，并出台了具体政策举措。深圳重视市场活力的释放，推行“薪酬谈判制”“人才双聘”“市场化薪酬”等举措，借助人力资源、创新创业、科技成果转化等市场化专业服务机构，为创新创业人才引进提供精准服务。杭州重视营造全社会创新创业的生态，探索设立新型研发机构，实行“企业待遇＋事业保障”机制，实施事业编制报备员额制、双聘双挂制、任务合同制等灵活的用人方式。第二，各地人才引进目标群体高度重合，重视战略揽才。高层次人才、创投人才、创新创业人才竞争激烈。从聚焦塔尖人才迈向全方位引才，尤其注重青年后备人才、应用型人才、高技能人才、复合型人才的战略引进和培育。第三，突出政策叠加。突出创新载体引才的平台效应和政策集成效应，体现人才专项政策与普惠型政策并举，扩大政策受益范围。第四，更加注重激发市场效率。更多依托市场化方式、市场化机制，解决创新创业人才吸引的相关问题。第五，进一步强化服务精细。尝试人才政策的清单式管理，更加注重人才政策的显示度、透明度和社会认可度。出台相关人才政策，迅速跟进实施细则，着力打通政策实施的“最后一公里”。第六，重视营造生态活力。各地均突出人才发展立体化生态的构建，突出人才吸引的城市品牌，例如，上海着力打造“海聚英才”城市品牌、深圳设立人才日，进行城市人才发展生态环境的整体营销，善用人才目录和人才白皮书等技术手段，对新兴商业模式与科技发展前沿的人才需求迅速响应。

二、人才竞争中存在的现实问题*

随着国内人才竞争的越发激烈，人才竞争领域的一些现实问题也随之暴露，阻碍了人力资源的优化配置和人才创新创业的效能发挥，主要体现在以下几个方面。

* 本段内容作为课题阶段性成果，包含在《建设具有全球影响力的人才制度体系》一文中，该文章系2018年“学习习近平关于人才工作重要论述征文活动”的征文，获得评比三等奖。

表 7－1 我国主要城市人才户籍政策比较

北京	上海	深圳	杭州	西安	武汉	天津
①3 年累计获得 7000 元万融资的创新创业团队，可以直接申请北京落户；②优秀的天使和创投基金高管，可以直接落户；③互联网程序员月薪 7 万元以上的，可以直接落户；④3 年净利润达到 2000 万元的创业公司，可以直接落户；⑤10 年以上教学经验的省级教师，可以落户；⑥10 年以上资历的三甲医院医生，可以申请直接落户。 人才引进年龄原则上不超过 45 周岁，“三城一区”引进的可放宽至 50 周岁，个人能力、业绩和贡献特别突出的可进一步放宽年龄限制。引进人才的配偶和未成年子女可随调随迁。若引进人才无产权房屋的，可在聘用单位的集体户落户，聘用单位无集体户的，可在单位存档的人才公共服务机构集体落户	应届博士生符合基本条件，免打分直接落户上海；上海高校应届硕士生符合基本条件，免打分直接落户上海；世界一流建设高校应届硕士生符合基本条件，免打分直接落户上海；北京大学、清华大学、同济大学、上海交通大学、复旦大学、华东师范大学六所高校应届本科生符合基本条件，免打分直接落户上海；上海“双一流”建设高校应届本科生，在五大新城、南北重点转型地区用人单位工作，符合基本条件免打分直接落户上海；新发布学校榜单排名前 50 高校的留学生直接落户上海；国外高水平大学博士毕业生直接落户；18 类人才引进落户等	①本科学历，全日制，有学士学位；②本科学历，非全日制，2 年社保；③初中学历，高级技师级证书；④初中学历，技师级证书，1—2 年社保；⑤初中学历，高级证书，3 年社保，公司申办；⑥初中学历，高级证书，4 年社保；⑦大专学历，全日制，4 年社保；⑧大专学历，全日制，3 年社保，公司申办；⑨大专学历，非全日制，4 年社保；⑩大专学历，非全日制，高级证书，2—3 年社保	具有全日制普通高等学校本科（含本科）以上学历（45 周岁以下）人员均可申请	将本科以上学历落户年龄放宽至 45 岁，硕士研究生及以上学历人员不受年龄限制，全国在校大学生仅凭学生证和身份证可在线落户。从落户年龄上限、办理便捷度、学历覆盖面等几项指标来看，西安新政具有超前性和比较优势，尤其是“在校大学生可在线落户”这条措施	将普通高校本科、专科学历，非普通高校本科学历年龄放宽至不满 40 周岁，博士、硕士研究生落户不受年龄限制	对于符合天津市引进人才年龄和学历条件（全日制本科学历 35 周岁以下，研究生学历 45 周岁以下），在津就业并连续缴纳社会保险 1 年以上，在津连续居住半年以上并合法取得居住证，且本人或直系亲属无名下合法产权住房的，可在其长期租赁房屋所在地社区落集体户口

资料来源：本研究根据各地政策整理。

表 7-2 我国主要城市人才住房政策比较

北京	上海	深圳	武汉	苏州	珠海	长沙
未来5年间北京将建设不低于150万套住房，并合理确定各类住房形式的比例，同时完善住房租赁管理服务机制，确保承租家族在医疗服务、子女教育等城市公共资源方面的权益。	上海采取购房补贴、租房补贴、人才公寓等多种形式系统解决在沪工作期间的长期稳定居住需求，各区给出的最高补贴是200万元。青浦区为两院院士、国家级人才、取得博士研究生和硕士研究生学历的专业技术人员提供最高配给150平方米人才房或最少给予120万元购房补贴的福利。普陀区为中央级和市级学者、领军人才、急需人才、专家，提供工作、生活和购房补贴综合发放，最高可领200万元。	杰出人才可选择600万元的奖励补贴，也可选择面积200平方米左右免租10年的住房，选择免租住房的，在深圳市全职工作满10年且贡献突出并取得本市户籍的，可无偿获赠所租住房或给予1 000万元购房补贴。此外，符合条件的其他高层次人才，在享受相关奖励补贴的同时，可选择最长3年、每月最高1万元的租房补贴，也可选择免租入住最长3年、面积最大为150平方米的住房。	未来五年，建设和筹集250万平方米以上大学毕业生保障性住房，其中，大学毕业生安居房85万平方米，以60平方米的小户型为主；大学毕业生租赁房165万平方米，以人均租住面积20平方米为主。让大学毕业生以低于市场价20%买到安居房，以低于市场价20%租到租赁房（如属于合租的可低于市场价30%）。	① 实行差异化限购限贷政策，分层分类向人才提供安家补贴、租房补贴，以货币化、市场化方式解决人才住房问题。 ② 入选市级人才计划最高可享受250万元安家补贴，购买自住房申请住房公积金贷款不受缴存时间限制，贷款额度可放宽至最高限额的2—4倍。	被评定的一、二、三类人才，可享受以与政府各占50%的方式申购珠海市共有产权房的优惠政策。	对新落户并在长沙工作的博士、硕士、本科生等全日制高校毕业生，两年内分别发放每年1.5万元、1万元、0.6万元租房和生活补贴，博士、硕士在长沙工作并首次购房的，分别给予6万元、3万元购房补贴。

资料来源：本研究根据各地政策整理。

1. 区域同质化

学者们对不同地区人才政策的地方特色进行比较研究，发现地区政策差异主要体现在福利性政策的力度和吸引人才类型偏好上，发展性政策的差异相对较小，人才政策存在重复性内容较多、地方特色不够等问题。郭俊华等(2017)通过对京沪深三市的创业人才政策进行比较分析，发现三市的有关政策呈现出共同特征，即过度运用创业融资、创业促进和创业支持政策，在减少创业障碍、创业教育方面的政策重视不足。吴凡等(2023)将我国9个自贸试验区的人才政策进行了比较研究，亦发现政策趋同性强、政策工具不均衡等问题。不同城市、不同区域之间竞相吸引的人才是同质化的，极易导致以物质激励为导向的人才恶性竞争，不利于人才有效配置与良性流动。人才政策与不同时期经济社会发展战略密切相关，当前一些政策忽视了城市战略差异化定位，不利于城市间政策比较优势的形成。基于地方特色的差异化政策配置应是未来研究的重点。

2. 政策执行效率待改进

当前，我国人才政策在系统性和体系化方面已经有很大改观。多年前，我国人才政策曾存在政出多门的现象，党的政策、政府政策，全国性政策、地区性政策，体系混乱，影响了政策的可操作性。经过几轮人才发展体制机制改革，这一问题已经得到了很大改善，人才“帽子”满天飞，人才计划、人才称号太多的问题也得到了一定程度的解决，政策资源配置进一步优化，一个系统性政策体系初步形成。然而，政策执行过程中的便利性、效率性仍有待进一步提高。一方面，政策设置的科学性仍有待进一步加强。很多人才评价、人才奖励政策，以人才先前获得的荣誉或奖励为评价指标，导致人才惯性向上爬的现象，评价指标与资源分配原则需要进一步科学设计。另一方面，人才政策仍存在多次评价的问题，导致很多重复劳动，人才行为数据与过往信息数据库有待进一步完善，以减少对人才本职工作的干扰。此外，当前人才政策仍存在条目过多，程序复杂，操作口径经常调整，政策连续性不强、执行效率不高、时间成本过高等问题，很多用人单位和人才群体对政策的知晓度较低，因为不了解政策而错过政策扶持机会的情况仍时有发生。

3. 供需不匹配

当前，一些人才政策仅从供给侧出发，忽视了创新组织与创新人才的主体作用，造成人才政策的供需不匹配。一方面，人才们认为繁杂的行政程序导致时间精力的浪费和对创新精神的干扰，对政府提供的人才服务措施不买账、不接受、不认可、不回应；另一方面，各级党政机关花费了大量的人力、物力、财力推进人才工作，却不能获得服务对象的普遍理解和认同。[①] 我国人才政策存在需求型政策工具短缺问题，[②]人才政策的制定应当充分考虑企业的实际需求与政府目标之间的双向契合，[③]人才政策的制定应当最大程度地符合创新规律和人才的实际需求，才能激发人才创新活力，提升政策资源的配置效率。

三、创新平台与人才竞争机制的适配空间

以政府为主导的人才竞争忽视了市场机制对人才资源的基础配置作用，存在一定的弊端。创新平台作为第三方机构，是连接政府与市场的重要桥梁，能够为化解人才竞争现实问题提供关键解决方案。

1. 以创新平台的优质资源集聚人才

传统吸引集聚人才的方式方法主要有优厚的薪酬福利、永久居留、绿卡、户籍指标等。必须看到的是，创新平台对创新人才集聚也具有独特价值。优质创新平台覆盖众多创新资源，是创新资源与创新服务的集聚平台，具有更加便利的创新创业条件，形成良好的创新创业场域，这些优势将转化为人才干事创业的事业发展平台，对创新人才具有天然的吸引力。以张江综合性国家科学中心为代表的硬件平台，集中了政府财政优势筹建具有国际影响力的实验设备、科学仪器，加之高效灵活的基础设施共享机制，极大拓展了科研人员的合作广度和研究深度，大大提高了基础科研的工作效率，在吸引人才方面具有创新集聚的比较优势。

但人才集聚的积极溢出效应不会自然产生，其生成机制取决于个体劳动者的效益与成本，转而依赖于创业企业运行的政策环境。此时，中观层次的产业创新平台为科技成果转化应用提供了周边配套，帮助抽象的科学原理向具体的应用转化，致力于打通制度上的障碍与藩篱，是吸引创新创业企业家、投资家的必然要素。

同时，以孵化器、众创空间为代表的微观创新平台，也可以形成创新创业

---

① 毛军权，孙美佳，2015. 高层次人才联系服务工作中的现实问题及其对策研究——以上海市为例[J]. 领导科学(29)：39 - 42.

② 宁甜甜，张再生，2014. 基于政策工具视角的我国人才政策分析[J]. 中国行政管理(4)：82 - 86.

③ 孙海法，王凯，徐福林，2016. 政府人才政策与企业人才需求契合关系研究[J]. 吉林大学社会科学学报，56(3)：91 - 100.

人才集聚，其本质是人才能力素质多元化的集聚和多领域、多资源、多条线的人才集聚，形成了可以快速配置的人力资源蓄水池，从而通过市场机制使知识技能型人才达到群体层面上的协作与整合，实现创新创业的规模经济和范围经济，对科技创新具有积极溢出效应。蓄水池效应既是创新平台效率实现的动力引擎，反过来也是进一步吸引人才、集聚人才的机制所在。例如，以北京车库咖啡为代表的创业集聚平台，吸引了很多怀揣创业梦想的青年人慕名而来，寻找志同道合伙伴激发创新创业的思想火花。

2. 以创新平台的跨界机制培育人才

除了吸引集聚人才，创新平台在基础人才培育与跨界人力资源培养方面具有自身的独特优势。

首先，创新平台以高端引领培育优秀的科研后备人才。尤其是以世界级科学基础设施为代表的宏观层次创新平台，在集聚全球顶尖科学家的同时，形成以科学家为代表的科研团队，这类团队可能是跨组织的团队、跨区域的团队，甚至可能是跨国团队，顶尖科学家的科研思维、研究方式通过紧密合作的方式育化给团队成员，形成具有世界顶尖科研实力的后备力量，是人才后备队伍培养的关键机制。

同时，创新平台有助于科技成果转化跨界人才的培养。研究发现，产业创新平台不仅对人才成长具有直接影响作用，还可以通过人力资源管理机制对人才培养产生间接影响作用。尤其是科技成果转化环节，多元主体间关系对动态创新产生深刻影响，形成基于知识价值链的“大学—行业—政府”三螺旋创新结构。德国的“弗朗霍夫模式”通过国家级科研平台的搭建，连接多元创新主体，形成了“从创意到市场”的网络，是商业化人才培养与创新人才集聚的重要途径，也是跨界人才培养的成功经验。

我国各大城市的人才政策也关注到了科技创新平台在跨界人才培养中的关键作用。以上海为例，2017 年 9 月出台的《关于进一步深化人才发展体制机制改革加快推进具有全球影响力的科技创新中心建设的实施意见》（简称“人才 30 条”）中充分肯定了科技创新平台对跨界人才培养的价值，并以制度的形式加以鼓励。“鼓励高校、科研院所与企业联合共建新型研发机构，做大做强产学研用对接平台。鼓励企业建立高校、科研院所实践基地，联合培养研究生”“推动博士后科研‘两站一基地’（流动站、工作站、创新实践基地）和企业科技创新‘四平台’（企业工程研究中心、工程实验室、工程技术研究中心、企业技术中心）协同发展”。[①]

3. 以创新平台的灵活机制激励人才

体制机制障碍是科技创新中经常遇到的问题，阻碍了科技创新的进程，抑制了创新主体与创新人才的活力，尤其是在人才激励方面。基础科研人员多以高校、科研院所为依托，拥有正式的组织身份，所在单位享有其科研成果的归属权。很多科技成果之所以停留在基础研究阶段，主要源于防止国有资产流失的制度障碍。还有一些情况，学术带头人也是学术机构的领导人员，在科技成果转化过程中也存在身份限制，不能从转化中受益。制度的长期锁定扼杀了创新人才的动力。虽然事业单位改革是修正制度藩篱的大势所趋，作为第三方专业组织的创新平台也可以在其中发挥解除锁定的关键作用。例如，依托科技创新平台建立起来的新型科研机构，管理机制更加灵活，激励方式更加接近市场化原则，可以与体制内高校或科研院所形成人才共聘、共享的模式，增加雇佣灵活性，通过双重雇佣身份、多重组织身份的调节打破体制机制的局限，帮助人才释放创造性活力。

第二节　创新平台与人才多元雇佣机制适配*

人才竞争的目的在于人才的有效使用，但创新性工作本身可能存在职业差异，一体化的雇佣策略不利于实现人才创新效能的预期效果。因应这一趋势，一些组织开始大量采用多元雇佣补充传统单一雇佣模式，以解除无效人力资源的锁定，满足快速变化的创新环境对人力资源柔性化配置的客观要求。[②]

一、人才雇佣领域存在的主要问题

传统的体制内单位，例如高校、科研院所奉行较为单一的雇佣模式，即拥

---

① 参见：上海市委、市政府《关于进一步深化人才发展体制机制改革加快推进具有全球影响力的科技创新中心建设的实施意见》。

* 本节部分内容以阶段性成果的形式在 2017 年第 9 期《领导科学》上发表，原标题为《多元雇佣与人力资源柔性配置的战略选择》。

② CONNELL J, BURGESS J, 2002. In search of flexibility: implications for temporary agency workers and human resource management [J]. Australian Bulletin of Labour, 28(4):272 - 283.

有正式编制的标准雇佣。由于编制、岗位存在总量限制，专业技术职称也存在比例限制，受雇于体制内单位的人才在成长空间方面经常会遭遇玻璃天花板，单位在人才引进时也不得不受到编制指标的掣肘。受现行研究生招生指标、博士后招收规模等的政策制约，一些领军人才无法直接获得研究生或博士后导师资格，即使有资格也无法保证正常招收研究生、外国留学生，影响这些高层次人才的专业发展及其团队建设。同样受其限制，一些科技领军人才无法灵活组建、聘用青年研究人才、研究辅助人员、团队管理人员等成员，造成了由于雇佣模式单一化而形成的人才效能壁垒。

当今社会，以创新平台为代表的第三方专业化服务机构为人才的雇佣方式带来了更多的可能性，通过外部化的配置手段可以增加组织的灵活性，多元雇佣成为越来越主流的管理模式。[①] 其中比较具有代表性的平台型机构主要有新型研发机构、民办非企业单位、就业中介组织、人力资源服务公司、人力资源外包公司、猎头公司、专业雇主组织等，这类专业服务公司的兴起畅通了人力资源柔性化配置的渠道，促进了组织与外界的物质交换、信息交流和人才共享，引发了人才雇佣方式多元化策略选择的问题。

二、多元雇佣的意涵及其生成机制

多元雇佣(multiple employment)作为实现雇佣柔性的重要手段，一般是指借助第三方平台提供的专业化服务，根据组织的不同需求，选择多样化的雇佣方式以及相应的人力资源管理手段。多元雇佣具有灵活性、多样性和多变性的特征，是提升组织人力资源柔性配置的重要途径。其生成机制主要通过提升四个方面的柔性得以体现，参见图 7 - 1。

1. 获取变革柔性

外部环境的急剧变化，促使各类组织不断进行战略重点的调整与重构，职能范围规模也需要随之进行转变。组织的任何转变都与人员配置密切相关，多元雇佣在一定程度上适应了这一需要。对一些管理体制需要变革的组织而言，以市场化的用工模式替代传统单一的用工模式不失为一种过渡途径。例如，一些国有企业在人事制度变革时采用内部招聘冻结，再以市场化雇佣的员

---

① KALLEBERG A L, 2003. Flexible firms and labor market segmentation effects of workplace restructuring on jobs and workers [J]. Work and Occupations, 30(2):154 - 175.

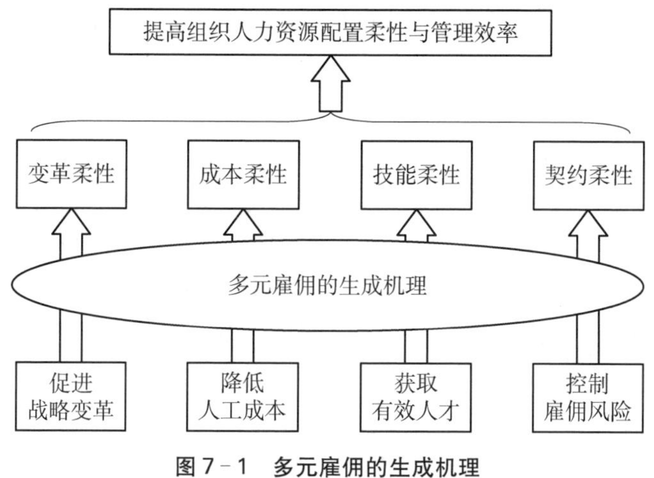

图 7-1　多元雇佣的生成机理

资料来源：本研究设计。

工进行渐进式改革。其作用在于利用雇佣身份区分员工群体及相应的比较参照系，确保差异化管理策略的可接受性和服从效度（Houseman，2001）。

2. 获取成本柔性

雇佣成本是组织人力资源配置决策需要考虑的一个重要方面（Burgess 等，2005）。对组织而言，不是所有员工的知识和技能都具有同等的战略重要性，因此可以采取差异化的人力资源实践，将有限资源优先保障核心、重点人群。[①] 同时，多元雇佣中的一些雇用方式，例如劳务派遣等具有明显的成本优势，且具有任务导向、短期导向的特点，避免了工资刚性增长的制度弊端。组织可以将外部劳动力市场作为人力资源蓄水池，来节约人力资源成本，降低员工离职所造成的沉没成本损失。

3. 获取技能柔性

技能柔性（functional flexibility）是指组织内部的雇员拥有的技能适应不同战略目标的程度（Wright 等，1998），尤其重视人力资源的技能和能力在不同任务中的转移性、适应性和快速反应性（Arkinson，1984）。多元雇佣可以通过外部资源的整合，满足组织对稀缺人才获取、高成本人才灵活性配置等需求。还有一些体制内单位，由于在人才引进上受到了人员编制的限制，选择在原有雇佣模式的基础上，配合使用市场化雇佣方式，补充人才缺口，提升了组

① JACKSON S E, SCHULER R S, RIVERO J C, 1989. Organizational characteristics as predictors of personnel practices [J]. Personnel Psychology, 42(4):727-786.

织的技能柔性。现实中，一些创新团队以劳务派遣的形式雇佣研究辅助人员、行政管理人员，也是提升雇佣柔性的典型做法。

4. 获取契约柔性

受相关法律的约束，组织在获取、解雇和管理正式员工方面存在一定的制度成本。尤其是对体制内单位来说，“能上不能下”“能进不能出”的人才固化现象极为常见。为此，很多组织采取了变更雇佣契约性质的形式，降低传统雇佣模式下被不合格员工套牢的风险和人员选择的机会成本。在一些国有企业和事业单位中，也将劳务派遣、师资博士后等市场化的雇佣作为签订长期合约之前，对候选人进行的甄别与筛选方式。

三、创新平台与多元雇佣机制的适配空间

随着雇佣形态的多元化发展，如何将不同雇佣身份的员工进行配置与管理成为当代人力资源管理的核心问题之一。传统上，在进行雇佣身份设计时，多考虑组织的战略目标、岗位及任职者特征、配置成本与效率等技术和管理因素。多元雇佣模式下，还需要综合考虑雇佣特点、法律规则、社会规范、群体间关系等因素的影响。根据不同雇佣身份混合的程度，多元雇佣可以分为五种策略：分割式配置策略、组合式配置策略、配合式配置策略、渗透式配置策略[①]，以及联合雇佣策略，如表 7 - 3 所示。

表 7 - 3　　多元雇佣的战略选择

多元雇佣策略	岗位设计	管理设计	预期目标
分割式配置策略	岗位隔离	分割式管理	节约人力成本
组合式配置策略	混岗配置	一体化管理	实现管理控制
配合式配置策略	差异岗位，差异化配置	差异化管理	实现职能管理柔性
渗透式配置策略	相同岗位，替代式配置	无差异管理	体制改革，自然过渡
联合雇佣策略	关键岗位，解除编制局限	无差异管理	解除体制对人才局限

资料来源：根据李新建，王健友，孟繁强，2011. 超组织人力资源管理研究：机理、模式与应用[M]. 太原：山西人民出版社. 修改而来。

① 李新建，王健友，孟繁强，2011. 超组织人力资源管理研究：机理、模式与应用[M]. 太原：山西人民出版社.

1. 分割式配置策略

分割式配置策略是指对不同雇佣身份的员工进行独立配置，实行差异化的制度安排和管理体系，以岗位为基础隔离不同雇佣身份的员工，使彼此之间不具有对比参照意义。这种模式适配相对封闭的工作系统，例如后勤系统。这类岗位一般为组织的支持性岗位，与组织中其他岗位的协同合作性相对有限，便于独立开展工作，较为适宜采取分割式配置策略，以实现人力成本节约。这类雇佣策略所依托的创新平台多为人力资源外包公司。

2. 组合式配置策略

组合式配置策略是指在原有雇佣形态的基础上，加入新的雇佣身份，进行混岗配置，并实施以一体化的管理策略，一些国资系统公益性项目的企业化改革就是典型的例子。在改制的过程中，这类组织保留了一部分行政机关的管理岗位，采用事业编制的雇佣方式。其他大部分的职能岗位与业务岗位均采用企业编制的雇佣模式。尽管雇佣身份不同，但组织中的人力资源管理是一体化的，通过雇佣身份的差异，实现管理控制的目的。这类雇佣策略通常发生在国有企业改革的过程中，一方面发挥整体协调性，一方面实现用工灵活性。

3. 配合式配置策略

配合式配置策略是指以一种雇佣身份为主体，配合以其他雇佣身份，采取差异化管理策略，以实现不同的组织目标，但尽量控制不同雇佣身份在组织内部的复杂性和不确定性，降低不同雇佣身份员工之间的可比性。一些新型研发机构改制就属于这类情况。不受编制限制的科研人员以实现业务职能为主，配合以正式事业编制的行政管理人员。前者支撑主营业务与核心职能，这类工作性质决定了相应的管理需要保持一定灵活度，以激发创造性劳动的活力。后者主要承担了综合管理职能，负责政治把关、体系设计、流程控制、事务管理等工作，需要配合以科层式管理模式，以确保工作人员的稳定与合规。

这类雇佣策略主要出现在公办性质的科研机构在与市场化创新机制对接的过程中，针对公共品属性的创新成果，仍然需要事业编制雇佣身份，针对可以实现市场化绩效的私营性质创新成果转化，则采取不受编制影响的雇佣身份。外部创新平台在此过程中可以发挥专业化服务的作用，例如，采用劳务派遣的形式，将工资、福利、社保等职能委托给第三方劳务派遣公司，从而降低组织的管理成本。

4. 渗透式配置策略

渗透式配置策略是指有意识地引入市场化机制，用新的雇佣身份代替原有雇佣身份，采取无差异化的管理手段，以确保自然过渡。例如，一些组织机构改革时，由于主流雇佣身份的编制有限，且解雇成本过高，存在员工“能进不能出”的体制机制障碍。因此，组织首先停止以主流雇佣身份进行招聘，取而代之的是以市场化雇佣身份雇佣新员工，作为对新员工筛选与考核的过渡阶段，采取与原有雇佣身份相同的管理方式，以降低组织被不合格员工套牢的风险和人员选择的机会成本。例如，具有绩效目标的年薪制雇佣方式，师资博士后的雇佣方式等。此时，创新平台多为组织内部平台，将候选人置于创新平台的资源配置与绩效考核当中。

5. 联合雇佣策略

新世纪以来，随着专业化人力资源服务机构的日渐兴盛，欧美国家开始认可联合雇佣(co-employment)模式，即第三方雇佣中介机构与委托单位作为联合雇主，对劳动者形成共同雇佣的法律关系，并共同分担雇佣风险，共同承担工作场所的相关法律责任。联合雇佣主要针对高端职业群体，这些人才对委托单位来说是核心人才，但市场上同类人才相对稀缺、不易招聘；联合雇佣模式可以解除体制、编制对人才的束缚，促进人才跨界流动。

针对一些体制内单位编制不足的问题，建议探索以联合雇佣为基础的新型雇佣模式。人才受雇于第三方中介机构，不占用委托单位的编制名额，享受市场化的薪酬福利。联合雇佣模式还可用以解决离岗创业人才五险一金的缴纳问题。尽管相关政策规定事业单位人才可以离岗创业，原单位保留编制，但一些单位不愿意承担人才创业期间的五险一金成本。通过认可联合雇主制度，五险一金可由创业企业缴纳，或者原单位缴纳基础部分，创业企业缴纳补充部分。借助联合雇佣模式，将引进单位作为联合雇主行使雇主权利，创设新型研发机构就可以采取相对灵活的管理运营模式。这样，既可以突破编制的限制，又可以解除绩效工资总额的掣肘。

总之，多元雇佣对组织所产生的冲击与挑战，是非常复杂和多方面的。多元雇佣对雇佣关系及人力资源实践带来的影响是双向的，既能为组织提供管理柔性，又有可能带来一系列衍生问题。例如，员工队伍的群体分化、薪酬福利体系的差异化、员工心理的特异化等。以身份为基础的感知差异是社会系统层面的心理差异表现，这种差异可能先于管理制度就已经形成了，是员工心理感知差异的根本性来源。对此，组织应该有足够和全面的认识，探索积极的和综合的对策，以对多元雇佣可能产生的消极影响进行有效的引导和规制。

第三节　创新平台与人才评价激励机制适配

科技创新过程中，人才的活力是发展的原动力。人才评价与激励有助于把握人才能力素质结构，促成人力资源的有效配置，是充分调动人才创新创业活力的重要方式。传统意义上，人才评价与激励是一种内部化职能，所在单位对人才评价与激励享有绝对的发言权。同时，政府在人才评价激励方面也发挥了至关重要的作用，政府在人才认定、职称评定等方面的政策指导意见，直接成为人才评价激励的指挥棒。随着实践的发展，创新平台作为客观第三方，能够有效衔接人才评价的组织标准与政府标准，从而形成基于外部劳动力市场原则的行业评价标准，有助于行业秩序的有效构建。

一、人才评价激励领域存在的主要问题

从人才评价的主体来看，当前最重要的两个角色是组织（例如，企业、高校、科研院所等机构）与政府。由不同主体开展的人才评价与激励活动，具有一定优势，也存在一定弊端。

1. 政府主导人才评价激励机制的特点

这类情况主要发生在体制内单位，在创新价值链的前端，即知识发现环节和技术研发环节，受财政资金的供养，体制内的高校、科研院所常常需要遵循体制内的规则体系，其优势在于客观、公正，具有广泛的社会公信力，但也随之产生一系列的制度弊端。主要表现在人才评价和人才激励两个方面。

人才评价方面，一是人才"帽子"满天飞，人才计划、人才称号太多，交叉重复享受人才待遇，导致资源过度集中在少数有头衔的人才身上。实际使用和引进时，往往认"头衔""帽子"，列入清单的才算是人才，没列入清单的则被排除在外。二是人才评价中仍然存在重资历、轻能力的现象。三是人才评价仍过于强调公开发表论文的硬性指标。一些关系到国家安全的重大战略领域，具有保密义务的领域，科研人员由于无法将研究成果公开发表，在人才计划、人才评选上明显处于劣势。此外，分类评价机制在激励"专才"方面的作用明显，但可能会造成复合型人才的埋没。

人才激励方面，一是在绩效工资总量额度管理下，公益类事业单位建立合

理、有效的收入分配模式难度较大，绩效工资年度调整幅度较低，“跑不赢”经济发展速度、人才发展需求。目前，仅引进高层次人才和团队一次性投入的人员经费不计入单位绩效工资总量，但这些人才纳入编制后还是要计入绩效工资总量，继续兑现特殊政策会挤占其他人员绩效工资的额度。二是绩效工资发放存在一定程度上的平均主义倾向，按月固定发放的普遍占到七成、八成，“绩效工资并不体现绩效”。这样做的结果是，“干多干少一个样，干好干坏一个样”“做好规定的，不做额外的”等，新的“大锅饭”问题难以避免。三是科研经费使用僵化，课题负责人在项目资金开支、差旅费用报销、出国境交流使用、基本建设投入、科研仪器设备采购等方面的经费权限较小，管理程序过于复杂。[①] 科研经费还存在钱不好用的现象，如何报销、用什么报销、哪些项目可以报销、哪些项目不能报销等操作性问题，成为影响科研经费使用效率的拦路虎。

2. 市场机制主导下人才评价激励机制的特点

这类情况主要发生在体制外单位，在创新价值链的后端，即产品开发环节和市场推广环节，受到供求机制的调节作用，体制外组织（主要以企业为主体）常常以实现绩效指标为评价激励的准绳，其优势在于更加符合人才的使用标准，但也产生了一系列的制度弊端。

从评价角度来看，一是企业对人才的评价以企业专有化的目标为标准，只代表企业对该人才的认可，不具备客观的公信力。企业目标中，可能存在某些短期目标和自利性目标，与广泛的社会价值标准相偏离，以此作为人才评价的导向性标准，不足以全面体现人才的社会价值。二是以绩效评价代替能力素质评价，缺乏科学有效的评价体系作为指导。绩效的实现会受到很多因素的影响，例如，市场环境、个人运气、偶发性因素等，以绩效评价代替能力素质评价，无形中将外在因素内部化，损害了人才评价的客观公正性。三是以薪酬水平作为人才评价的替代标准，薪酬是人才创新创业市场化绩效的客观反映，但客观现实是不同行业仍然存在一定的分配差异，例如，金融行业的薪酬相对偏高，制造行业的薪酬相对偏低，收入的绝对差异并不能代表创新人才社会贡献的相对差异。

从激励角度来看，企业化的激励方式更加符合市场导向，人才可以从其创新贡献中获得必要的奖励，符合人才的创新动力机制。但在产品开发环节中，

---

① 汪怿，2019. 推进更深层次的人才体制机制改革[J]. 科学发展(8)：18－27.

企业与人才之间就相关成果的市场化前景存在信息不对称，人才与企业之间的绝对力量不对等，在激励回报机制的制定过程中人才可能处于相对弱势地位。

二、借助创新平台进行人才评价激励的机理分析

从人才评价激励体系构建的角度看，政府相关部门、创新平台与人才雇主分别扮演着不可或缺的角色。多元评价主体的不同定位也决定了它们制定人才评价激励标准的依据与侧重，政府、创新平台、机构的角色定位如表7-4所示。

表7-4　人才评价体系中的多元角色定位

评价主体	政府	创新平台	雇主（如，企业）
标准类别	国家标准	行业标准	组织标准
制定依据	基于公平的标准 体现社会公共价值 确保国家公共安全	兼顾公平与效率 行业秩序与活力	基于绩效的标准 效率与活力
标准等级	技能上的底线标准	体现技能梯度	技能上的发展标准

资料来源：本研究设计。

1. 政府的角色定位与行政指导

政府相关部门制定的人才评价激励标准是国家标准，以社会公共价值最大化为原则，以国家与人民生命财产安全为底线，确保人才评价的公平公正与社会公信力。政府在人才评价中的作用发挥主要集中在创新价值链的前端，即知识发现环节和技术开发环节。政府通常不直接参与人才评价过程，而是通过相关制度文件，规范高校、科研院所等体制内机构人才评价的流程，指导其人才评价的行为，并通过行政权力检查、监督人才评价的执行。评价指标体系的设计，多以客观指标为主要依据，“德才”并重，重视领域认同与同行评价。

2. 雇主的角色定位与标准参与

雇主是人才评价激励的使用者，其人才评价标准更接近于现实应用，与引领性绩效指标链接更为紧密。尤其是龙头机构，往往是行业翘楚，代表了行业的先进水平，其所制定的人才评价标准意味着本领域的领先技能标准，评价和

激励的目的在于激发人才的效率与活力。这里的机构既可以是市场化的机构（例如，企业），也可以是行业领先的科研单位、大学等。以企业为例，由于企业具有逐利性，其所制定的人才评价标准通常以营利为目的，更侧重于降低成本、提高效率等经济性指标，注重企业自身利益的最大化，但可能存在忽视公共利益和公共安全的潜在风险，可能与国家制定的公平标准、公共价值标准背道而驰。企业会通过组织内培训、岗位轮换、人员流动等管理方式，培育、筛选、提升员工的技能水平，确保企业评价标准的执行。

3. 创新平台的角色定位与价值发挥

创新平台所带来的创新主体协同集聚效应是妥善平衡政府与市场之间关系、有效克服“市场失灵”与“政府失灵”的第三种途径。创新平台以其组织灵活性、与创新主体的联系性、天然的协调性、交易成本节约性等优势，展现了自己在市场和政府之间的重要战略地位。创新平台作为第三方机构，是政府与市场之间的衔接，可以承担起行业标准制定的任务。一方面，行业标准要确保国家公共价值标准的有效执行，即奉行公平标准是行业标准的基础；另一方面，行业标准还要体现行业内的水平差距，即奉行效率标准，效率标准是形成行业秩序与行业活力的关键。人才评价的行业标准制定需要兼顾公平与效率的原则，其核心是关注创新人才的工作质量与技能水平，防止劣币驱逐良币问题的发生。行业标准需要以领域特点为基础，获得行业内部认可。此时，产业园区、产业集群、行业协会等创新平台形式是承担标准共识、监督执行、动态调整的重要载体。

建立科学的人才评价激励体系，其根源是要理顺政府与市场的边界，明确政府、行业、机构的职能定位，建立多元主体协同合作机制，从而释放市场活力。机构（企事业单位）、创新平台、政府三级主体，随着层级的提高，其所制定的人才评价激励标准的影响力也随之扩大，对公共价值的考虑越多，对公平公正的重视程度越高；随着层级的下沉，其所制定人才评价激励标准的影响范围缩小，对效率的关注更加侧重。创新平台在人才评价体系构建中起着承上启下的衔接作用，是平衡公平与效率的桥梁纽带。

三、创新平台与人才分类评价激励机制的适配空间

分类评价是人才管理激励的普遍趋势。创新平台在人才分类评价激励上有广阔的作用空间。

1. 新型研发机构组建与运营服务

创新价值链的前端，其优势在于人才评价具有足够的社会公信力，最需要解决的是相关机构对人才的激励力度问题。体制内的薪酬福利体系，以社会公益价值为准绳，决定了创新成果转化奖励机制的相对乏力。为此，创新平台可以发挥专业化优势，协调高校、科研院所、研究机构、企业、创新人才等利益相关主体组织建设新型研发机构及科技成果转化机构，形成新型"产-学-研"合作模式与组织机制，提供专业化的管理与运营服务，充分发挥灵活管理体制与市场化激励机制的作用。创新平台作为筹建主体、专业化管理提供机构、专业化运营支持机构，帮助各方跨越基础科研向市场应用转化的创新"死亡之谷"，促进创新价值链的整体推进与价值实现。

2. 科技成果市场化评价服务

创新价值链上，各个环节的创新人才均具有专业性优势特长，也具有领域性瓶颈短板。例如，基础科研人才擅长科学领域的研究，在理论与技术掌握方面具有专业化优势，然而在科技成果市场化前景预测方面则存在明显的短板。反之，市场化人才能够准确地把握消费者需求与市场发展规律，擅长产品的包装、营销与推广，对产品的市场价值实现具有不可替代的能力优势，但在产品研发、技术研发、技术升级改造等方面存在明显的短板。不同领域人才之间的能力差异形成了多方合作的基础，但也引发了不同领域之间的信息不对称问题，是创新"死亡之谷"存在的根本原因。各方的信息不对称形成了利益分配中的博弈机制，需要客观公正的第三方作为中间评判，对科技成果的市场化价值进行专业化认证，以促进各利益相关方的公平合作，实现各方利益最大化。

科技成果的市场化定价机制不仅是成熟科技创新市场应当具备的基础条件，而且可以促进政府科研管理的现代化水平。政府可以在一些适合的领域探索对部分成果的直接购买，取消财务审批和报销环节，节省科研人员在课题申报和经费报销中的非必要劳动时间。此时，创新平台在知识产权界定、知识产权定价、知识产权保护、科技成果市场前景预测、市场需求调研与市场化价格评估等方面也具有更大的发展空间。

3. 科研经费专业化管理服务

由于体制内薪酬福利体系的限制，很多科研人员将科研经费作为自身收入的补充形式，在某种程度上存在科研经费使用失当、不合规，甚至不合法的问题。为了提高合规程度，当前科研经费使用存在诸多程序性审批与制度性限制，形成了较为僵化的科研经费管理体系。其根源在于，合规审查的严格性与经费使用的灵活性之间存在一定的磨合问题。需要在合法合规的前提下，提高经费使用的便捷度，真正让科研经费为人才的创造性活动服务。依托各类科技创新平台的外部机制，探索建立科研经费托管机制，将经费管理、使用、报销等事务性环节托管给专业化服务组织，负责统一采购、专业化管理、全流程服务，提升科研经费使用的便捷度与有效度。同时将监督、审查、审计等相关法律责任一同委托给承接任务的科技创新平台，通过专业化流程设计与监管设计，提高科研经费使用的合法性。以此，将创新人才与创新机构从繁重的科研经费事务性工作与合规性工作中解放出来，真正使科研经费为创新发展服务。

4. “以赛代评”人才评价服务

行业类技能、能力的比拼常以各种比赛的形式进行，竞赛结果能够在一定程度上代表创新人才的竞争力水平。尤其对专业化人才和技能人才来说，人才竞赛作为与其他同行交流切磋的有效机制，可以促进人才技能和能力进一步完善与提升。创新平台作为第三方机构，具有独立性、客观公正性、行业代表性等优势，可以作为赛事的组办方，发挥人才竞赛对于人才评价的客观作用，从而建立完善“以赛代评”的人才评价机制。也可以通过相关赛事，进一步提供人才技能培训、人才能力孵化、人才跨界交流等专业化服务，从行业角度为人才评价与培育工作提供组织外的专业化平台。

5. 分层分类的行业人才评价服务

创新价值链上不同环节的人才，其创新工作属性存在本质差异，对其能力素质也有不同要求，人才评价制度势必需要尊重不同创新类别的内在规律，进行差异化的制度设计。因此，实施人才分类管理与分类评价成为当前的主流。一般来讲，对于基础科研类人才，突出科学前沿，侧重基础性、战略性、前瞻性研究，建立以代表作为基础的业内专家同行匿名评议制度；对于科技成果转化类人才，侧重科研成果与市场化的对接，采取市场导向、成果导向，实行以经济效益和社会效益为核心的第三方机构评估制度；对于市场导向类人才，突出经济效益，实行以用人单位为主体的市场化评价制度；对于社会公益类人才，突出社会效益，采取公益导向、服务导向，采用以民众满意度为标准的公众参与式评价制度；对于复合型人才，强调跨界知识整合能力与资源协调能力，采取综合能力导向，采用多元主体跨界评价制度。

但当基础科研人才、科技成果转化人才、市场化人才、社会公益人才、复合型人才等多领域的创新人才同属于一个组织，如何对这些人才进行分类评价，且同时兼顾到组织内部的可比性显得至关重要。此时，创新平台可以发挥专业化领域的优势，根据创新领域建立多个分类评价委员会，通过行业评价、外部评价机制，将人才评价的参照系转化为组织外同领域的同行评价。在组织内部采取以团队绩效为导向的合作绩效评价机制，这样既可以体现出人才的市场竞争力，又可以体现出人才在组织内部的合作价值。

第八章　创新平台的实践探索：以上海为例

创新平台与创新模式适配的一般原理，需要与实践中的具体情况相结合，以优化创新平台发展的现实路径。上海是当前我国具有代表性的科技创新型城市，正在向具有全球影响力的科技创新中心进军，习近平总书记曾多次提出上海要“做改革开放排头兵、创新发展先行者”的战略要求。上海的创新平台实践在全国不仅具有代表性，而且具有前瞻性。本章将以上海为例，对创新平台发展的总体情况、优势特色与制约瓶颈进行实践分析，作为创新平台优化发展的现实基准。

第一节　上海创新平台的总体情况

建设具有全球影响力的科技创新中心是以习近平同志为核心的党中央赋予上海的重大任务和战略使命。在这一战略的指引下，上海借助各类创新平台，助力创新驱动发展，形成了层次分明、形式多样、领域多元的创新平台实践。

一、国家创新系统：张江综合性国家科学中心

张江国家科学中心是国家批复的首个综合性国家科学中心，是国家创新体系的基础平台，[①]是上海科创中心建设的关键举措和核心任务。2017 年 3 月 5 日，习近平总书记在参加上海代表团审议时，作出重要指示：“要以全球视野、国际标准提升科学中心集中度和显示度，在基础科技领域作出大的创新、

① 戴丽昕，2019. 上海科技双轮驱动　提升创新策源能力[N]. 上海科技报，2019-01-30(3).

在关键核心技术领域取得大的突破”。①

1. 张江综合性国家科学中心的整体架构

承接科技创新中心建设的国家使命，上海创新平台建设的视野和格局势必将站在国家创新系统的层面。在国家层面，国务院成立推进科技创新中心建设领导小组、张江综合性国家科学中心理事会。落实到上海市层面，2017年，上海成立科技创新中心建设领导小组，建立“1＋2＋X”工作推进机制。其中，“1”是指科创中心领导小组；“2”是指张江综合性国家科学中心建设推进小组和人才发展推进小组；“X”是科创中心建设重大工程、项目和政策落实推进等若干专项工作组。② 2018年5月，为了更好地统筹国家创新系统在上海的服务承载功能，重组上海推进科创中心建设办公室，实行“四合一”的管理体制，将张江国家科学中心办公室、张江高新区管委会、张江科学城建设管理办公室、自贸试验区张江管理局等四项职能统筹协调管理，纳入“上海推进科创中心建设办公室”范畴。作为国家创新系统的重要组成部分，该机构是张江国家科学中心理事会执行机构，国务院科创中心建设领导小组下设的上海办事机构，负责上海市推进科创中心建设领导小组及上海张江高新区建设领导小组的日常工作。该机构致力于做好三件事情：第一，全面负责张江科学城的建设；第二，负责“一区22园”建设；第三，负责协调推进上海科技创新中心建设。

随着全球科技竞争白热化，科技创新越来越呈现出全域化、全领域和跨界融合的普遍特征，上海国际科技创新中心建设的重点任务也从“建框架”，向“强功能”过渡。2024年上半年，为构建上下贯通有力、左右联动有序、内外协调有效，功能强劲、灵活运转的体制机制，上海推进科创中心建设办公室撤销，相关职能被纳入上海市科学技术委员会。张江综合性国家科学中心自此进入由科委牵头管理及推进发展的全新历史阶段。这其实并不是一次简单的机构调整，而是结合科技创新新型举国体制进行的一次创新范式革命。这一举措与上海城市发展的目标定位相融合，以科技创新赋能城市发展，即建设卓越的全球城市和社会主义现代化国际大都市，成为具有世界影响力的经济、金融、贸易、航运、科技创新中心和令人向往的创新之城、人文之城、生态之城。同时，这一举措也是打破区域空间壁垒，统筹全域资源的有效尝试，是科技创新新型举国体制在上海层面的具体呈现，有助于集聚整个上海乃至长三角的全

---

① 樊丽萍，沈湫莎，2017.“科创中心建设”重塑上海城市品格[N]. 文汇报，2017-09-18(特2).

② 《上海年鉴》编纂委员会，2018. 上海年鉴(2017)[M]. 上海：《上海年鉴》编辑部.

域创新要素，共同赋能张江综合性国家科学中心国家级创新平台，以策源更多原创性、引领性、战略性科技创新成果，打造具有全球影响力的城市型科技创新体系。

2. 张江综合性国家科学中心的创新基础

张江综合性国家科学中心是上海科技创新战略布局的关键环节，作为综合性科技创新平台，它依托“张江综合性实验室”“创新单元、研究机构与研发平台”“创新网络”“大型科技行动计划”的四大支柱，聚集了多样化的创新基础设施，囊括了基础理论创新、共性技术研发、科技成果转化、产品优化推广等创新价值链的全过程。

(1) 张江实验室

张江实验室是上海按照国家战略，高起点、高标准、高水平建设国家实验室的重大举措。张江实验室的目标是在2030年跻身世界一流国家实验室行列，涌现一批标志性原创成果，解决一批国家急需的战略核心技术问题。① 形成国家实验室科学高效的管理体制和运行机制、聚集一批全球一流人才及团队、取得一批突破性成果就是这一目标的题中应有之义。

聚焦国家战略，张江实验室确定了建设脑科学与类脑研究、微纳电子、量子通信和海洋科技等重点领域，布局了硬X射线自由电子激光装置、超强超短激光装置、活细胞结构与成像平台、软X射线自由电子激光装置、转化医学、海底长期科学观测网、高效低碳燃气轮机装置等科研基础设施。目前，张江地区已成为全球规模最大、种类最全、综合能力最强的光子大科学设施集聚地之一，②上海光源、上海超级计算机中心、国家蛋白质中心已经投入运营。

可以发现，这些科技基础设施和创新领域既顺应了科学发展的前沿方向，又符合创新驱动发展的国家战略，还发挥了上海科技创新发展的区位优势。张江实验室是整个张江综合性国家科学中心的核心力量和基础支撑，作为基础实验设备的共享平台，不仅在硬件设施条件上具有全球引领优势，而且在科技创新平台的设计理念上也具有国际领先优势。更深入的，张江实验室是中国集中力量办大事的最好例证，举全国之力建设的科研基础设施集群，是全球瞩目的国家创新平台。该系统实现了任何单一创新主体都无法实现的创新资

---

① 金姬，吴遇利，2017. 浦东厉害了，打造世界一流科学城！[J]. 新民周刊(40)：84－87.

② 张树义，鄢德春，罗月领，等，2018. 张江综合性国家科学中心服务上海科创中心建设路径[J]. 科学发展(3)：5－13.

源集聚优势，是社会主义制度优越性的集中体现。

（2）创新单元、研究机构与研发平台

在集聚高水平创新单元和研究机构方面，张江综合性国家科学中心从国家创新系统的站位与功能出发，集聚了李政道研究所、国际人类表型组创新中心、量子创新中心、国际灵长类脑科学研究中心、上海脑科学与类脑研究中心、上海交大张江科学园、复旦张江国际创新中心等一批一流科研机构。①

其中，比较有代表性的是李政道研究所。李政道研究所于2016年成立，聘请诺贝尔物理学奖得主、华人科学家李政道教授担任名誉所长，聘请诺贝尔物理学奖获得者、美国麻省理工学院教授弗朗克·维尔切克（Frank Wilczek）担任首届所长，汇聚了众多全球知名科学家和青年学者。该研究所聚焦21世纪国际公认最重要的科学问题，致力于在粒子与核物理、天文与天体物理、量子基础科学三个方向开展重大科学问题研究，寻找宇宙中极大和极小间的关联，探索自然界最基本和最深刻的相互作用规律。②

上海脑科学与类脑研究中心在组织形式和科研体制上的创新突破也特别具有借鉴意义。成立之初，上海脑科学与类脑研究中心就将自身定位为新型科学研究机构，实行理事会领导下的主任负责制。在这种新型组织机构的框架下，该中心探索尝试与国际科研机构接轨的人员聘用制、薪酬灵活化等新模式，建立知识产权和利益共享机制，③通过央地联动、市区联动，为人才营造一种"类海外"的科研环境。

此外，国家级研究机构还与上海市进行合作，在张江综合性国家科学中心联合打造科研平台，进一步集聚领域多元、类型多样的创新主体。其中，中国科学院就与上海市合作，共建了三大研究平台：张江药物实验室，以"出原创新药"和"出引领技术"为目标，瞄准领域前沿，部署实施疾病机制研究及原创新药研发重大项目；G60脑智科创基地，以克隆猴技术为基础，推动重大脑疾病模型研发和产业化，服务"健康中国2030"国家重大需求，解决脑重大疾病诊断、干预和治疗的关键技术；传染病免疫诊疗技术协同创新平台，着眼于打通从原创发现到创新疫苗和抗体药物的研制路径，研制抗感染抗体和新型疫苗，以提升我国传染病相关生物医药领域的国际竞争力。④

---

① 杨凯，张臻，2019. 张江国家科学中心集中度与显示度的"双重曝光"[J]. 华东科技(2)：28-29.

② 姜澎，2018. 着眼中国基础研究"领跑"最重要科学问题[N]. 文汇报，2018-04-08(2).

③ 谈燕，2018. 上海脑科学与类脑研究中心揭牌[N]. 解放日报，2018-05-15(1).

④ 孟群舒，黄海华，2018. 三家生命科学研究平台在沪成立[N]. 解放日报，2018-07-18(1).

综合来看，高水平的创新单元、研究机构与研发平台，构成了张江综合性国家科学中心的创新主体和创新载体，满足了创新对主体多元化的要求。不同学科之间既相互区别，又相互借鉴；不同层级间，既相互联动，又取长补短；不同机构间既相互竞争，又合作共赢。这些创新单元、研究机构与研发平台所带来的研发活力，是张江综合性国家科学中心的创新源泉，在跨界合作当中，彰显了国家创新系统的创新集聚优势，更加突出了国家级创新平台顶层设计的整体优势和系统整合优势。

（3）创新网络

创新网络是指创新主体之间通过正式或非正式的交流合作形成的创新关系社会结构。张江综合性国家科学中心的"四梁八柱"中，创新单元、研究机构与研发平台等创新主体间形成的动态有机联系，就是创新网络的基础结构。创新网络可以促进创新要素的资源链接，促进创新主体间的协同合作，促进创新理念的群体间共享，促进创新成果的同行认可与转化应用，最终对创新绩效产生全方位的积极影响。

张江综合性国家科学中心作为国家创新系统，其所形成的创新网络具有以下特点。第一，它是一个开放的网络，以张江实验室为载体，优势创新基础设施形成了对创新主体的虹吸效应，从而辐射、带动上海其他创新功能区，进而辐射、带动长三角地区，形成区域创新集群优势。第二，它是一个合作的网络，高水平的创新单元、研究机构与研发平台等创新主体间多元、动态、有机结合，形成了合作创新、协同创新、跨界创新等多种创新模式，具有风险共担、利益共赢、知识共享的合作优势。第三，它是一个复杂的网络，创新主体之间具有一定的社会结构，存在多种网络构建方式。例如，以世界知名科学家为关键节点，拓展中国本土科研人员与世界顶尖科研团队之间的合作与链接，瞄准不同领域的世界前沿，打通本土科研国际化的结构洞。比如，以国际高水平会议为载体，借助国际前沿成果的展示平台，吸引集聚全球顶尖的知名科学家，作为张江展示科技创新竞争力的桥梁和纽带。再比如，通过兼职、外聘、短期访问等途径，拓展张江地区科研人员与其他地区优秀科研团队的交流合作。

可以说，创新网络是科技创新的放大器和倍增器，将促进各种创新资源的自由组合与有机碰撞，发挥创新氛围的加成效应。缺少创新网络，再高水平的创新机构也只是静态的、孤立的主体。激发、建立、拓展创新网络，张江综合性国家科学中心才能形成动态、有机、互联的创新生态，才有了科技创新"活的灵魂”。创新网络的形式是张江综合性国家科学中心的有机成长机制、动态协作机制和不断发展延续的精神内核。

（4）承接和实施一批重大战略项目

张江综合性国家科学中心作为国家创新系统的重要承载，以国家发展战略为指引，承接了一系列重大工程和重点项目。例如，积极争取承接“科技创新 2030—重大项目”：包括天地一体化、智能制造与机器人、网络安全、大数据、人工智能、新材料等版块项目。

作为重要承载区，张江综合性国家科学中心还积极组织、主导、参与全球科技竞争与合作计划，谋划发起全球人类表型组、全基因组蛋白标签计划（GTP）、全脑介观神经联接图谱等若干大科学计划。其中，中国科学院神经所蒲慕明院士团队攻克世界难题，成功培育“中中”“华华”两只体细胞“克隆猴”，并在 2020 年启动“全脑介观神经联接图谱”大科学计划，目标在 2025 年完成小鼠、2035 年完成猕猴的全脑介观神经联接图谱绘制，[①]有望开启我国脑科学研究和生物医药产业发展的新时代。

张江综合性国家科学中心的目标是，在“大科学”时代，努力解决全球关键科学问题、聚集全球优势科技资源、构建全球创新治理体系。对接国家乃至国际重大科技战略任务，按照“有限目标，重点突破，持之以恒”的原则，借鉴国家层面科技专项的方向遴选和组织实施方式，制定较为长期、系统的实施计划予以攻关突破。[②] 大型科技行动计划是科技创新的牵引力和推动力，不仅为创新研究提供资金保障，还为创新发展提供基于国家战略的方向指引。

3. 张江综合性国家科学中心的本质属性

综合来看，张江综合性国家科学中心是科技创新平台的一种特殊形式，本质上属于国家创新系统，它是整合创新资源、提供创新服务、促进创新成果转化的一种制度性安排，它的出现是创新系统领域的一项重要变革，驱动了创新主体合作的结构性变化，从根本上颠覆了创新生成机制，对创新促进经济发展具有关键性价值。张江综合性国家科学中心涵盖了政策形成、研发运营、研发融资、人才开发推进、科技中介、技术创业倡导等科技创新主要职能，搭建了国

---

① 黄辛，卜叶，2020.“全脑介观神经联接图谱”大科学计划将启动[N]. 中国科学报，2020－09－29(1).

② 沈湫莎，2017. 上海启动四个市级科技重大专项[N]. 文汇报，2017－12－27(7).

家级科研平台，连接了多元创新主体，形成了规模性创新网络，是创新人才集聚的重要途径，对提高创新主体知识吸收和创新绩效具有重要作用。

二、产业层面：综合性产业技术平台

除了宏观层面上的国家创新系统之外，上海的创新平台实践还立足于中观层面，贯通了科技成果转化的关键环节，致力于打造研发与转化功能平台。研发与转化功能平台以促进产业技术创新为使命，聚焦共性技术研发与转化，服务各类创新主体，发现、培育和集聚创新型企业。作为中国最早布局发展未来产业的城市之一，上海在 2022 年率先发布了《上海打造未来产业创新高地发展壮大未来产业集群行动方案》，聚焦未来健康、未来智能、未来能源、未来空间、未来材料五大产业集群，细分出未来健康领域的脑机接口、合成生物等；未来智能领域的通用 AI、量子科技、6G 等 16 个细分领域，致力于打造影响未来产业版图的若干个"核爆点"。①

上海微技术工业研究院是其中具有代表性的综合性产业技术平台。上海微技术工业研究院致力于"超越摩尔"技术和物联网应用的创新和产业化，集研发、工程、市场、孵化于一体，形成开放式的产业综合服务平台和全球性协同创新中心。在基础技术研发的基础上，上海微技术工业研究院成功孵化一批创新企业，打通从技术研发到产业技术转化的关键环节。该研究院进一步与全球知名科研机构和企业共建研发机构，并牵头成立"中国传感器与物联网产业联盟"，促进"超越摩尔"技术和物联网应用的生态系统建设。

此外，上海还有很多综合性产业技术平台，在技术转化与市场对接方面发挥着至关重要的作用。例如，石墨烯平台已经形成百公斤级中试生产工艺和解决方案，达成多项成果转化项目合作，致力于原创性技术突破与产业化的有机衔接，堪称技术与产业相结合的行业平台典范；生物医药平台主要承载了抗体药研发中试线、生物药中试放大平台、细胞制剂研制服务平台等平台服务功能；智能制造平台致力于现代制造业的科技成果转化，尤其专注于汽车行业的最新进展，成为德国弗朗霍夫协会的中国中心；类脑芯片平台实现了共性技术研发的关键性突破等。

---

① 郑莹莹，2023. 经济观察：上海发力"未来产业"布局五大集群[EB/OL]. [2023－08－15]. https://baijiahao.baidu.com/s?id=1774301033395224111&wfr=spider&for=pc.

三、全民创新：众创空间的繁荣发展

上海已经出现了众多形态各异的“众创空间”，形成了各具特色的创业产业集群，以及相应的创新创业文化。众创空间的兴起与发展对激发创新创业活力、培育青年创新人才和创新团队、带动创新驱动型产业升级、以创业拉动就业等影响国民经济发展的关键环节具有重要价值和前瞻性战略意义。“众创空间”是一种新型的创新平台形式，该形式的优势在于降低了创新的准入要求，开启了全民创新创业时代。

1. 上海众创空间发展的整体情况

2015 年被称为“众创元年”，一场由“众创空间”引发的创新创业风暴席卷全国。为鼓励众创空间发展，上海专门出台了一系列支持政策，例如《关于发展众创空间推进大众创新创业的指导意见》。在势如破竹的发展形势之下，以及各类政策的支持之下，上海众创空间出现了创办主体多元化、发展模式多样化、专业服务＋融资等发展新态势，社会化程度不断提升。其中，苏河汇、莘泽众创空间率先登陆新三板，成为众创空间第一、第二股。

根据胡润百富与上海市科学技术委员会联合发布的《2018 上海市众创空间发展白皮书》数据显示，上海科技企业孵化器数量达到 183 家，作为新型创新创业组织的众创空间入库单位数量已达到 198 家。2017 年，上海市众创空间总收入达到 25.9 亿元，平均收入约 731 万元，但仍有超过七成的众创空间年度收入低于平均水平，年度总收入千万以上的众创空间比例只有 17.8%，多数是发展较早，生态系统、资源和服务均比较完善的大型科技企业孵化器、加速器。[①] 孵化服务人员达 2 174 人，孵化企业达 8 970 余家，累计培育了 179 家上市企业，在孵企业创造了 98 250 个就业岗位。各区也结合自身特点，相继出台了鼓励创新创业的政策，强化创新创业服务能力，深化区层面的创新创业服务体系建设。

从全国情况来看，上海的众创空间发展位于中上流水平。目前科技部共公布了三批次国家级众创空间名单和 2017 年备案的众创空间名单。从上榜名单的地域分布来看，上海的众创空间数量仅排名全国第 7 位，在广东、山东、

---

① 胡润百富，2018. 2018 上海市众创空间发展白皮书[R/OL]. [2018－10－30]. https://hurun.cn/zh-CN/Reports/Detail?num=72823E1120B4.

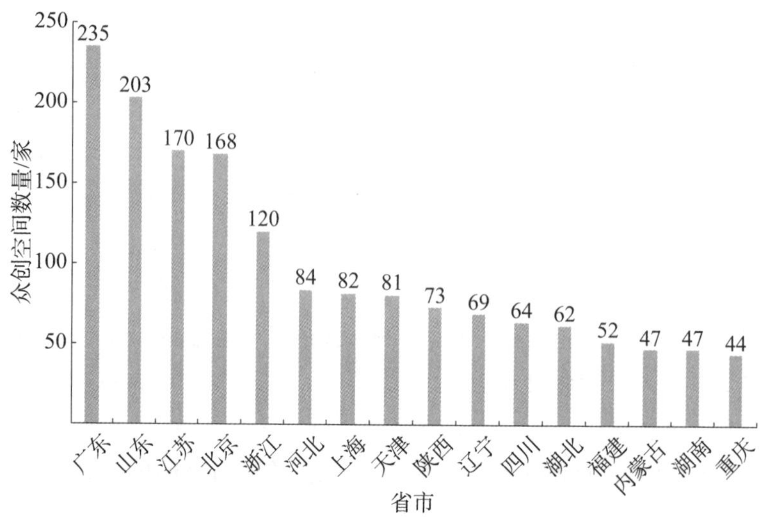

图 8-1　我国各省市国家级众创空间的数量分布

资料来源：速途研究院。

江苏、浙江等省份之后。以城市为参照系，上海的众创空间数量，也居于深圳和北京之后，与天津、青岛等城市的体量接近。

2. 上海众创空间的空间分布

从空间分布来看，上海各行政区划均有一定数量的众创空间，浦东、杨浦、闵行等区在众创空间的发展上抢占了先机，为第一梯队。其中，浦东作为中国改革开放的窗口，自由贸易试验区的所在地，张江综合性国家科学中心的主战场，具有天然的科技创新资源优势，拔得头筹，呈现出绝对领先优势。杨浦和闵行坐拥优质高等教育资源集聚优势，青年科技创新人才在此集聚，他们创新创业的热情高涨，也促进了众创空间的繁荣发展。据相关资料显示，国有众创空间中 40%是由高校主导的，也在一定程度上反映了“产-学-研”中，“学”作为创新的主体之一发挥了不可替代的作用。

第二梯队中，长宁、徐汇、嘉定等区也正在迎头赶上、快速追赶。嘉定立足于汽车等传统实体产业，按照做强先进制造业、做大现代服务业、做优战略性新兴产业的目标，发展“大众创业，万众创新”的众创空间。目前，来自世界 40 多个国家和地区的 2 600 多家实体型企业落户于嘉定，其中包括 50 余家世界 500 强企业和一批国际、国内著名企业。截至 2022 年，嘉定汽车产业实现工业总产值 3 855.4 亿元，拉动全区规模以上工业企业总产值增长 3.9 个百分点，战略性新兴产业完成工业总产值 1 500.1 亿元，“在线新经济”总产出 3 119.2

亿元。[①] 可以说，嘉定的众创空间是依托于实体经济发展起来的，其发展模式与市场机制连接更为紧密，企业在科技成果转化和技术创新方面发挥了主导作用。徐汇也是教育资源集聚区，一些国内领先的研究院、研究所坐落于此，其创新平台的集聚也围绕徐汇的优势产业，尤其在徐汇滨江形成了人工智能集聚区。

总体来看，目前上海外环之外的众创空间资源发展迅速，数量上已经超过其他区域。郊区的众创空间租金具有很大的成本优势，空间更为广阔，注册要求相对较低，更容易申请，相较市中心形成了比较优势。

3. 上海众创空间的特征分布

上海众创空间在发展质量上具有自身特色。其特点之一是，主打产业特色。上海的众创空间以产业为基础，抓住了科技发展的未来趋势，参见表 8 - 1。

表 8 - 1　上海众创空间行业分布一览表

入驻企业行业大类分布	占比/%	单个众创空间中行业平均创业企业数量/个
软件和信息技术服务业	30.7	15.3
互联网和相关服务	21.3	10.6
科技推广和应用服务业	8.5	4.2
商务服务业	4.9	2.4
专用设备制造业	3.5	1.8
批发业	3.2	1.6
零售业	3.2	1.6
计算机、通信和其他电子设备制造业	3.0	1.5
研究和试验发展	2.8	1.4
专业技术服务业	2.6	1.3
医药制造业	2.3	1.1
其他行业	14.0	4.1

资料来源：根据《2018 年上海市众创空间发展白皮书》整理。

从行业大类来看，“软件和信息技术服务业”是上海市众创空间中创业企

① 上海市嘉定区人民政府，2023. 2022 年嘉定区经济运行情况分析[EB/OL]. [2023 - 01 - 01]. https://www.jiading.gov.cn/publicity/jggk/tjsj2__publicity/fdzdgknr/tjsj97/tjfx97/160965.

业分布最广的行业，占比 30.7%，其中 71.9%属于“软件开发”“信息技术咨询服务”“信息系统集成和物联网技术服务”三个细化行业，单个空间平均拥有 15.3 个与“软件和信息技术服务业”相关的企业或项目。其次是“互联网和相关服务”行业，其创业企业占比达 21.3%，其中 73.1%属于“互联网信息服务”和“信息互联网平台”两个细化行业，各空间平均创业企业数量为 10.6 个。[①] 可以发现，传统行业的众创空间发展规模较小，以新一代互联网技术为核心的高新技术产业及其周边产业的迅速发展，倒逼了众创空间的相应繁荣，这也体现了市场需求与众创空间的相互促进作用。

特点之二是，降低了创新创业的门槛。随着实践的深入，上海的众创空间率先解除了原有创新创业对注册资本的要求，以及对公司注册地址的要求，一个众创空间的地址，可注册多家企业，在很大程度上降低了创新创业的门槛，提高了创新参与度。目前，注册资本在 2 000 元以下的小额注册主体成为主流，占注册全体的 80%以上。

特点之三是，遵循了市场规律。一些科技创新项目，因为存在正外部性（公共知识资产）的风险，私营部门没有投资的动力，但这些公共知识资产对推动科技创新发展具有基础性作用，比较适合国有资产进行公益性投资。而另一些创新创业项目，具有很高的市场价值，由政府部门进行公共财政投入，会阻碍市场机制发挥效率作用，更适宜由私营部门进行投资投入，政府作为监管部门，留给市场更大发挥作用的空间。上海众创空间的发展，很好地把握了不同性质创新项目的规律，将国有资本和民间资本有机结合、恰当配比。相关数据显示，上海众创空间中民营背景的机构占总体的 60%左右，国有背景的机构占总体的 40%左右，形成了以市场机制为主导，国有资产引导、配合、填补空缺的整体格局。

第二节　上海创新平台的优势特色

作为科技创新中心的全国表率，作为长三角经济带的龙头，上海创新平台实践既拥有自身独特的基础优势、区位优势，又承担着代表国家参与国际竞争

① 胡润百富，2018. 2018 上海市众创空间发展白皮书[R/OL]. [2018 - 10 - 30]. https://hurun.cn/zh-CN/Reports/Detail?num=72823E1120B4.

的全局使命，在这一过程中，也积累形成了具有上海特征的实践优势。对优势特色的分析，既是对经验的总结，又是对创新平台整体发展的规律性把握，同时也有利于上海经验在全国的复制与推广。

一、立足于国家战略，具有全局高度

上海一直是中国改革开放的前沿，在创新发展领域具有全国的示范与带动作用。上海创新平台实践同样是立足于国家战略高度进行的顶层设计，是上海代表中国参与国际竞争的集中体现。党和国家的一系列战略布局是上海科技创新事业发展和创新平台发展的政治基础。

长期以来，尽管上海的科技创新活动非常活跃，各类创新主体争相集聚于此，但很多活动均处于无序与自发的状态，没有明确的发展方向。实践中虽然已经出现了很多创新平台的基础形式，例如孵化器，但尚未形成科技创新的主流趋势。2013 年，习近平总书记在全国两会中向上海代表团提出，上海要“立足全局、突破重点，深入探索中国特色、时代特征、上海特点的科学发展之路，当好全国改革开放排头兵、创新发展先行者”。[①] 这一时期是上海创新平台发展的预热期，基本明确了创新驱动发展的战略方向。

2014 年，习近平总书记正式对上海提出建设科技创新中心的要求，提出上海要“加快向具有全球影响力的科技创新中心进军”“要择天下英才而用之，实施更加积极的创新人才引进政策”。2015 年，国务院常务会议也提出构建面向人人的“众创空间”等创业服务平台，以促进“大众创业、万众创新”的国家战略。在这些战略擘画的指导之下，上海创新平台实现了飞速发展。

2016 年，习近平总书记进一步指出，上海“要抓住时机，瞄准世界科技前沿，全面提升自主创新能力，力争在基础科技领域作出大的创新、在关键核心领域取得大的突破”。2017 年，习近平总书记要求上海要有“四个新作为”，尤其要在“推进科技创新中心建设上有新作为”。这一时期，上海的科技创新平台也呈现出繁荣趋势，形成了各个层次水平、各类主体参与、各类资源集聚的崭新局面。为促进科技创新长远发展，2018 年 4 月，上海进一步推出了《上海市研发与转化功能型平台管理办法（试行）》，致力于打造面向产业创新需求、

---

① 朱珉迕，王志彦，谈燕，2018. 牢记使命 不忘重托 保持勇气锐气朝气[N]. 解放日报，2017-03-05(1).

促进科技创新资源开放协同的新型研发与转化组织。

2023 年 11 月，习近平总书记考察上海时指出："推进中国式现代化离不开科技、教育、人才的战略支撑，上海在这方面要当好龙头，加快向具有全球影响力的科技创新中心迈进。要着力造就大批胸怀使命感的尖端人才，为他们发挥聪明才智创造良好条件。"2025 年 4 月 29 日，习近平总书记考察上海时强调，上海承担着建设国际科技创新中心的历史使命，要抢抓机遇，以服务国家战略为牵引，不断增强科技创新策源功能和高端产业引领功能，加快建成具有全球影响力的科技创新高地。

建设具有全球影响力的科技创新中心，代表中国参与国际竞争，是上海必须肩负的全局使命，也是上海科技创新发展的全国方位。时任上海市委书记李强同志在"科技部与上海市政府 2018 年部市工作会商会议"上也明确指出，"上海的使命不只体现在自身发展上，更重要的是服务全国大局、服务区域创新，代表国家参与国际合作竞争。我们要坚持面向全球、面向未来，对标国际最高标准、最好水平，提高站位、提升标准，强化意志力和耐力，推动科创中心建设取得更大进展"。①

上海市委书记陈吉宁同志在 2023 科创大会的致辞中指出，"加快向具有全球影响力的科技创新中心进军，是习近平总书记交给上海的重大国家战略。新征程上，我们要牢记殷殷嘱托，主动识变应变求变，以排头兵的姿态和先行者的担当，着力强化科技创新策源功能，坚定不移向科技创新要新质生产力、要核心竞争力。""我们将全力加速源头创新突破，聚焦重点领域全面深化高风险、高价值的重大科学问题研究，坚决打赢关键核心技术攻坚战，加快形成一批原创性引领性科技成果。全力推进创新赋能发展，疏通基础研究、应用研究和产业化双向链接的快车道，围绕三大先导产业和未来产业打造世界级产业集群，以六大重点产业为主推动智能化、绿色化、融合化发展，加快形成具有风向标意义的产业'核爆点'，培养造就世界一流企业。全力促进资源要素融通，发挥国际科创中心和国际金融中心联动优势，推动创新链产业链资金链人才链融合发展。"②

创新平台是创新不可或缺的基础要素，是促进科技原创、科技成果转化、

---

① 谈燕，2018. 聚焦国家战略确保中央重大部署落实[N]. 解放日报，2018－10－31(1).

② 张骏，2023. 共谋以科技创新引领支撑中国式现代化！陈吉宁慎海雄龚正出席 2023 科创大会[EB/OL]. [2023－10－11]. https://export.shobserver.com/baijiahao/html/665604.html.

创新发展成果提升人民获得感的助动器。上海的创新平台实践，是围绕着国家使命和上海定位而展开的。其体系设计、制度设计和功能规划均体现了全球视野的格局和国家使命的站位。

二、种类齐全层次分明，创新价值链条全覆盖

在国家战略、国家使命的驱动下，上海创新平台的实践广度与深度居于全国领先水平，表现出了多层次、多角度、创新价值链条全覆盖的总体特征。

1. 上海创新平台发展的纵向格局

从纵向角度看，上海的创新平台实践形成了层级分明、互相补充、协同发展的纵向体系。

从国家层面来看，上海在国家的大力支持下规划建设了“张江综合性国家科学中心”，布局了世界领先的大科学装置和创新基础设施，充分发挥了“集中力量办大事”的社会主义优越性，通过创新基础设施的资源集聚，带动了全球知名科研机构、高校、院所的创新机构集聚，从而吸引了创新创业投资者、创新中介机构、创新金融领域、创新专业化服务的周边配套，最终形成了由国际权威科学家领衔的创新人才梯度集聚，发挥着国家创新系统的中坚作用。

从区域层面来看，上海作为长三角一体化协同发展的龙头，依托江浙沪地区的产业集群效应，建立起以实体产业优势带动创新创业的创新平台效应，发挥着对长三角地区的带动、辐射作用。其优势主要体现在：上海自贸试验区的制度创新与综合改革，减少了行政审批程序，降低了税费成本，开创性地拓展了离岸创新创业的新模式与新空间；上海进口博览会的成功举办，使上海在会展经济方面的优势逐渐显现，成果展示交流与商品交易相结合的平台效应也逐渐凸显。

从市场活力的微观角度看，上海目前已经有众创空间500多家，覆盖了硬件支持、能力培育、风险投资、咨询服务、市场拓展等专业化职能，培育了很多依托市场机制组织运营的商业项目，充分释放了“大众创业，万众创新”的全民创新热情。在众创空间的影响带动下，文创产业、互联网＋商业、科技成果转化等领域获得了更好的发展。

可以说，从纵向角度，上海的创新平台实践已经形成了覆盖宏观—中观—微观、职能丰富、领域健全的科技创新创业纵深布局。

2. 上海创新平台发展的横向格局

从横向角度看，上海创新平台实践形成了贯穿创新价值链的联动体系。创新具有复杂的环节，每个环节环环相扣，才能最终成为惠及民生的创新成果。上海的一个优势在于具有开放健全的创新生态环境，具有领域多元的创新人才，蕴藏着门类齐全的创新资源。

从创新策源的角度看，上海有国际国内知名的高等院校，例如复旦大学、上海交通大学、同济大学等，这些高等教育资源、高级专家教授、高素质的高校青年学子也具有平台效应，是科学发现、技术发明等基础创新的源头。从技术开发角度看，上海集聚了一大批国际国内领先的大院大所，例如中国科学院系统分布在上海的各领域研究所，这些科技创新资源不仅是科技原创性成果的产生之地，更是推动科技成果转移转化的前沿阵地。从科技成果转化来看，上海率先成立并成功运营了众多研发与转化功能型平台，以产业技术创新为核心，服务各类创新主体，发现、培育和集聚创新型企业。从创新成果市场化的角度来看，上海集聚了一批具有实力的科技型企业以及企业集群，这些企业已经形成了成熟的商业模式，并且高度重视研发投入与成果转化，对推动科技创新市场化、商业化、盈利化形成了很好的示范带动作用。

综合来看，上海创新平台实践纵向呈现出结构清晰、层次分明、功能配套的纵深体系，横向呈现出领域多元、资源多样、环环相扣的联合体系，最终形成了纵横交错、相互融合、带动辐射的全方位、全领域、全覆盖的立体格局。

三、制度优势推动科技创新健康发展

上海以国际视野和国家使命为己任，着力打造具有全球影响力的科技创新中心。为促进创新平台的发展，上海出台了一系列相关政策。据不完全统计，自 2014 年以来，上海市相继出台促进科技创新发展的各类政策 50 部以上，部分政策参见表 8 - 2，其中涉及促进创新平台发展的相关政策 10 部以上。政策内容涵盖了经济、文化、社会等各个领域，扶持政策已经形成了一个较完整的体系。致力于鼓励和支持创客空间、极客空间、创业咖啡、创业新媒体、创业训练营、虚拟孵化器、创业社区等新型孵化器，以及科技创业苗圃、科技企业孵化器、科技企业加速器、大学科技园、小企业创业基地等众多不同形式、不同模式的创业服务平台的建设及协同发展。

表 8-2　　上海促进科技创新及创新平台政策一览表

	文件	文号
1	《关于加快上海创业投资发展的若干意见》	沪府发〔2014〕43 号
2	《上海市天使投资引导基金管理实施细则》	沪发改财金〔2014〕49 号
3	《上海市鼓励创业带动就业三年行动计划(2015—2017 年)》	沪府办发〔2015〕43 号
4	《上海市促进人才发展专项资金管理办法(试行)》	沪人社财〔2015〕716 号
5	《关于上海加快发展智能制造助推全球科技创新中心建设的实施意见》	沪府办发〔2015〕36 号
6	《关于本市发展众创空间推进大众创新创业的指导意见》	沪委办发〔2015〕37 号
7	《关于服务具有全球影响力的科技创新中心建设实施更加开放的海外人才引进政策的实施办法(试行)》	沪人社外发〔2015〕35 号
8	《市政府关于进一步做好新形势下本市就业创业工作的意见》	沪府发〔2015〕36 号
9	《关于深化人才工作体制机制改革促进人才创新创业的实施意见》	沪委办发〔2015〕32 号
10	《上海市工商行政管理局支持众创空间发展的意见》	沪工商注〔2015〕126 号
11	《关于加快建设具有全球影响力的科技创新中心的意见》	沪委发〔2015〕7 号
12	《上海市科技小巨人工程实施办法》	沪科合〔2015〕8 号
13	《创业浦江行动计划》	上海市科委 2015
14	《上海众创空间培育支持试行办法》	上海科技企业孵化协会 2015
15	《上海银监局关于上海银行业提高专业化经营和风险管理水平进一步支持科技创新的指导意见》	沪银监发〔2015〕146 号
16	《关于促进金融服务创新支持上海科技创新中心建设的实施意见》	沪府办〔2015〕76 号
17	《关于进一步加大财政支持力度加快建设具有全球影响力的科技创新中心的若干配套政策》	沪府办〔2015〕84 号
18	《关于完善本市科研人员双向流动的实施意见》	沪人社专发〔2015〕40 号
19	《关于服务具有全球影响力的科技创新中心建设实施更加开放的国内人才引进政策的实施办法》	沪人社力发〔2015〕41 号

（续表）

	文件	文号
20	《上海市产业技术创新专项支持实施细则》	沪经信技〔2015〕769 号
21	《关于改革和完善本市高等院校、科研院所职务科技成果管理制度的若干意见》	沪财教〔2015〕87 号
22	《上海市天使投资风险补偿管理暂行办法》	沪科合〔2015〕27 号
23	《上海市浦江人才计划管理办法》	沪人社外发〔2015〕50 号
24	《上海市深化高等学校创新创业教育改革实施方案》	沪府办〔2016〕2 号
25	《上海市推进"互联网＋"行动实施意见》	沪府发〔2016〕9 号
26	《上海系统推进全面创新改革试验　加快建设具有全球影响力科技创新中心方案》	国发〔2016〕23 号
27	《上海市促进科技成果转化条例》	上海市人大常委会 2017 年 4 月
28	《关于本市推进研发与转化功能型平台建设的实施意见》	沪府办规〔2018〕6 号
29	《上海市研发与转化功能型平台管理办法》	市科委、市发展改革委、市经济信息化委、市财政局 2018 出台，2021 年修订，2024 年再次修订
30	《上海市深化科技奖励制度改革的实施方案》	沪府办规〔2018〕35 号
31	《上海市科技创新券管理办法》	沪科规〔2022〕11 号
32	《关于进一步深化科技体制机制改革　增强科技创新中心策源能力的意见》	沪委办发〔2019〕78 号
33	《关于促进新型研发机构创新发展的若干规定（试行）》	沪科规〔2019〕3 号，2021 年修订
34	《上海市重点实验室建设与运行管理办法》	沪科规〔2022〕6 号
35	《上海市科技创新创业载体管理办法（试行）》	沪科规〔2020〕7 号
36	《上海市推进科技创新中心建设条例》	上海市第十五届人民代表大会第三次会议于 2020 年 1 月 20 日通过
37	《上海市鼓励设立和发展外资研发中心的规定》	沪府办规〔2020〕15 号
38	《关于强化科技应急响应机制实现科技支撑疫情防控的通知》	沪科〔2020〕39 号
39	《上海市促进科技成果转移转化行动方案（2021—2023 年）》	沪府办规〔2021〕7 号
40	《上海市人民政府关于加快推动基础研究高质量发展的若干意见》	沪府发〔2021〕22 号

（续表）

	文件	文号
41	《上海市人民政府办公厅关于本市推进长三角国家技术创新中心建设的实施意见》	沪府办〔2022〕17 号
42	《关于支持上海长三角技术创新研究院建设和发展的若干政策措施》	沪科规〔2022〕3 号
43	《上海市大型科学仪器设施共享服务评估与奖励办法》	沪府办规〔2022〕20 号
44	《关于进一步降低制度性交易成本更大激发市场主体活力的若干措施》	沪府办发〔2022〕22 号
45	《上海市高质量孵化器培育实施方案》	沪府办规〔2023〕16 号
46	《上海市提信心扩需求稳增长促发展行动方案》	沪府规〔2023〕1 号
46	《关于本市进一步放权松绑激发科技创新活力的若干意见》	沪府办规〔2023〕10 号
47	《上海市加强集成创新持续优化营商环境行动方案》	沪府办规〔2023〕1 号
48	《上海区块链关键技术攻关专项行动方案（2023—2025 年）》	沪科〔2023〕292 号
49	《关于坚持对标一流　持续优化上海市工程建设领域营商环境的行动方案》	沪建建管联〔2024〕249 号
50	《上海市聚焦提升企业感受　持续打造国际一流营商环境行动方案》	沪府办发〔2025〕1 号

资料来源：本研究根据相关资料整理。

上海创新平台实践以创新资源集聚、科技成果转化、硬科技企业孵化和未来产业培育为重点，在新领域、新赛道、新动能、新优势上持续发力。2023 年出台的《上海市高质量孵化器培育实施方案》，面向未来产业和产业的未来发展趋势，提出畅通“转化—孵化—产业化”链条，培育“超前发现”“超前布局”的“超前孵化”新模式，致力于从“选育项目”向“创造项目”转变，提升孵化策源功能。①

同时，上海以优化营商环境为基础，坚持市场导向作用，不断降低创新创业制度性成本，2022 年上海出台了《关于进一步降低制度性交易成本更大激发市场主体活力的若干措施》，在“放管服”改革上下功夫，进一步简化相关手续，提升涉企服务水平，降低创新创业门槛，激发市场活力。与此同时，针对科技

① 参见：《上海市高质量孵化器培育实施方案》（沪府办规〔2023〕16 号）。

创新过程中的体制机制束缚，进一步对各类创新主体和人才“松绑”“解绑”，2023年上海出台《关于本市进一步放权松绑激发科技创新活力的若干意见》，以“综合授权＋负面清单”方式，开展综合授权改革试点，在编制使用、岗位设置、工资总额、职称评定、经费使用等方面赋予创新主体和创新人才更大自主权。完善研发公共服务平台共享奖励机制，通过一系列的创新政策举措为创新创业者提供开放、包容、高效、便利的创新环境。

政策执行过程中，不断优化完善政策受理机制，提高政策执行效率。扶持政策公开透明，所有申报的条件、标准都在网上向所有企业公开。企业完全可以根据自身发展情况对号入座。为方便创业企业申报政策，明确了科技政策由区政府证照办理中心科委窗口负责受理，实行网上审核流转，明晰政策审核流转的进展情况，方便企业申报和知晓审批流转的情况，让数据多跑路，让创新主体少跑路，提高了科技创业政策执行的透明度和执行率。

这些创新政策的提出有利于促进科技中介服务集群化发展、支持各类研发创新机构发展、大力扶持众创空间发展、加强创新创业服务体系建设，进一步优化了上海科技创新的体制机制和生态环境。

四、政策引导与市场机制双轮驱动

上海创新平台的实践优势不仅体现在制度引导上，还体现在“看不见的手”发挥着重要作用，遵循社会主义市场经济规律和人才成长规律，“看不见的手”与“看得见的手”协同发力，形成了政府政策扶持与市场运营机制双轮驱动的动力格局。上海创新平台实践以各类平台为载体，加强落实“向用人主体放权、为人才松绑”，发挥了市场机制在创新资源配置上的主导作用，最大限度激发、释放了人才的创新、创造、创业活力。

1. 以创新平台为载体，促进人才国际化交流合作

上海创新平台的政策引导，通过“引进来，走出去”的方式，将创新平台作为人才集聚的载体，加大柔性引才、机构引才、市场化引才的力度。

第一，采用“引进来”的策略，本着对高端人才“不为所有，但求所用”的理念，通过各类人才计划吸引人才，实现柔性化引才，借助各类基础性、原创性、研发型平台吸引国际顶尖科学家，尤其是外籍专家学者来沪进行交流合作。

第二，借助国际知名学术平台，积极举办各类学术会议、成果展示交流等活动，吸引海外专家学者来到上海、了解上海，贡献智慧于上海，开创事业在上

海。借助上海市市长国际企业家咨询会议、浦江创新论坛、中国（上海）国际技术进出口交易会等平台作用，组织各类论坛交流活动，例如创新创业论坛、科技创新年、全球创新创业大赛、人才峰会、人才实训等，促进平台式人才国际化交流与合作。

第三，积极鼓励外资研发中心落户上海。2020 年，上海出台《上海市鼓励设立和发展外资研发中心的规定》（沪府办规〔2020〕15 号），涵盖外资研发中心、全球研发中心和外资开放式创新平台。机构一经认定，可以享受跨境研发通关便利、跨境金融服务便利、人才引进与培养优惠政策、出入境和停居留便利、培训补贴与住房保障政策、登记注册便利和研发用地保障等优惠便利政策。

同时，还采用"走出去"的策略，响应"一带一路"的国家倡议，积极鼓励有条件的高校在海外建立办学机构、科研院所在海外建立科研机构，鼓励企业在海外投资设厂、并购、建立研发中心和高端孵化基地，吸引使用当地优秀人才。①

2. 以创新平台为纽带，扩大人才开放

以全球最高标准、最好水平为准绳，以人才需求为市场依据，着力吸引更多国际化人才来沪工作学习，为国际化人才来沪开辟便捷化、高效化、人性化服务。针对外籍高层次人才，取消年龄、职务、级别限制，优化便利化在华永久居留权。为方便入境和停居留，高层次人才可在口岸和境内申请办理 R 字人才签证。为充分发挥青年人才的活力，在上海地区高校取得本科及以上学历且在"双自"地区就业的外国留学生，可直接申请办理外国人就业手续和工作类居留许可。为方便国际化人才家属随行陪同，实施港澳居民特殊人才及家属来上海定居政策。为增加海外人才的融入感，海外人才居住证 B 证，可享受上海市民待遇。

同时，上海市还不断创新服务举措，不断优化"两证合一""一口受理""网上预约"等服务流程。这一系列的政策举措，目标在于简化外国人来沪的程序，降低国际化人才在沪干事创业的门槛，完善市场化认定人才机制，以市场化的标准引才、用才、留才，充分体现了政策引导与市场化机制的双轮驱动作用。

---

① 参见：上海市委、市政府《关于进一步深化人才发展体制机制改革加快推进具有全球影响力的科技创新中心建设的实施意见》（即"人才 30 条"）。

3. 以创新平台为对接,促进人才跨界培养

通过跨界培养人才综合素质是创新型人才成长的基本规律,上海科技创新平台实践充分尊重并遵循了这一规律,做大做强产学研用对接平台,鼓励人才跨界培养与跨界成长。例如,鼓励高校、科研院所与企业联合共建新型研发机构,鼓励企业建立高校、科研院所实践基地,联合培养研究生。推动博士后科研"两站一基地"(流动站、工作站、创新实践基地)和企业科技创新"四平台"(企业工程研究中心、工程实验室、工程技术研究中心、企业技术中心)协同发展,形成跨界培养、跨界使用的成长成才机制,同时通过政策、资金、人才、服务叠加,形成人才、项目、产品相互融合的产学研用合作机制。不同科技创新平台之间的互联互通与互动,为人才跨界培养提供了空间与载体。

4. 以创新平台机制,促进人才跨界流动

人才的自由流动也是市场机制发挥作用的显著特点。由于传统的体制机制局限,人才在不同性质机构之间的流动往往存在一定的制度壁垒,尤其是对拥有体制"身份"的人才来说,拥抱市场经济就等于放弃体制内的雇佣身份。然而,很多创新创业活动需要市场机制作为基础,人才的跨界流动便成为释放人才创新创业活力的基础条件。上海创新平台的顶层设计中,充分考虑到跨界流动的可能性和可实现性,允许科研人员在岗或者离岗创业,鼓励高校、科研院所等事业单位科研人员在岗创业或者到企业兼职从事科技成果转化、技术攻关。为解决科研人员的后顾之忧,相关政策还允许科研人员在创业失败后(创业孵化期内)返回原单位,单位为其保留原来的专业技术职务。通过双向挂职、短期工作、项目合作等柔性流动方式,每年引导一批高校、科研院所的博士、教授向企业一线有序流动。同时,为了补充高校平台实践经验不足的缺憾,还健全了企业创新创业人才向高校、科研院所流动的机制,允许高校、科研院所设立一定比例的流动岗位,吸引有创新实践经验的企业家和企业科研人才兼职。①

五、空间嵌套,优势互补,产业协同

上海各类创新平台实践,将创新平台的建设与上海传统的产业优势、区位

① 参见:上海市委、市政府《关于进一步深化人才发展体制机制改革加快推进具有全球影响力的科技创新中心建设的实施意见》(即"人才 30 条")。

优势、技术优势相衔接。一个最现实的举措是，将各类科技成果转化促进平台与高新区、产业区相嵌套，引导和支持众创空间、加速器培育的企业在高新区产业区块内购置或租赁自用办公用房，并给予补贴，实现了物理空间上的共享，创新优势上的互补，创新成果上的共荣，以产业园区为主要载体承接各类优质科技企业。

漕河泾双创园就是优势衔接、空间嵌套、产业协同的典型代表。它针对初创型、成长型、规模型三个不同层次的企业，提供孵化、培育、协调三种不同需求的服务模式，通过企业上市服务、投融资服务、高新技术企业认定、基金项目申报指导、专利申报服务、成果转化项目申报推进、政府扶持政策落实等七项重点工作，形成独特的孵化服务体系。园区已吸引新能源环保、电子信息、智能制造等领域百余家创业企业入驻，成功孵化了以“微松自动化”“大郡动力”为代表的创业企业。依照“扶优扶强、加速助推、创业孵化”三位一体的梯度服务结构，形成科技企业由“初创型—成长型—规模型”的高科技企业成长路线图，构建了适合高科技企业发展的“创业苗圃—众创空间—加速器”的“三级跳”创新创业体系。[①]

第三节　上海创新平台的瓶颈制约

对上海创新平台发展的客观分析，是把握形势、遵循规律、最大化创新效能的基础和前提。在发展形势喜人、总体积极向好的同时，也应客观看到，上海创新平台实践仍存在一些现实问题，如果不及时解决，可能成为制约未来进一步健康可持续发展的瓶颈因素，最终可能会影响到上海建设具有全球影响力的科技创新中心的总体布局。

一、多元创新平台力量分散，缺乏系统合力

尽管上海的创新平台实践已经形成了纵横交错立体结构的雏形，这一基本框架为科技创新创业的健康有序发展奠定了基础条件。但在实践中不难发现，不同层次、不同水平创新平台之间的关联性较小，仍然是若干分散的创新

① 张秀华，2012.我们承载并成就创业者梦想[N].上海科技报，2012-03-02.

单元,仅仅在物理空间中集聚,没有形成体系性的化学反应。

1. 功能区分不清晰,比较竞争优势不突出

主要表现为不同层次的创新平台功能横向上交叉重叠,没有形成纵向层级体系的功能区分和比较竞争优势。例如,以张江综合性国家科学中心为代表的国家创新系统,其中包含着众多类型创新平台的代表形式,致力于基础研究的大院大所,致力于共性技术研发与设备共享的大科学装置,致力于促进科技成果转化的专业孵化机构等,这些创新平台中,除了大科学装置是张江综合性国家科学中心所特有的科技创新平台以外,其他种类的创新平台与中观层次和微观层次的创新平台并无本质差异。

2. 分轨道运行,同质化竞争

不同层次的创新平台力量分散,缺乏顶层设计和系统整合。不同层次的创新平台分轨道运行,相互之间要么没有交集,要么呈现功能交叉重叠的相互竞争态势。例如,研发与功能转化平台与传统的孵化器,在功能上存在一定程度的交叉重叠。一方面,孵化器并非满负荷运行,在孵化科技创新项目上仍有余力,但另一方面,研发与功能转化平台的出现,使大量以科技创新为主的转化项目从传统孵化器中分化出去,这种功能上的交叉重叠造成了某些创新资源使用的不充分,在一定程度上形成浪费。又比如,大科学装置周边配套形成的专业化服务组织与新兴的众创空间之间虽然也具有某些领域的业务相关性,但彼此之间的业务联系较少,甚至各自独立运行,造成相关专业化资源的结构性紧缺与同质化浪费。

3. 缺乏合作机制与协调机制

综合来看,不同层次、不同种类的创新平台各自的力量分散、分化,没有形成差异化、梯度化的功能安排,在企业创新平台的发展建设中,也普遍缺乏整体战略思路和促进社会参与的有效策略。需要一种顶层设计,加强并促进不同创新平台之间形成合作机制与协调机制,从而将上海的创新平台体系打造成一个结构清晰、功能完备、发展有序的创新系统,形成 1+1>2 的系统加成效应。

二、功能趋同,同质化发展不利于个性化需求的满足

不仅不同层次的创新平台存在某种程度的功能趋同现象,同一层次内的创新平台,其市场区分度也不大。以新兴的众创空间为例,虽然当前上海的众

创空间形态多样，分布广泛，但仍存在发展类型同质化的问题，专业型众创空间比较少，且公益性的众创空间建设不足。大部分众创空间仍然以办公室（房地产）租赁为主，帮助创新创业项目成功走向市场的专业化服务功能相对不足。根据《2018 上海市众创空间发展白皮书》的数据显示，2017 年上海市众创空间的主要收入来源是房租及物业收入（44.3%）；其次是综合服务收入（34.2%），即通过创业教育培训、创业导师、创新创业活动、连接国际创新资源、落实政策等各种服务形式所获得的收入；投资收入最少，仅占 3.1%。[①] 以闵行区为例，闵行孵化载体空间快速拓展，但孵化环节偏重，加速衔接不足，表现为孵化器建设较快，而加速器建设缓慢，与专业孵化器配套、服务和吸引优质创业企业、与区域主导产业衔接、专业专注的加速载体和服务主体尚显不足。现有的楼宇经济停留于粗放式招租层面，产业形态和业态不完备，尚未予以充分释放。

随着创新平台的不断发展成熟，多元化、层级化趋势将成为未来发展的重要方向。应该根据科技创新发展周期的不同阶段和不同需要，选择创新平台的发展和运营模式，并结合上海的产业发展特点和规律来确定创新平台的发展道路。

三、过度依赖政府补贴，缺乏可持续发展的盈利模式

总体来看，国外创新平台多以“政府引导，市场主导，企业化运作”为主要形式，政府更多是通过优惠政策引导社会资金投入创新平台中。反观当前国内的科技创新平台发展，其优势在于政府通过创新资源补贴、创新政策引导增强了科技创新的力量，但同时也正因为政府资源和政策的投入，培育了一批以政策补贴谋求生存的创新平台，他们将政府补助、税收优惠等政策红利作为创建动力。

从商业模式的角度看，前一阶段普遍推广的“投资＋孵化”的投资人办众创空间的模式面临考验，部分知名的早期投资机构发展遇到困难，短期盈利能力不足，投资回报低于预期。为了吸引创业团队，有些创新平台甚至推出了一系列优惠、免费政策，使得原先以市场化收取租金的创新平台发展受到挤压，

---

① 胡润百富，2018. 2018 上海市众创空间发展白皮书[R/OL]. [2018-10-30]. https://hurun.cn/zh-CN/Reports/Detail?num=72823E1120B4.

甚至为了压缩成本，服务质量下滑，日常运营的回报减少。同时由于早期投资本身成功率低、回报周期长，部分空间遇到财务困难，“孵化＋投资”的发展模式，由于区域间的过度竞争，可持续发展遇到难题。

政府的补贴、补助与政策优惠是为了调动更多创新主体的积极参与，但同时也被很多创新平台运作为一种利益存续机制，导致这类平台将过多的精力放在了政府政策研读、政府关系维系、谋求政策红利上，而疏于将主要精力集中在专业化能力的培育、专业人才培养、可持续盈利模式探索等发展的核心关键环节上，在一定程度上导致其盈利能力不足，孵化效率不高。基于互联网等方式的创新运营模式，例如，基于众包、众筹等新模式、新业态的创新平台还有待发展。

四、专业化人才相对稀缺，服务软实力有待提高

在创新平台蓬勃发展的大潮下，上海各区集中建设了一批种类丰富、形式各异的创新平台，相对于快速增加的平台数量来说，优质的创新平台仍然非常稀缺，导致成功孵化的优质创新创业项目更加显得稀缺。其根源在于创新平台的建设过度依赖于硬件资源的投入，比如，科研设备的投入、创新房地产的投入、科技创新平台机构建设等，但在专业化服务能力等软实力的发展上仍存在巨大的提升空间。创新平台在管理和运营上的困境主要有两个层面。

1. 专业化服务能力及服务营利机制有待提升

传统的营利性创新平台，多以租金营利为主，其运营模式的转型升级仍然是专业化服务的核心关键环节。例如，创新创业导师服务、具有市场预测眼光的专业化投融资服务、专业化运营管理服务、知识产权保护服务、会计与税务专业化服务等。这些专业化服务，是一种复合型服务，一方面需要创新平台运营主体掌握创新创业的市场规律、发展规律，另一方面还需要结合各自领域的专业化知识，是跨领域专业化服务的综合体现。这些专业化服务是一种创新创业促进型服务，创业团队起步时通常规模较小，尽管团队内部有一定程度的分工协作，但相关职能既不完善也缺乏相应的专业化支撑，这些专业化服务可以帮助创业团队将主要精力集中在自身擅长的领域，而在不擅长的领域中把专业的事务交给专业的人来办，既是一种专业资源共享，也是一种创业能力的拓展与提升。这些专业化服务也是一种增值性服务，专业化服务可以作为创新平台的核心竞争力，为自身发展提供更具附加价值的领域和空间，成为促进

创新效率、提升运营质量的利润增长点，帮助服务能力从“租金模式”向“服务模式”转变。

2. 专业化人才稀缺，导致服务软实力不足

上海各类创新平台中，创业服务人员数量稀缺成为普遍现象。尤其是创新创业导师、具有市场预测眼光的专业化投资者、精通运营管理的专业化管理人才、知识产权保护方面的法律人才、精通会计与税务的财务人才等，能够真正驾驭高层次创业复合型创新平台运营的核心人才非常缺乏。这种稀缺表现在三个方面。

第一，专业化人力资源总量不足。过去中国经济发展一直以加工制造业见长，制造业人才相对过剩，创新创业领域的专业化人才储备不足，尚不足以满足当前的市场需求。

第二，人才快速流动造成的人才零和博弈。由于人力资本池中人才总量有限，人力资源在组织间的快速流动成为解决专业化人才缺乏为数不多的途径，然而这种方式的弊端在于人力资本保有量并不会出现本质提升，众多创新平台之间形成了基于人才竞争的零和博弈。

第三，专业化人才的培养机制尚未形成。专业化服务是创新平台得以长期健康可持续发展的核心竞争力，在面临专业化人才不足窘境的同时，上海创新平台还面临着后备人才培养的问题，如何以专业化教育、市场化培训、职场中的行动学习等多种方式培养、培育出更多的科技创新服务人才，是创新平台急需解决的根本性问题。

五、孵化范围有限，国际影响力较弱

开放化、国际化、多元化是上海的天然优势，提供国际化的创新创业服务也是上海创新平台发展的主要方向。根据相关统计显示，目前上海已经有超过半数的创新平台增加了国际合作服务功能，仅 2017 年一年就开展了 712 场创新创业国际交流合作活动。与此同时，随着孵化器集团的发展，国际知名的孵化器开始在全球拓展，例如，璞跃(Plug and Play)、WeWork 等国际知名的众创空间已经落户上海，带来了更高水平的创新平台国际视野、国际经验，为国际化创新创业团队在上海的起步与发展提供了更多的选择空间。然而，与国际成熟的创新平台机构相比，上海本土的创新平台在国际化视野、专业化运营、全球化配置资源等方面存在明显的视野局限、能力不足、资源有限等弊端，

尤其是在国际影响力方面，上海本土的创新平台更是缺乏优势，限制了作为全球化关键节点的上海科技创新作用的发挥。

具体来说，上海的创新平台在两个方面仍然没有做好充足的准备。一方面，在“一带一路”国家倡议下，“走出去”是众多企业及创新创业项目的必然选择，定向的海外创新创业拓展可能存在巨大的发展空间和利润空间。上海创新平台配套服务在如何对接其他国家商事制度和人文制度方面，尚缺乏海外业务服务的设计，缺少跨前对接意识，缺乏相关服务的专业化能力。另一方面，自贸试验区也是上海的比较竞争优势之一，一些离岸优惠政策，尤其是贸易和投资自由化便利化政策、税收优惠政策等，使离岸创新创业成为创新领域新时尚，如何在上海自贸试验区的范围内提供具有国际化视野、国际化水平、全球化资源配置实力的创新创业专业化服务也是上海创新平台应当密切关注的主要领域。尤其是上海证券交易所设立的科创板，更成为科技创新主体在上海安家落户的重大政策利好。上海的创新平台可以组织专门化队伍，研究设计创新团队享受政策利好的辅导方案，提供有效的信息与中介服务，帮助科技创新创业项目更好地享受政策红利。

总之，尽管当前上海创新平台实践存在着一定的制约因素，暴露出一系列限制效率效能发挥的问题，但从创新模式与创新基本规律入手，将创新平台与创新模式之间进行有效适配，开发创新创业过程中可能存在的价值型服务环节，将成为创新平台效率提升的有效机制与途径，亦可以帮助政府相关部门找到政策着力点。

第九章　促进创新平台优化发展的对策建议

科技创新是一项系统工程，不仅要抓住科技成果转移转化等关键环节，更要注重创新价值链整体效能的发挥。创新平台及相应的科技中介作为市场机制起决定作用的中间环节，可以帮助创新价值链全过程的协调推进，是创新政策的有效载体和实践抓手。本节将从宏观性、整体性、系统性的角度，为提升创新平台的杠杆效应提供对策建议。

第一节　创新平台优化发展的基本原则

作为一种撬动机制，创新平台在科技创新中存在巨大的潜在价值，对实施创新驱动发展战略具有重要推动作用，它的功能设计与未来发展需要遵循三大基本原则。

一、创新系统性原则

科技创新的核心是多元创新要素的需求匹配、双向耦合与有效衔接。换言之，科技创新是一个系统工程，其发展程度与效果取决于一个区域科技创新的系统能力，而非某一方面的单一能力。因此，创新平台促进科技创新的关键在于促进与维护创新过程的系统性。

1. 发挥创新连接性优势

创新平台作为一种组织机制，需要促进大学、研究院所、研发机构、企业、金融机构、中介机构、政府等各类创新主体形成系统化的创新网络，帮助创新主体充分发挥各自的创新特长。创新平台作为创新网络的结构洞（关键节点），可以从网络连接性角度实现创新的系统集成效应。

2. 发挥创新整合性优势

创新平台作为一个资源集聚整合平台，不仅可以帮助创新主体的合作与连接，而且能够促进创新资源的有效集聚与快速配置。因此，创新平台需要发挥资源汇总性、整合性与集聚性的整体功能，从资源快速匹配的角度实现创新的系统集成效应。

3. 发挥创新流动性优势

创新平台作为一种促进机制，可以促进知识在不同主体、不同要素间的分享与流动。创新平台需要在提升知识创新的完整性方面持续发力，通过促进各类创新主体之间的交流与合作，推动知识的形成、传递、碰撞、整合、共享与再创新的价值链条全过程，从而实现创新的系统集成效应。

二、创新价值链原则

创新价值链是科技创新的技术逻辑，对创新价值链的系统分析给科技创新领域带来的重要启示是：科技创新存在链式结构，可以通过价值链进行阶段性划分；创新价值链既体现了知识流动的全过程，也体现了知识价值增值的全过程。创新平台的发展应当以创新价值链的发展规律为基础，促进科技创新发展的连贯性与畅通性。

1. 体现创新阶段性特征

创新价值链可以划分为知识发现、技术发明、产品开发和市场推广等不同阶段，每个阶段依次是开展下一阶段创新的基础条件。创新平台应当根据每个环节的不同特点、不同领域、不同阶段，挖掘科技创新不同环节的核心需求，体现阶段性特征，提供差异化服务。

2. 体现创新连贯性特征

创新价值链的不同环节并非完全线性的，不同阶段还可能存在循环迭代的影响。创新平台在促进科技创新的过程中，要遵循创新价值链的基本规律，不仅要在创新“死亡之谷”的关键环节发力，而且要注重创新价值链的连贯性与畅通性，从起始阶段开始发力，到关键环节持续加力，在终端环节仍然给力，因应创新价值链的整体性与连贯性特征，提供梯度化创新服务，促进科技创新在价值链各个环节的联通互动、双向反馈与多向发力。

3. 体现创新专业化特征

创新价值链强调基于不同阶段的专业化分工。不仅不同阶段对应的创新模式存在本质差异，而且就每个创新阶段的内部而言也是一种专业化创新工作，需要专业化程度较高的专门技能。除了知识专业化以外，创新价值实现还需要管理专业化的支撑。创新平台的发展需要体现创新的专业化特征，不仅促进专业知识的跨界融合，而且提升管理专业化服务水平，提供创新创业领域的增值型服务，以提升科技创新整体效能。

三、创新环境营造原则

创新溢出效应不会自然产生，其生成机制取决于创新成果产生的效益与成本，转而依赖于创新所在地的发展环境。鉴于创新的系统性、动态性、多元性、开放性、颠覆性、因果模糊性等现实属性，创新平台要抓住创新的本质，在营造创新环境与创新氛围上下功夫。

1. 培育创新意识环境

创新环境包含了创新意识环境。一个区域的创新活跃度取决于创新主体参与创新、发起创新、实现创新价值的主动性、积极性与意识性。创新平台需要从思想引导入手，借助创业大赛、创新沙龙、读书会等活动，激发主体的创新意识，调动创新主体的主观能动性，促进创新活跃度。

2. 优化创新制度环境

制度环境是创新环境的重要组成部分，制度创新对科技创新的促进作用不言而喻。创新平台虽然不是制度的供给主体，但作为科技创新的集聚与促进机制，可以成为制度的承载主体与效用发挥主体，收集各类科技创新项目集中反映出的共性问题，发挥优化制度的意见征集与反馈作用以及科技创新规律的探索功能，从而促进优势制度真正落到实处、产生实效。

3. 打造创新多元环境

创新环境是一种多元环境。要素单一不利于科技创新，环境多元则孕育了无限可能。创新平台可以促进创新资源的多样化、创新人才的多元化、创新模式的多极化，为科技创新提供更多的可能性，将创新多元化建设作为重要发力点与价值开拓空间。

4. 构建人才发展环境

人才发展环境也是创新环境的重要组成部分。创新平台作为创新资源与创新服务的集聚平台，有利于形成良好的创新创业场域，对创新人才具有天然的吸引力。创新平台可以通过培育创新创业环境，促进以创新平台为基础的人才集聚，从而发挥创新集聚的比较优势。

第二节　创新平台与创新驱动发展的功能适配

创新平台在促进“创新驱动发展战略”实施过程中，应当发挥恰当的功能优势，做到与创新价值链的各阶段性特征相适配，与科技创新的技术逻辑相适配，与创新环境营造的需求相适配，其具体发力点如图 9-1 所示。

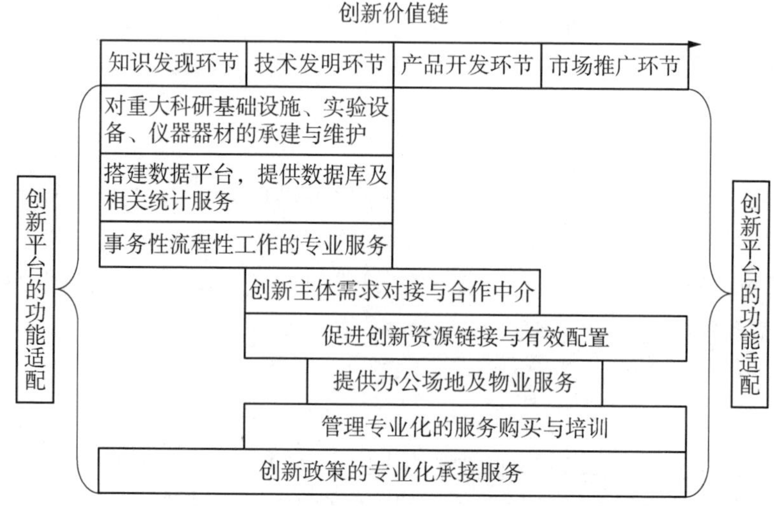

图 9-1　创新平台与创新价值链的功能适配

资料来源：本研究设计。

一、基于创新基础设施的专业化服务

1. 重大科研基础设施的承建与维护

基础研究与共性技术研发经常需要借助科研基础设施才能有效开展，这些基础设施有的可以使用已有的科研经费进行购买，但还有一些大设施、大装备，由单一组织进行购买和维护，其成本过高，使用效率过低，在几个机构间共建、共用、共享具有经济节约性和现实必要性。专业化的科技创新平台可以作为独立运作的第三方，承担起相关设备及实验数据的共建、共享、共用职能。

尤其是国家层面投资的领先设备，由于其投入成本高、设备精准度高、专业化程度高等特点，需要具有专业水平的科技创新平台进行承接运营，通过制定基础设施与仪器设备的共享规则与使用要求，按照相关主体的现实需求，合理安排，有序推进，从而促进设备利用率与科研产出率实现更高水平。此功能适合创新价值链的知识发现环节与技术发明环节。

2. 搭建数据平台及相关统计服务

数据作为一种新的资产，对科技创新具有潜在价值。无论是基础科学研究领域，还是共性技术研发领域，基于大数据的实证分析已经成为检验创新成果科学性的关键。传统的科学研究过程中，很多基础数据处于零散、分散状态，仅为个别研究所用，无法形成数据领域的集成优势。专业化的科技创新平台可以作为客观第三方，搭建数据平台，将各类成果中零散的、分散的、片段化的数据，进行系统集聚与整合，形成规模更大、品类更全的数据库。一方面可以为科研人员提供公共分析的基础数据，另一方面也可以为科研人员提供数据分析的工具与方法，在数据收集、处理、统计等领域提供专业化服务，帮助创新成果的更好实现。此功能比较适合创新价值链的知识发现环节和技术发明环节。

二、科技中介及专业化服务

1. 科研经费使用的专业化服务

科研人员需要处理一些常规性的和非常规性的行政事务，尤其是科研经费报销。由于事业单位的行政体制，以及资金来源国有化性质，相关经费的使用需要遵守国家财政合规性要求与程序规范性要求，很多经费的使用还需要经过长时间的行政审批，给科研人员造成了很多额外的工作负担，分散了他们大量的时间和精力，使他们不能专心于科学研究工作，这已经成为科研人员最大的困扰。专业化的科技创新平台可以提供行政事务专业化服务，培养专业化的科研助理，在申请报批、票据整理、财务流程、物品采购、财务报销等方面进行专业化培训，通过购买服务等形式为科研人员提供可以节约时间成本的专业化服务，切实减轻科研人员行政事务方面的负担。这类服务同时适用于基础科研环节、技术研发环节等。

2. 管理专业化服务与培训

对于创新团队或新型创新机构来说，创新可以区分出核心环节与支持性环节。所谓核心环节是指创新主体或创新组织所具备的核心竞争能力，也可以理解为创新的关键性技术。所谓支持性环节是指为了实现核心竞争力而形成的派生需求。例如，以技术创新起家的创新团队，其核心竞争力是原创性新技术，但可能在财务管理、人力资源管理、知识产权等方面并不具备相关优势。而这些管理要素却是实现技术市场价值不可或缺的重要组成部分，起到对核心环节的关键支持作用。创新平台作为专业化服务机构，可以在支持性环节的共性需求上拓展自身的业务领域，培育人力资源管理、财务管理、知识产权管理与维权、市场营销等专业化的管理团队，通过提供专业化服务，嵌入创新团队的应用转化等关键环节，从而提高科技创新项目的孵化质量、孵化效率与创新能级。亦可以提供管理专业化培训，帮助创新团队识别短板、补齐短板，提升创新创业成功率。这类服务更加适用于创新价值链的后端环节，即科技成果转化、市场化推广等环节。

3. 提供创新政策专业化承接服务

当前，各级政府为了促进科技创新出台了一系列的促进政策，涵盖了党的政策、政府政策，全国性政策、地区性政策等。同时，条有条的政策，块有块的政策，形成了产业扶持政策、人才发展政策、税收优惠政策、创新补贴政策等，各类政策种类繁多、体系复杂。政府相关部门对这些政策持有最终解释权和自由裁量权，政策知晓度、操作口径、办理周期等因素为创新主体享受政策红利带来了一定的难度。创新平台作为第三方专业化机构，一方面可以代表创新主体与创新团队，为他们提供专业化的政策服务，在政策的适用条件、申报条件、材料递交等方面提供权威化研读、流程化办理、科学化申报，帮助各类创新主体与政府的相关部门进行有效对接，促进政府创新政策的有效实施与效能发挥，帮助创新主体从复杂的政策申报工作中解放出来，提供专业化的政策承接服务。另一方面，创新政策的制定应当最大程度地符合创新规律和人才的实际需求，才能激发创新活力，提升政策资源的配置效率。创新平台作为创新主体的集聚平台，可以代表政府及相关的职能部门，有效收集创新过程中的共性需求，帮助政府相关部门抓住创新的制度痛点与关键环节，提升政策制定的科学性、可行性与有效性。这类服务适用于创新价值链的所有环节，尤其是技术研发环节与科技成果转化环节。

三、创新资源合作链接机制

1. 创新主体的需求对接与合作中介

各类创新主体在未达成合作意向之前，处于相对松散的状态，主体虽存在合作需求，但暂时未找到条件适宜的合作方。由于信息不对称的存在，合作方的搜寻成本较大，单一创新主体未必有优势。此时，作为第三方中介的创新平台组织，可以发挥信息传导机制，借助自身集聚创新资源和创新主体的平台优势，为合作意向的达成牵线搭桥，促进主体创新需求的有效对接，在创新合作中起到桥梁、纽带与结构洞的作用。例如，通过创新创业博览会、创业大赛、创新展示会、创新合作洽谈会等形式，把有意向的创新主体集聚起来，将供给方与需求方整合起来，将松散的创新资源有效连接起来，形成一种创新促进机制，真正发挥创新平台的协调中介作用。这类服务尤其适用于开放式创新模式，可涵盖技术研发、科技成果产品开发、市场推广等环节。

2. 促进创新资源的链接与有效配置

创新资源的有效连接与市场化配置是促进科技创新的重要环节。相关创新资源包括物质资源，例如，土地资源、生产原材料等；人力资源，例如，技术人才、管理人才等；资金资源，例如，风险投资、天使投资等。这些创新资源的获取一方面依赖于市场机制的基础作用，另一方面也取决于相关信息的可得性、时效性与真实性。换言之，有时创新主体并不具备辨别创新资源质量的专业化能力，创新资源链接失败或在后续合作的过程中效果不理想，均会直接影响创新效果的达成，甚至会给创新主体带来巨大的损失。作为第三方机构，创新平台可以作为居间的信息传导机制与信用担保机制，在创新资源获取方面塑造自身的比较优势，为创新主体及创新团队的资源获取提供信息服务、猎头服务、担保服务，并利用集体议价的优势，为创新主体提供具有价格优势的创新资源。此项服务适用于创新价值链的技术发明环节、产品开发环节、市场推广环节。

四、场地租赁及高质量物业服务

上文所提到的创新组织形式中，企业可以指运营比较成熟的企业，也可以指初期的创业团队，他们以企业的运营规则为基础，以创新技术为引领，开创性地将核心技术进行应用转化，逐渐正规化运营。对于后一种企业形式来说，起步资源相对薄弱是他们的发展瓶颈。初始化的办公条件是最基础的发展条件之一。作为第三方组织，为创新创业团队提供办公场地与高质量物业服务是当前科技创新平台的基础功能之一。创新平台所提供的物业服务，可以为更多的创业团队所共享，由于规模经济的存在，入住团队可以以较低的价格，享受到更加优质便利的服务，缓解创业初期运营成本的压力。同时，平台的集聚功能汇聚了众多创新创业团队，有助于形成经验分享机制、创业者交流机制、模范榜样机制等，可以在很大程度上提升创新创业氛围。这类服务更加适用于成果转化与市场推广环节。

第三节 创新驱动发展战略下创新平台的整体布局

创新平台需要根据创新价值链不同环节的差异化需求进行恰当的功能适配。在实践中，创新平台存在很多具体形式。上一章中已经以上海的探索实践为例，对创新平台的现状、优势与制约进行了梳理，总结出当前创新平台存在力量分散化、功能同质化、盈利补贴化、投入硬件化、视野局限化等问题，如何突破瓶颈，对创新平台进行整体布局，是发挥创新平台在科技创新中的杠杆效应、放大效应、加速效应的关键所在。

一、纵向布局

所谓的纵向布局，是考虑到创新平台纵向层级分布，从宏观到微观、从国家层面到地方层面、从硬件为主到环境建设的整体设计。此处仍以上海为例，探讨创新平台纵向布局的思考。上海肩负着建设具有全球影响力的科技创新中心的国家使命，代表中国参与国际合作与竞争，创新平台的纵向布局需要体现国际视野的总体站位。从纵向的角度可以设立三级层次化、梯度化定位。

1. 国家层面

国家层面，体现国家战略赋予上海的使命，立足于参与全球合作竞争的国际化视野，彰显具有世界影响力的社会主义现代化国际大都市的创新集聚功能与科技软实力，发挥在世界重要人才中心和创新高地建设中的“头雁效应”。具体来说，以张江综合性国家科学中心为主要载体，面向高端、面向国际、面向前沿、面向未来，致力于打造具有全球引领力的科学基础设施集群，集中建设一批大科学装备、规模化的实验仪器、世界水准的实验室，打造具有国际竞争力的硬件设备，形成硬件带动软件的环境比较优势，集中打造引领世界未来发展的全球资源配置功能、科技创新策源功能、高端产业引领功能、开放枢纽门户功能，打造体现国家意志、实现国家使命、代表国家水平的实验室体系，布局建设新型研发机构，一体推进平台建设、技术创新和人才培养，构建具有全球竞争力的开放创新体系，强化国家战略科技力量核心功能。

2. 产业层面

产业层面，体现引领上海经济社会发展的未来产业方向，发挥“创新驱动发展”的产业集成效应。具体来说，以现有的研发与转化功能型平台、产业技术平台为承载，面向未来、面向产业、面向实际，致力于打造科技成果实体化、应用化、产业化的区域集中效应。产业层面的科技创新平台布局，不仅要在上海自身的社会经济发展上着力，而且要以长三角一体化的国家战略为契机，以自贸试验区改革为基础，把握区域协同发展的大趋势，在空间上体现差异化布局，在产业上相互衔接，在优势上互相补充，突破上海在土地、技能型劳动力、办公成本等方面的现实局限，借助制造飞地、人才飞地、研发飞地等合作形式，形成以创新驱动引领的长三角优势产业集群。尤其要在创新平台赋能产业发展与传统产业转型升级上做大文章。

3. 市场层面

市场层面，把握上海经济社会发展的市场规律，调动“大众创业、万众创新”的市场活力。具体来说，以孵化器以及新型众创空间为基础，面向市场、面向经济、面向效益，致力于打造适宜创新产品与创新服务健康发展的生态环境。市场是一个大熔炉，囊括了众多创新要素，体现了需求拉动的动力机制，是将创新转化为现实生产力并实现经济价值和社会效益的终极阶段。供求机制是市场机制的核心，孵化器与众创空间的关键作用在于改善供求双方信息不对称，顺应市场机制，加速供需匹配，激发市场活力，以市场机制为基础调动各类主体创新积极性，从而实现科技创新良性循环的社会效应。

二、功能布局

所谓的功能布局，也可以称之为“横向布局”，即因应创新价值链的阶段性特征，不同类型的创新平台需要根据创新阶段性需求进行功能响应，形成创新平台全链条覆盖，确保创新价值链的各个环节可以有效衔接，以及各类创新平台的差异化分工。

1. 基础研究环节以高校、科研院所为组织形式

基础研究环节(知识发现环节)多以高校、科研院所为组织形式,这类机构本身就具有科技创新平台的性质,具有整合创新资源、集聚创新人才、执行创新政策、激励创新成果等科技创新平台所必要的功能。上海集聚了大量优质的高校、科研院所资源,在基础科学领域具有相对优势。同时,张江综合性国家科学中心也是上海的巨大优势之所在。以张江综合性国家科学中心为引领,吸引国际化高端科研人才从事原创性、基础性、颠覆性科研,主要集中在创新价值链最前端,锚定知识发现环节开展大科学研究。以张江综合性国家科学中心为纽带,统筹协调上海交通大学、复旦大学、中国科学院等部属院校和国家级、省部级科研院所的力量,充分利用、发挥、延伸科学基础设施的带动作用,建立起共建共享、互联互通的长效机制,集聚多方力量,培育后备力量,鼓励团队力量,将基础性、原创性、引领性的科学研究优势充分释放。同时,以基础研究成果库为素材,发挥张江综合性国家科学中心和各类高校、科研院所的技术优势,联合行业资源,形成对创新价值链各环节的科技创新策源功能,将创新优势延伸至技术研发环节。

2. 技术发明环节依托研发与转化功能平台

依托研发与转化功能平台和综合性产业技术平台,从技术研发环节入手,培育产业发展的前端环节与行业标准,通过规则制定、标准制定、通用技术与产业布局相对接,与长三角一体化相融合,厚植科技通用性成果的区域土壤,引领科技创新产业化的未来发展方向。这类科技创新平台需要具备一些基础核心能力,主要有:“制定研发与转化系统解决方案的能力;掌握有利于重大产品攻关的关键技术、科学装置、工程化平台、中间试验线、检测评价服务、数据标准库等,具备较好的产品开发或验证能力;具有较强的行业地位和影响力,能够集聚和整合各类资源,支撑和服务技术转移、科技投融资等活动”。[①] 科技创新领域之所以会存在“死亡之谷”现象,主要是因为国家公共部门支持本国科学研发的公共目的与私人部门风险投资者获得投资回报的私人利益诉求之间存在着巨大的分歧。[②] 因此,在技术研发的基础上,还应着力推进科技成果转移转化的关键环节,协调产、学、研、用等多维力量,调动各类创新主体的积极性,促进创新资源开放协同与有效融合,切实将科技成果实体化、应用化、产

① 2018 年 1 月,《上海市人民政府办公厅关于本市推进研发与转化功能型平台建设的实施意见》。

② 沈梓鑫,贾根良,2018. 美国在颠覆式创新中如何跨越“死亡之谷”[J]. 财经问题研究(5):90－98.

业化。

3. 产品开发环节与市场推广环节依托新型众创空间

依托新型众创空间与传统孵化器,着力于突破创新价值链的中后端,激发科技创新的市场活力。传统孵化器的主要功能就是克服技术应用与产品开发环节的市场化障碍。这类平台模式众多,可以是公办的,也可以是私营的,还可能采取公私合营等方案。尤其要发挥民营经济在科技成果转化过程中的作用,发挥市场机制在创新资源上的配置作用。产品优化与推广平台主要以市场机制为主导,一些是以众创空间为代表的营利性第三方中介组织,另一些则以企业为主导,建立企业技术创新及市场化体系,致力于技术的商业价值挖掘与再研发。例如,美国微软公司构筑起了强大的技术创新体系,依靠其技术创新平台及时跟踪和了解全球技术创新的脉搏,使创新更具效率和效果。腾讯以开放生态为策略,从流量开放、到能力开放再到生态开放,不断打造开放式创新创业生态,实现技术赋能、生态赋能和产业赋能。截至 2020 年底,腾讯深耕数字产业和新文创两大优势赛道,已经培育出 40 多家上市公司,微盟、微影、映客直播、新氧、拼多多均是在其创新生态中孵化出来的杰出企业,平台注册创业者 1 000 多万,合作伙伴总体估值 6 330 亿元,借助自身企业生态优势辐射背书更多创新创业项目。

三、政策布局

所谓政策布局,是指政府在创新平台功能布局与作用发挥上的投入力度、干预程度、政策着力点。作为科技创新的参与主体之一,政府在科技创新各个环节中均具有其他创新主体不可替代的关键作用。尤其在政策供给、财政扶持、环境建设方面,政府既是主要推动者,又是服务保障者。

1. 创新价值链起始阶段,政府需要加大投入力度

在创新价值链的起始阶段,政策的重点在于加大科研投入、加强基础设施建设、扩大创新主体的科研自主权,提高科技支出用于基础研究的比例。该阶段对应了国家层面的科技创新平台建设,即张江综合性国家科学中心的建设和各类高校、科研院所的建设,政府应当加大投入力度,鼓励形式各异、领域多元、种类多样的学术研究工作开展,为创新蓄积更多原生力量与学术滋养。在科研基础设施领域,政府牵头,筹建单一创新主体无法胜任的科研基础设施集群,打造科研硬件领域的国际比较优势,引领协调各方共建共享,凸显中国集

中力量办大事的社会主义制度优势。在科研自主权领域，切实去行政化，为创新主体放权、为科研人员松绑，减轻科研领域的行政事务负担，扩大科研自主权，保障科研人员的工作时间，使科研人员能够将主要精力真正放在自身擅长的研究领域，促进更多更好的创新成果产生，从源头入手提升科技创新策源能力。

2. 技术研发阶段，政府适合采取引领性政策

在技术研发阶段，政府更适合采取引领性政策，加强对交叉前沿领域、未来产业前瞻性布局。由于共性技术的公共品属性、竞争前属性、非营利性，企业等市场化创新主体的投资动力不足。高校、科研院所等原创性机构，虽然具有技术优势，但在技术应用前景的产业化识别方面存在自身局限。需要代表公共利益的政府发挥关键作用，加强对交叉前沿领域、未来产业前瞻性布局。但不可忽视的是，政府在产业化选择方面仍然存在盲区，因此政府主导并不意味着政府代劳，而是需要政府发挥组织协调的优势，协同各方力量，进行前瞻性投入，以资金性投入引领，尊重科学发展规律，面向未来提前进行产业布局。

3. 成果转化阶段，政府适合采取信用杠杆政策

在科技成果转化阶段，政府更加适合采取跟随型政策。科技成果转化已经进入市场化模式，多以获得市场价值与社会价值为目的。因此，政府需要根据产品的属性，决定政策投入的重点。针对具有公共物品属性的科技转化成果或者投资周期长、投资风险高但涉及国家战略安全问题的重要领域，可以以国有企业为承载与转化主体，以社会效益为发展目标，政府给予适度的资金补贴、贷款便利、采购倾斜和政策保护。针对纯商业化的科技成果转化，政府比较适宜采取信用杠杆政策，建立专门鼓励科技成果转化的基金，为处于“创新死亡之谷”中的创业企业进行投资，增强市场化资金对其跟进投资的信心，带动更多民营资本、私人资本投入，不干预创新主体的决策权与自主权，释放市场机制在科技成果转化中的指挥棒作用。

4. 市场推广环节，政府需要进行营商环境建设

在创新价值链的终端环节，政策的重点在于制度稳定、公平竞争、成本可控、产权有保障的营商环境建设。这一环节主要对应了市场层面的创新平台建设。市场有其规律可循，有其内在的基本规则。政府最大作用不在于干预，而在于建立一个公平竞争的市场环境，加强物权、知识产权保护，确保制度的可预期性与发展的稳定性，降低市场化主体的运行成本，减少企业运行的行政制度障碍，建立鼓励创新、鼓励创业、鼓励发展的营商环境。同时，政府还要针

对行业发展中的问题进行底线监管，切实维护行业发展秩序，保障国家安全与人民生命财产安全。此外，政府可以通过税收优惠、放宽注册条件等行政手段，对市场主体进行调节，从而起到调控经济发展走向的目的。

值得注意的是，实践当中，很多创新主体出现了跨界创新趋势：一些大学、科研院所既做基础研究，也做科技成果转化；一些企业（尤其是行业龙头企业），既重视科技成果转化，也开始前瞻性地开展基础研究，例如，华为公司。创新价值链的不同环节从单向推进转变为多向反馈与交互迭代，促进了科技创新进入“多向链接互动”的快车道。总之，进一步增强基础研究、应用研究、成果转化与产业化部门之间的交流互动，既是提升科技创新效能的题中应有之义，也是加速科技创新价值实现的大势所趋！

参考文献

[1] ALAVI M, LEIDNER D E, 2001. Knowledge management and knowledge management systems: conceptual foundations and research issues [J]. MIS Quarterly, 25:107 - 136.

[2] ANDERSON C, 2006. The Long Tail: Why the Future of Business is Selling Less of More [M]. Lynchburg: Hachette Digital.

[3] ATKINSON J, 1984. Manpower strategies for flexible organizations [J]. Personnel Management, 16:28 - 31.

[4] BALDWIN C Y, WOODARD C J, 2009. The architecture of platforms: a unified view [M]//GAWER A, ed. Platforms, Markets and Innovation. Cheltenham: Edward Elgar Publishing Limited: 19 - 44.

[5] BESSANT J R, 2003. High-Involvement Innovation: Building and Sustaining Competitive Advantage Through Continuous Change [M]. Hoboken: Wiley.

[6] BRAUNER E, BECKER A, 2006. Beyond knowledge sharing: the management of transactive knowledge systems [J]. Knowledge and Process Management, 13(1): 62 - 71.

[7] BURGESS J, CONNELL J, 2005. Temporary agency work: conceptual, measurement and regulatory issues [J]. International Journal of Employment Studies, 13:19 - 30.

[8] BURSTROM T, KOCK S, WINCENT J, 2022. Coopetition-strategy and interorganizational transformation: platform, innovation barriers, and coopetitive dynamics [J]. Industrial Marketing Management(104):101 - 115.

[9] CARLINO G, KERR W R, 2015. Agglomeration and innovation [M]// DURANTON G, HENDERSON J V, STRANGE W C, eds. Handbook of Regional and Urban Economics, Vol.5A. Amsterdam: North-Holland:349 - 404.

[10] CHAN K F, LAU T, 2005. Assessing technology incubator programs in the science park: the good, the bad and the ugly [J]. Technovation, 25(10):1215 - 1228.

[11] CHEN C J, WU H L, LIN B W, 2006. Evaluating the development of high-tech industries: Taiwan's science park [J]. Technological Forecasting and Social Change, 73(4):452 - 465.

[12] CHEN C, 2014. CiteSpace Ⅱ: Detecting and visualizing emerging trends and transient patterns in scientific literature [J]. Journal of the Association for

Information Science and Technology, 57(3):359 - 377.

[13] CHESBROUGH H W, 2003. The era of open innovation [J]. Sloan Management Review, 44(3):35 - 41.

[14] CHESBROUGH H W, 2006. Open Business Models: How to Thrive in the New Innovation Landscape [M]. Cambridge: Harvard Business School Publishing.

[15] CHRISTENSEN C M, 1997. The Innovator's Dilemma: When New Technologies Cause Great Firms to Fail [M]. Boston: Harvard Business School Press.

[16] CHUNG C C, 2013. Government, policy-making and the development of innovation system: the cases of Taiwanese pharmaceutical biotechnology policies (2000 - 2008) [J]. Research Policy, 42(5):1053 - 1071.

[17] CONNELL J, BURGESS J, 2002. In search of flexibility: implications for temporary agency workers and human resource management [J]. Australian Bulletin of Labour, 28(4):272 - 283.

[18] DURANTON G, PUGA D, 2004. Micro-foundations of urban agglomeration economies [M]//HENDERSON J V, THISSE J F, eds. Handbook of Regional and Urban Economics, Vol. 4: Cities and Geography. Amsterdam: North-Holland: 2063 - 2117.

[19] DWIVEDI Y K, KSHETRI N, HUGHES L, et al, 2023. "So what if ChatGPT wrote it?" Multidisciplinary perspectives on opportunities, challenges and implications of generative conversational AI for research, practice and policy [J]. International Journal of Information Management, 71.

[20] DWORAK E, GRZELAK M M, ROSZKO-WóJTOWICZ E, 2022. Comparison of national innovation systems in the European Union countries [J]. Risks, 10(1).

[21] ETZKOWITZ H, 2003. Research groups as 'quasi-firms': the invention of the entrepreneurial university [J]. Research Policy, 32(1):109 - 121.

[22] ETZKOWITZ H, LEYDESDORFFF L, 2000. The dynamics of innovation: from national systems and "Mode 2" to a triple helix of university-industry-government relations [J]. Research Policy(29):109 - 123.

[23] FAGERBERG J, 2000. Technological progress, structural change and productivity growth: a comparative study [J]. Structural Change & Economic Dynamics, 11(4): 393 - 411.

[24] FERNANDES A J C, RODRIGUES R G, FERREIRA J J, 2022. National innovation systems and sustainability: what is the role of the environmental dimension? [J]. Journal of Cleaner Production, 347:131164.1 - 1311164.10.

[25] GERORGE G, ZAHRA S A, WOOD D, 2002. The effects of business-university alliances on innovative output and financial performance: a study of publicly traded biotechnology companies [J]. Journal of Business Venturing, 17(6):577 - 609.

[26] GLAESER E L, 2007. Entrepreneurship and the City [R]. Cambridge: National Bureau of Economic Research.

[27] GLAESER E L, GOTTLIEB G D, 2009. The wealth of cities: agglomeration economies and spatial equilibrium in the United States [J]. Journal of Economic Literature, 47(4):983 - 1028.

[28] GRANT R M, 1996. Toward a knowledge-based theory of the firm [J]. Strategic Management Journal, 17(S2):109 - 122.

[29] GUISON L, PISTAFERRI L, SCHIVARDI F, 2015. Learning entrepreneurship from other entrepreneurs [R]. Cambridge: National Bureau of Economic Research.

[30] HAGE J, HOLLINGSWORTH J R, 2000. A strategy for the analysis of ideas: Innovation networks and institutions [J]. Organization Studies, 21(5):971 - 1004.

[31] HANSEN M T, BIRKINSHAW J, 2007. The innovation value chain [J]. Harvard Business Review, 85(6): 121 - 135.

[32] HANSEN M T, NOHRIA N, TIERNEY T, 1999. What´s your strategy for managing knowledge? [J]. Harvard Business Review, 77(2):106 - 116.

[33] HANSSON F, HUSTED K, VESTERGAARD J, 2005. Second generation science parks: from structural holes jockeys to social capital catalysts of the knowledge society [J]. Technovation, 25(9):1039 - 1049.

[34] HOLLINGSHEAD A B, 2010. Potential benefits of communication in transactive memory systems [J]. Human Communication Research, 29(4):607 - 615.

[35] HOUSEMAN S, 2001. Why employers use flexible staffing arrangements: evidence from an establishment survey [J]. ILR Review, 55(1):149 - 170.

[36] JACKSON S E, SCHULER R S, RIVERO J C, 1989. Organizational characteristics as predictors of personnel practices [J]. Personnel Psychology, 42(4):727 - 786.

[37] JOHNSON J L, SOHI R S, 2003. The development of interfirm partnering competence: platform for learning, learning activities, and consequences of learning [J]. Journal of Business Research (56):757 - 766.

[38] KAARTEMO V, NYSTRM A G, 2021. Emerging technology as a platform for market shaping and innovation [J]. Journal of Business Research, 124:458 - 468.

[39] KALLEBERG A L, 2003. Flexible firms and labor market segmentation effects of workplace restructuring on jobs and workers [J]. Work and Occupations, 30(2): 154 - 175.

[40] KAMARIOTOU M, KITSIOS F, 2022. Hackathons for driving service innovation strategies: the evolution of a digital platform-based ecosystem [J]. Journal of Open Innovation: Technology, Market and Complex(8):111 - 128.

[41] KERA D, 2012. NanoSmano lab in Ljubljana: disruptive prototypes and experimental governance of nanotechnologies in the hackerspaces [J]. Journal of Science Communication(4):37 - 49.

[42] KOSKELA-HUOTARI K, EDVARDSSON B, JONA J M, et al, 2016. Innovation in service ecosystems—breaking, making, and maintaining institutionalized rules of resource integration [J]. Journal of Business Research, 69(8):2964 - 2971.

[43] KÖNIG W, 2022. The history of technology in the Federal Republic of Germany [J]. NIERENBERG J, tran.王安轶,译. 自然辩证法通讯,44(4):44 - 55.

[44] LAMERS D, SCHUT M, KLERKX L, 2017. Compositional dynamics of multi-level innovation platforms in agricultural research for development [J]. Science and Public Policy, 44(6):739 - 752.

[45] LRYDESDORFF L, MEYER M, 2006. Triple helix indicators of knowledge-based innovation systems: introduction to the special issue [J]. Research Policy, 35(10): 1441 - 1449.

[46] LIU Z, 2014. Human capital externalities in cities: evidence from Chinese manufacturing firms [J]. Journal of Economic Geography, 14(3):621 - 649.

[47] LUNDVALL B, 2007. National innovation systems — analytical concept and development tool [J]. Industry and Innovation, 14(1):95 - 119.

[48] MAURA M, RODNEY M, 2008. High tech start-ups in university science park incubators: the relationship between the start-up's klife-cycle progression and use of the incubator's resources [J]. Technovation, 28(5):277 - 290.

[49] MOHEN P, ROLLER L H, 2005. Complementarities in innovation policy [J]. European Economic Review, 49(6):1431 - 1450.

[50] MONTELISCIANI G, GABELLONI D, TAZZINO G, et al, 2014. Skills and wills: the keys to identify the right team in collaborative innovation platforms [J]. Technology Analysis and Strategic Management, 26(6):687 - 702.

[51] NICOLAS B, KARA G, 2007. Building an innovation platform [J]. European Business Forum(8):11 - 12.

[52] PORTER M E, STERNS S, 1999. The new challenge to America's prosperity: findings from the innovation index [R]. Washington, D. C.: Council on Competitiveness.

[53] ROCHET J C, TIROLE J, 2003. Platform competition in two-sided markets [J]. Journal of the European Economic Association, 1(4):990 - 1029.

[54] ROTHSCHILD L, DARR A, 2005. Technological incubators and the social construction of innovation networks: an Israeli case study [J]. Technovation, 25(1): 59 - 67.

[55] THOMPSON J, 1967. Organizations in Action [M]. New York: McGraw Hill.

[56] TIWANA A, 2010. Systems development ambidexterity: explaining the complementary and substitutive roles of formal and informal controls [J]. Journal of Management Information Systems, 27(2):87 - 126.

[57] Van der DUIN P A, ORTT J R, AARTS W T M, 2013. Contextual innovation management using a stage-gate platform: the case of Philips Shaving and Beauty [J]. Journal of Product Innovation Management, 31(3):489 - 500.

[58] WELCH A R, ZHANG Z, 2008. Higher education and global talent flows: brain drain, overseas Chinese intellectuals, and diasporic knowledge networks [J]. Higher

Education Policy, 21(4):519 - 537.

[59] WRIGHT P M, SNELL S A, 1998. Toward a unifying framework for exploring fit and flexibility in strategic human resource management [J]. Academy of Management Review, 23(4):756 - 772.

[60] ZAHRA S A, 2006. Entrepreneurship and dynamic capabilities: a review, model and research agenda [J]. Journal of Management Studies, 43(4):917 - 955.

[61] ZHANG Y, LI J, TONG T W, 2022. Platform governance matters: how platform gatekeeping affects knowledge sharing among complementors [J]. Strategic Management Journal, 43(3):599 - 626.

[62]《党的二十大报告辅导读本》编写组,2022.党的二十大报告辅导读本[M].北京:人民出版社.

[63]《上海年鉴》编纂委员会,2018.上海年鉴(2017)[M].上海:《上海年鉴》编辑部.

[64]《中国大百科全书》总编委会,2009.中国大百科全书[M].2版.北京:中国大百科全书出版社.

[65] 艾萨克森,2012.爱因斯坦传[M].张卜天,译.长沙:湖南科技出版社.

[66] 白春礼,2021.科技革命与产业变革:趋势与启示[J].科技导报,39(2):11 - 14.

[67] 白春礼,2019.元素周期表:探究物质世界奥秘的一把金钥匙[N]中国科学报,2019 - 12 - 30(1).

[68] 白晶,2010.全球化背景下政府中介配合的城市科技创新模式探索——基于德国慕尼黑城市科技创新建设经验[J].城市观察(5):90 - 97.

[69] 白景坤,周涵,2025.平台生态治理和互补市场进入对互补企业创新影响[J/OL].科研管理,1 - 15[2025 - 01 - 28]. http://kns.cnki.net/kcms/detail/11.1567.g3.20250109.1623.004.html.

[70] 包力泰,2022.5G通信技术背景下物联网应用发展[J].中国传媒科技(8):92 - 94.

[71] 博弈索特,2005.知识资产:在信息经济中赢得竞争优势[M].张群群,陈北,译.上海:上海人民出版社.

[72] 曹静,李海丽,2024.当前科技创新形势面临的多重格局分析[J].科技中国(6):30 - 33.

[73] 曹磊,2022.2021全球科技创新趋势[J].竞争情报,18(2):2 - 8.

[74] 曹玲静,张志强,2023.适应新科技变革趋势的科技政策学发展与前瞻[J].情报学报,42(7):857 - 869.

[75] 曹学,翟运开,卢海涛,2011.区域创新资源的平台配置机制研究[J].科技进步与对策,28(3):30 - 34.

[76] 柴雅欣,2023."脱钩断链"失道寡助[N].中央纪检监察报,2023 - 09 - 05(4).

[77] 陈波,2018.我国生物医药产业创新平台运行绩效的实证研究[J].上海经济(3):86 - 96.

[78] 陈洪玮,王欢欢,2020.创新平台发展对区域创新能力的溢出效应研究[J].科学学与科学技术管理,41(3):32 - 46.

[79] 陈晋,胡安安,黄丽华,2015.政府制度性资源与IT中小企业创新——相关研究述评

与未来研究展望[J]. 商业经济与管理(8):75 - 81.

[80] 陈雪琳,程平,王松林,等,2024. 创新独占性机制对平台依赖型创业企业绩效的影响研究[J]. 软科学,38(11):49 - 56.

[81] 陈颐,徐惠喜,2017. 2017 年全球竞争力榜单公布中国排名升至第 27 位[N/OL]. 中国经济日报[2017 - 09 - 28]. http://www.ce.cn/xwzx/gnsz/gdxw/201709/28/t20170928_26365092.shtml.

[82] 陈志辉,2013. 科技创新平台内涵特征与发展思考[J]. 科技管理研究,33(17):34 - 37.

[83] 创投时报,2015. 2015 年众创空间发展研究报告[EB/OL]. [2015 - 07 - 03]. http://www.sohu.com/a/21146767_207882.

[84] 戴丽昕,2019. 上海科技双轮驱动　提升创新策源能力[N]. 上海科技报,2019 - 01 - 30(3).

[85] 邓衢文,李纪珍,褚文博,2009. 荷兰和英国的创新平台及其对我国的启示[J]. 技术经济,28(8):11 - 16.

[86] 董洁林,李晶,2013. 企业技术创新模式的形成及演化——基于华为、思科和朗讯模式的跨案例研究[J]. 科学学与科学技术管理,34(4):3 - 12.

[87] 樊春良,2021. 国家战略科技力量的演进:世界与中国[J]. 中国科学院院刊,36(5):533 - 543.

[88] 樊丽萍,沈湫莎,2017. "科创中心建设"重塑上海城市品格[N]. 文汇报,2017 - 09 - 18(特 2).

[89] 范太胜,2003. 企业动态核心能力-自主创新能力的框架模型构建[J]. 科技进步与对策(9):85 - 87.

[90] 费尔普斯,2013. 大繁荣:大众创业如何带来国家繁荣[M]. 余江,译. 北京:中信出版社.

[91] 封凯栋,李君然,付震宇,2017. 隐藏的发展型国家藏在哪里?——对二战后美国创新政策演进及特征的评述[J]. 公共行政评论,10(6):65 - 85.

[92] 付志勇,2015. 面向创客教育的众创空间与生态建构[J]. 现代教育技术,25(5):18 - 26.

[93] 缑俊培,2009. 太赫兹波技术及成像应用探讨[D]. 郑州:郑州大学.

[94] 苟尤钊,林菲,2015. 基于创新价值链视角的新型科研机构研究——以华大基因为例[J]. 科技进步与对策,32(2):8 - 13.

[95] 顾海良,2021. 理论的创新与创新的理论——十九届六中全会《决议》对高校思政课教学内容的拓新[J]. 思想理论教育导刊(12):29 - 35.

[96] 郭俊华,徐倪妮,2017. 基于内容分析法的创业人才政策比较研究——以京沪深三市为例[J]. 情报杂志,36(5):54 - 61.

[97] 郭薇,2010. 政府监管与行业自律——论行业协会在市场监管中的功能与实现条件[D]. 天津:南开大学.

[98] 韩凤芹,陈亚平,马羽彤,2023. 高水平科技自立自强下国家创新平台高质量发展策略[J]. 经济纵横(2):54 - 62.

[99] 韩立民,陈自强,2008.产学研创新联盟的基本涵义及特征分析[J].中国海洋大学学报(社会科学版)(6):23-36.

[100] 韩炜,唐洁,2023.平台治理的机制设计:一个理论研究框架[J].研究与发展管理,35(1):105-117.

[101] 郝瀚,刘宗巍,陈轶嵩,等,2016.基于全球比较的中国汽车产业科技协同创新平台改革建议研究[J].科技管理研究,36(12):83-88.

[102] 何传启,2013. 16世纪以来的科技革命与产业革命——没有科技革命就没有产业革命[J].科学与现代化(1):30-35.

[103] 贺俊,国旭,2022.创新平台开放战略研究的最新进展与发现[J].齐鲁学刊(2):119-131.

[104] 赫拉利,2016.人类简史:从动物到上帝[M].林俊宏,译.北京:中信出版社.

[105] 洪晓军,2008.创新平台的概念甄别与构建策略[J].科技进步与对策(7):7-9.

[106] 侯仁勇,胡树华,2003.企业产品创新平台的构建及其转换[J].科研管理(4):66-70.

[107] 胡锦涛,2012.坚定不移沿着中国特色社会主义道路前进 为全面建成小康社会而奋斗——在中国共产党第十八次全国代表大会上的报告[J].求是(22):3-25.

[108] 胡润百富,2018. 2018上海市众创空间发展白皮书[R/OL].[2018-10-30]. https://hurun.cn/zh-CN/Reports/Detail?num=72823E1120B4.

[109] 胡少华,刘思佳,谢建斌,2022.科技的力量:从引入到创新、到引领全球——科技创新历史复盘:美国篇[R].常州:东海证券.

[110] 胡小芬,郭飞根,2008.罗斯福时代的美国欧洲犹太知识移民政策(1933—1945)[J].理论月刊(7):140-142.

[111] 胡卓君,2006.科技基础条件平台资源共享的本质与机理研究[J].科学管理研究(10):40-42.

[112] 环球物理,2018.盘点现代物理学七大经典问题:薛定谔的猫[EB/OL].[2018-08-10]. https://mp.weixin.qq.com/s?__biz=MzA5ODMwOTExNA==&mid=2661908345&idx=4&sn=be2f02c1fae5a47eb1c3b1ec4860c6d5&chksm=8bce59ecbcb9d0faa4b144cc6a7c9665dfb4d87a61caef77e5ad26668c77c209cabeee4d54ea&scene=27.

[113] 黄辛,卜叶,2020."全脑介观神经联接图谱"大科学计划将启动[N].中国科学报,2020-09-29(1).

[114] 黄学,刘洋,彭雪蓉,2013.基于产业链视角的文化创意产业创新平台研究——以杭州市动漫产业为例[J].科学学与科学技术管理(4):52-59.

[115] 吉海颖,戚桂杰,李娜,2022.开放式创新平台用户交互对隐性社区的影响研究[J].图书情报工作,66(5):105-115.

[116] 贾平凡,2022.美国"芯片法案"扰乱全球供应链[J].人民日报海外版,2022-08-09(10).

[117] 江军民,晏敬东,范体军,2011.基于区域自主创新的科技创新平台构建——以湖北科技创新平台建设为例[J].科技进步与对策(17):40-44.

[118] 江苏韦七哥,2020.第四次技术革命已经来了![EB/OL].[2020-03-27]. https://baijiahao. baidu. com/s? id=1662304677466757808&wfr=spider&for=pc.

[119] 姜澎,2018.着眼中国基础研究"领跑"最重要科学问题[N].文汇报,2018-04-08(2).

[120] 焦豪,张睿,马高雅,2022.国外创新生态系统研究评述与展望[J].北京交通大学学报(社会科学版),21(4):100-112.

[121] 解晓晴,张镒,刘祎,等,2023.创新平台赋能对新创企业跨界搜索的影响:即兴能力和环境不确定性的作用[J].经济与管理研究,44(5):36-55.

[122] 金姬,吴遇利,2017.浦东厉害了,打造世界一流科学城![J].新民周刊(40):84-87.

[123] 荆玲玲,黄慧丽,2024.时空双维下数字创新生态系统对区域创新能力的激发与影响研究——基于省域面板数据的动态 QCA 分析[J].科技进步与对策,41(16):13-23.

[124] 科技部,2016.激发人才创新创业活力——科技部深化科技体制机制改革[J].中国人才(11):42-43.

[125] 李后强,2017.宽窄相对论与模糊论[N].四川经济日报,2017-05-12(6).

[126] 李纪珍,2005.产业共性技术发展的政府作用研究[J].技术经济(9):19-22.

[127] 李思远,2013.浅析计算机科学技术的发展[J].电子技术与软件工程(16):211.

[128] 李万,常静,王敏杰,等,2014.创新 3.0 与创新生态系统[J].科学学研究,32(12):1761-1770.

[129] 李晓龙,冉光和,郑威,2017.科技服务业空间集聚与企业创新效率提升——来自中国高技术产业的经验证据[J].研究与发展管理,29(4):1-10.

[130] 李啸,朱星华,2007.广东科技创新平台建设的经验与启示[J].中国科技论坛(9):17-20+32.

[131] 李新建,王健友,孟繁强,2011.超组织人力资源管理研究:机理、模式与应用[M].太原:山西人民出版社.

[132] 李寅,虞温和,2023.新型举国体制建设中如何借鉴发达国家经验——美国创新网络政策案例研究[J].学术研究(12):98-106.

[133] 李永强,2024.发挥创新主导作用　加快发展新质生产力[J].红旗文稿(6):15-18+1.

[134] 李由,2017.知识创新、分工扩展与社会扩大再生产[J].人民论坛·学术前沿(2):62-69.

[135] 李志芳,邓仲华,2014.科学研究范式演变视角下的情报学[J].情报理论与实践(1):4-7.

[136] 刘春晓,2015.创新 2.0 时代:众创空间的现状、类型和模式[J].互联网经济(8):38-43.

[137] 刘家树,菅利荣,2011.知识来源、知识产出与科技成果转化绩效——基于创新价值链的视角[J].科学学与科学技术管理,32(6):33-40.

[138] 刘新民,宋红汝,范柳,2019.区域创业环境与创新平台对创业企业的吸引力研究

[J]. 科技管理研究,39(7):7 - 13.

[139] 柳卸林,胡志坚,2002. 中国区域创新能力的分布与成因[J]. 科学学研究,20(5):550 - 556.

[140] 陆立军,郑小碧,2008. 区域创新平台的企业参与机制研究[J]. 科研管理,29(2):122 - 127.

[141] 罗肇鸿,王怀宁,刘庆芳,等,1995. 资本主义大辞典[M]. 北京:人民出版社.

[142] 马名杰,2005. 政府支持共性技术研究的一般规律与组织[J]. 中国制造业信息化(7):14 - 16.

[143] 马涛,赵宏,2011. 滨海新区区域科技创新平台网络化发展研究[J]. 科学学与科学技术管理,(3):74 - 77.

[144] 毛军权,孙美佳,2015. 高层次人才联系服务工作中的现实问题及其对策研究——以上海市为例[J]. 领导科学(29):39 - 42.

[145] 孟成民,2011. 基于跨学科复合型人才培养的科研创新平台建设[J]. 科技管理研究(14):102 - 104+109.

[146] 孟群舒,黄海华,2018. 三家生命科学研究平台在沪成立[N]. 解放日报,2018 - 07 - 18(1).

[147] 闵桂荣,1999. 空间技术的发展及其对社会的影响[J]. 航天器工程(1):1 - 9.

[148] 宁甜甜,张再生,2014. 基于政策工具视角的我国人才政策分析[J]. 中国行政管理(4):82 - 86.

[149] 潘教峰,刘益东,陈光华,等,2019. 世界科技中心转移的钻石模型——基于经济繁荣、思想解放、教育兴盛、政府支持、科技革命的历史分析与前瞻[J]. 中国科学院院刊,34(1):10 - 21.

[150] 潘迎春,洪玲艳,2021. 美国在外交中对国际科技合作的利用——以 1957—1958 年国际地球物理年为例[J]. 历史教学(18):21 - 29.

[151] 彭本红,马铮,张晨,2017. 平台型企业开放式服务创新跨界搜索模式研究:以百度为例[J]. 中国科技论坛(8):152 - 158.

[152] 蒲清平,向往,2023. 生成式人工智能——ChatGPT 的变革影响、风险挑战和应对策略[J]. 重庆大学学报(社会科学版)(3):102 - 114.

[153] 齐建国,2013. 循环经济与绿色发展:人类呼唤提升生命力的第四次技术革命[J]. 经济纵横(1):43 - 53.

[154] 钱凯,赵丽萍,于钟海,2020. 数字经济系列之平台经济:垄断颠覆何以监管;前世今生怎映来世? [R]. 北京:中金公司.

[155] 秦铮,丁明磊,2022. 全球科技新博弈[J]. 瞭望(22):38 - 41.

[156] 邱仰林,2015. 创客推动中国经济转型升级[N]. 中国企业报,2015 - 07 - 14.

[157] 人民教育出版社历史室,2000. 世界近代现代史[M]. 北京:人民教育出版社.

[157] 人民教育出版社历史室,2006. 世界近代现代史[M]. 2 版. 北京:人民教育出版社.

[159] 任爱莲,2010. 创新开放度、吸收能力与创新绩效的关系研究——来自中小电子科技企业的证据[J]. 科技进步与对策,27(20):10 - 14.

[160] 任采文,2018. 更加积极主动地应对中美"人才战"[J]. 中国人才(10):2 - 3.

[161] 上海北斗导航创新研究院,2019.科技革命与产业革命的划分及发展趋势[EB/OL].[2019-07-25]. https://www.sohu.com/a/329396575_99924008.
[162] 上海市嘉定区人民政府,2023.2022年嘉定区经济运行情况分析[EB/OL].[2023-01-01]. https://www.jiading.gov.cn/publicity/jggk/tjsj2__publicity/fdzdgknr/tjsj97/tjfx97/160965.
[163] 沈湫莎,2017.上海启动四个市级科技重大专项[N].文汇报,2017-12-27(7).
[164] 沈梓鑫,贾根良,2018.美国在颠覆式创新中如何跨越"死亡之谷"[J].财经问题研究(5):90-98.
[165] 盛亚,施宇,2021.国内创新平台研究热点及趋势:基于CSSCI数据库的研究[J].科技进步与对策,38(2):153-160.
[166] 世界知识产权组织,2022.2022年全球创新指数[R].日内瓦:世界知识产权组织.
[167] 宋立丰,丁颖哲,宋远方,2021."十四五"期间创业服务生态高质量发展路径探索[J].财会月刊(24):134-143.
[168] 苏继成,李红娟,2021.新发展格局下深化科技体制改革的思路与对策研究[J].宏观经济研究,43(7):100-111.
[169] 隋玉龙,2013.科技革命、产业革命及其影响[J].国际研究参考(6):24-27.
[170] 孙海法,王凯,徐福林,2016.政府人才政策与企业人才需求契合关系研究[J].吉林大学社会科学学报,56(3):91-100.
[171] 孙美佳,李新建,2012.群体交互记忆系统研究述评[J].外国经济与管理,34(10):30-38.
[172] 孙庆,2010.区域科技创新平台网络化发展模式与路径研究[D].哈尔滨:哈尔滨理工大学.
[173] 孙锐,孙彦玲 2023.构建适应高水平科技自立自强的人才制度体系[J].中国人才,(7):18-20.
[174] 孙锐,吴江,2020.创新驱动背景下新时代人才发展治理体系构建问题研究[J].中国行政管理(7):35-40.
[175] 泰奇,2002.研究与开发政策的经济学[M].苏竣,柏杰,译.北京:清华大学出版社.
[176] 谈燕,2018.聚焦国家战略确保中央重大部署落实[N].解放日报,2018-10-31(1).
[177] 谈燕,2018.上海脑科学与类脑研究中心揭牌[N].解放日报,2018-05-15(1).
[178] 谭清美,张云涛,王磊,2018.无人机产业创新平台构建及运行机制研究[J].科学管理研究,36(6):54-57.
[179] 汤超颖,伊丽娜,2017.知识基础与合作网络对企业知识创新的交互影响研究[J].科学学与科学技术管理,38(4):85-95.
[180] 唐承丽,郭夏爽,周国华,等,2020.长江中游城市群创新平台空间分布及其影响因素分析[J].地理科学进展,39(4):531-541.
[181] 唐德淼,2017.众创空间的内涵、功能与作用研究[J].合作经济与科技(18):144-147.
[182] 唐汉卫,2023.生成式人工智能的自反性及其教育影响[J].教育发展研究,43(20):1-9.

[183] 投中研究院,2015.2015 年中国众创空间发展研究报告[R]. 北京:投中研究院.
[184] 涂群,张茜茜,2023.筑牢人工智能三大基础环节 迎接全球第四次科技革命浪潮[N]. 人民邮电报,2023-03-16(7).
[185] 万兴,杨晶,2017.互联网平台选择、纵向一体化与企业绩效[J]. 中国工业经济,34(7):156.
[186] 汪涛,郭旻瑞,牟宇鹏,2022.开放式创新平台访问对于隐性知识溢出的影响研究[J]. 管理学报,19(3):414-422.
[187] 汪秀婷,胡树华,2007.面向自主发展的产业技术创新平台的构建[J]. 科学学与科学技术管理,28(2):103-106.
[188] 汪秀婷,胡树华,2009.基于"三力模型"的产业技术创新平台集成运行模式[J]. 科学学与科学技术管理(10):79-84.
[189] 汪怿,2019.推进更深层次的人才体制机制改革[J]. 科学发展(8):18-27.
[190] 王春法,2003.关于国家创新体系理论的思考[J]. 中国软科学(5):99-104.
[191] 王聪,周羽,房超,2023.科技创新举国体制的辩证研究[J]. 科学学研究,41(1):3-10.
[192] 王飞,2011.生物医药创新网络结构及其演化特征探析——基于复杂网络视角[J]. 南京社会科学(1):149-155.
[193] 王雎,曾涛,2011.开放式创新:基于价值创新的认知性框架[J]. 南开管理评论,14(2):144-125.
[194] 王立剑,刘佳,2010.高校科技创新平台绩效评价指标体系构建与应用[J]. 科学学与科学技术管理(2):110-112+123.
[195] 王淼,吕波,2008.基于虚拟企业平台的合作创新网络[J]. 科技进步与对策(2):57-60.
[196] 王茜,李珊珊,2023.《科学》:美国 NIH 的"中国行动计划"摧毁了众多科学家的职业生涯[EB/OL]. [2023-03-24]. https://news.qq.com/rain/a/20230324A03NNC00.
[197] 王圣丹,王水莲,2017.我国高校众创空间运营模式及支持系统探索[J]. 产业与科技论坛,16(1):227-229.
[198] 王涛,宋娜,2018.新材料产业创新平台构建和治理机制研究[J]. 青海社会科学(3):103-112.
[199] 王雪原,王宏起,2013.区域创新平台网络特性、服务效果与企业创新绩效的关系研究[J]. 科学学与科学技术管理,34(5):80-88.
[200] 王燕,高静,刘邦凡,2023.高新技术产业集聚、科技创新与经济增长[J]. 华东经济管理,37(4):56-64.
[201] 王扬,1998.第二次科技革命的内容、特点及意义[J]. 学习月刊(3):16-17+15.
[202] 王叶军,母爱英,2020.产业协同集聚对城市科技创新的提升效应——基于多维度的实证研究[J]. 河北经贸大学学报,41(5):78-86.
[203] 王佑镁,叶爱敏,2015.从创客空间到众创空间:基于创新 2.0 的功能模型与服务路径[J]. 电化教育研究,36(11):5-12.
[204] 王珍愚,王宁,单晓光,2021.创新 3.0 阶段我国科技创新实践问题研究[J]. 科学学

与科学技术管理,42(4):127-141.

[205] 王振东,2023.冯·诺依曼,计算机和力学[J].力学与实践,45(4):944-947.

[206] 温军,张森,王思钦,2021."双循环"新发展格局下我国国际科技合作:新形势与提升策略[J].国际贸易(6):14-21.

[207] 文昌,2012."源创新":新经济引擎[J].新经济导刊(10):48-50.

[208] 吴朝晖,2021.关于国家科技创新战略性平台建设的若干思考[J].民主与科学(4):5-7.

[209] 吴凡,苏佳琳,周知,2023.我国自由贸易试验区人才政策比较研究——基于9个自由贸易试验区的实证分析[J].创新,17(4):87-96.

[210] 吴飞鸣,2018.2017年美国科技创新与政策发展综述[J].全球科技经济瞭望,33(1):7-13.

[211] 吴辉凡,2012.创新系统要素联动分析范式研究[J].科技进步与对策,29(15):18-24.

[212] 吴杰,战炤磊,周海生,2016."众创空间"的理论解读与对策思考[J].科技管理研究,36(13):37-41.

[213] 武建龙,郝蒙晓,黄静,2021."互联网+"环境下企业创新生态系统的构建研究——以蔚来新能源汽车为例[J].软科学,35(5):70-77.

[214] 习近平,2014.在中国科学院第十七次院士大会、中国工程院第十二次院士大会上的讲话[N].人民日报,2014-06-10(2).

[215] 习近平,2017.决胜全面建成小康社会　夺取新时代中国特色社会主义伟大胜利——在中国共产党第十九次全国代表大会上的报告[J].求是(21):3-28.

[216] 习近平,2018.在中国科学院第十九次院士大会、中国工程院第十四次院士大会上的讲话[N]人民日报,2018-05-29(2).

[217] 习近平,2021.深入实施新时代人才强国战略　加快建设世界重要人才中心和创新高地[J].求是(24):4-15.

[218] 习近平,2023.论科技自立自强[M].北京:中央文献出版社.

[219] 谢德荪,2012.源创新:转型期的中国企业创新之道[M].北京:五洲传播出版社.

[220] 徐剑波,苏跃增,2009.论高校科技创新平台的工作机制[J].科学管理研究,27(1):22-25.

[221] 徐瑞平,王丽,陈菊红,2005.基于知识价值链的企业知识创新动态模式研究[J].科学管理研究,23(4):78-119.

[222] 徐示波,贾敬敦,仲伟俊,2022.国家战略科技力量体系化研究[J].中国科技论坛(3):1-8.

[223] 许强,葛丽敏,2009.行业科技创新平台的虚拟组织运行模式研究[J].科技进步与对策(2):49-51.

[224] 许正中,高常水,2010.产业创新平台与先导产业集群:一种区域协调发展模式[J].经济体制改革,28(4):136-140.

[225] 薛捷,2008.广东专业镇科技创新平台的建设与发展研究[J].科学学与科学技术管理,29(9):87-91.

[226] 薛捷,张振刚,2006.国外产业共性技术创新平台建设的经验分析及其对我国的启示[J].科学学与科学技术管理(12):87-92.

[227] 杨博旭,柳卸林,吉晓慧,2023.区域创新生态系统:知识基础与理论框架[J].科技进步与对策,40(13):152-160.

[228] 杨凯,张臻,2019.张江国家科学中心集中度与显示度的"双重曝光"[J].华东科技(2):28-29.

[229] 姚良,翟运开,马仁钊,2010.区域创新平台:上海案例研究[J].上海经济研究(5):106-111.

[230] 野中郁次郎,竹内弘高,2006.创造知识的企业:日美企业持续创新的动力[M].李萌,高飞,译.北京:知识产权出版社.

[231] 叶振宇,余柯玮,2017.众创空间出现的理论探究与区位布局镜鉴[J].区域经济评论(4):33-39.

[232] 佚名,2021."柔性引才"助推高质量发展——辽宁省委组织部有关负责人就《辽宁省人才工作领导小组鼓励和支持柔性引进人才若干措施》相关问题答记者问[J].共产党员(2):30-31.

[233] 佚名,2023.习近平主持召开新时代推动东北全面振兴座谈会强调　牢牢把握东北的重要使命　奋力谱写东北全面振兴新篇章[N].人民日报,2023-09-10(1).

[234] 佚名,2024.中共中央关于进一步全面深化改革　推进中国式现代化的决定[N].人民日报,2024-07-22(1).

[235] 银振强,2010.量子密码与量子中继研究[D].合肥:中国科学技术大学.

[236] 尹西明,苏雅欣,陈劲,等,2022.场景驱动的创新:内涵特征、理论逻辑与实践进路[J].科技进步与对策,39(15):1-10.

[237] 余东华,马路萌,2024.数字化转型、平台化变革与企业创新绩效——基于"技术—组织—创新"范式的分析[J].改革(2):55-74.

[238] 余泳泽,2015.中国区域创新活动的"协同效应"与"挤占效应"——基于创新价值链视角的研究[J].中国工业经济(10):37-52.

[239] 余泳泽,刘大勇,2014.创新价值链视角下的我国区域创新效率提升路径研究[J].科研管理,35(5):27-37.

[240] 展博投资,2016.从历史看未来　浅析康波周期与技术革命浪潮[N].证券时报,2016-12-31(A7).

[241] 张柏春,2022.科技革命与"革命者"[J].科学,74(2):7-13.

[242] 张峰,2008.培根归纳法的内核及发展[J].重庆工学院学报(社会科学版)(2):21-24.

[243] 张怀民,汤萱,王卉珏,2002.企业核心竞争力——技术创新和技术创新价值链[J].科技管理研究(6):40-42.

[244] 张骏,2023.共谋以科技创新引领支撑中国式现代化!陈吉宁慎海雄龚正出席2023科创大会[EB/OL].[2023-10-11].https://export.shobserver.com/baijiahao/html/665604.html.

[245] 张力,聂鸣,2009.企业孵化器分类和绩效评价模型研究综述[J].外国经济与管理

(5):60-65.
[246] 张力,2010.孵化器绩效差异的内在机理研究[D].武汉:华中科技大学.
[247] 张明妍,2017.德国科技发展轨迹及创新战略[J].今日科苑(12):1-14.
[248] 张淑钏,1999.近代世界两次产业革命比较[J].生产力研究(6):98-100.
[249] 张树义,鄢德春,罗月领,等,2018.张江综合性国家科学中心服务上海科创中心建设路径[J].科学发展(3):5-13.
[250] 张锡宝,2007.网络型孵化器及其对我国科技孵化器发展的启示[J].科技管理研究,27(9):67-68.
[251] 张熙,杨小汕,徐常胜,2023. ChatGPT 及生成式人工智能现状及未来发展方向[J].中国科学基金,37(5):743-750.
[252] 张向阳,2021.构建基于产业链集群的开放式创新平台,促进科技型中小企业创新发展[J].中国科技论坛(6):11-14.
[253] 张晓晶,2020."十四五"时期我国经济社会发展的战略重点[J].经济学动态,2(5):15-27.
[254] 张晓林,吴育华,2005.创新价值链及其有效运作的机制分析[J].大连理工大学学报(社会科学版),26(3):23-26.
[255] 张秀华,2012.我们承载并成就创业者梦想[N].上海科技报,2012-03-02.
[256] 张振刚,景诗龙,2008.我国产业集群共性技术创新平台模式比较研究——基于政府作用的视角[J].科技进步与对策(7):79-82.
[257] 赵彬彬,陈凯华,2023.需求导向科技创新治理与国家创新体系效能[J].科研管理,44(4):1-10.
[258] 郑华,张成新,2021.欧盟科技外交发展战略研究——兼论欧盟对华科技外交[J].德国研究,36(3):46-61.
[259] 郑小碧,2015.区域创新平台的供给与定价机制研究[J].研究与发展管理,27(1):14-23.
[260] 郑莹莹,2023.经济观察:上海发力"未来产业" 布局五大集群[EB/OL].[2023-08-15]. https://baijiahao.baidu.com/s?id=1774301033395224111&wfr=spider&for=pc.
[261] 中共科学技术部党组,中共中央文献研究室,2016.创新引领发展 科技赢得未来——学习《习近平关于科技创新论述摘编》[J].中国科技奖励(4):14-18.
[262] 中国科技论文在线,2018.关于第二次科学革命[EB/OL].[2018-04-24]. https://mp.weixin.qq.com/s?__biz=MzA5OTI1NDUyMw==&mid=2649739162&idx=1&sn=7f827e42fd447a6741186889f405ee9b&chksm=889e460ebfe9cf18df9e385c9e4d0693784f216b58bd3edbbd75960b2d5fe1d312e09c407ff5&scene=27.
[263] 中国科学技术发展战略研究院,2021.国家创新指数报告(2020)[M].北京:科学技术文献出版社.
[264] 中国科学院,2009.科技革命与中国的现代化:关于中国面向 2050 年科技发展战略的思考[M].北京:科学出版社.
[265] 周寄中,1991.美国科技大趋势[M].北京:科学出版社.

[266] 周楠,蔡梦雨,许昕,等,2023.平台治理的研究视角、方法与展望[J].管理案例研究与评论,16(6):692-708.

[267] 周文,许凌云,2023.论新质生产力:内涵特征与重要着力点[J].改革(10):1-13.

[268] 周文,许凌云,2024.再论新质生产力:认识误区、形成条件与实现路径[J].改革(3):26-37.

[269] 周小鹏,2017.计算机技术的发展及未来趋势[J].数码世界(10):189-190.

[270] 周治,刘兆星,2021."双循环"格局下创业型大学科研创新平台效能提升路径[J].科技管理研究(18):140-145.

[271] 朱春奎,2023.科技创新新型举国体制的多重制度逻辑与发展路径[J].求索(2):137-143.

[272] 朱桂龙,彭有福,2003.产学研合作创新网络组织模式及其运作机制研究[J].软科学,17(4):49-52.

[273] 朱珉迕,王志彦,谈燕,2017.牢记使命　不忘重托　保持勇气锐气朝气[N].解放日报,2017-03-05(1).

[274] 朱文涛,2016.基于创新方法分析路径的创新系统研究[D].上海:上海交通大学.

[275] 邹坦永,2021.新科技革命与产业转型升级:技术创新的演化视角[J].企业经济(5):22-32.

图书在版编目（CIP）数据

基于创新平台的科技创新效能提升机制研究 / 孙美佳著. -- 上海 ：上海社会科学院出版社，2025.
ISBN 978-7-5520-4728-8

Ⅰ. F124.3

中国国家版本馆 CIP 数据核字第 20259165JN 号

基于创新平台的科技创新效能提升机制研究

著　　者：孙美佳
责任编辑：赵秋蕙
封面设计：右序设计
出版发行：上海社会科学院出版社
上海顺昌路 622 号　邮编 200025
电话总机 021-63315947　销售热线 021-53063735
https://cbs.sass.org.cn　E-mail：sassp@sassp.cn
照　　排：南京前锦排版服务有限公司
印　　刷：上海颛辉印刷厂有限公司
开　　本：720 毫米×1000 毫米　1/16
印　　张：14
字　　数：250 千
版　　次：2025 年 5 月第 1 版　　2025 年 5 月第 1 次印刷

ISBN 978-7-5520-4728-8/F·807　　定价：78.00 元